Schwester Raphaela Händler

Mit Hand und Herz

Schwester Raphaela Händler

Mit Hand und Herz
Mein Leben für Afrika

Erzählt von Bruni Prasske

Herbig

Bildnachweis

Privatarchiv Sr. Raphaela Händler: S. 2, 3
© Lisa Nicola, Meerbusch: S. 4–10, S. 11 oben, S. 13
© David Sünderhauf, Berlin: S. 1, S. 11 unten, S. 12 unten
© David Sünderhauf/missio: S. 12 oben
© Romano Siciliani/missio: S. 15 unten
© Mathias Krohn/Eventpress: S. 14
© Frank Senftleben/Ein Herz für Kinder: S. 15 oben
© Peter Müller/Ein Herz für Kinder: S. 16

© 2014 F. A. Herbig Verlagsbuchhandlung GmbH, München
Alle Rechte vorbehalten
Umschlaggestaltung: Wolfgang Heinzel
Umschlagfoto: Lisa Nicola, Meerbusch
Karten: Eckehard Radehose, Schliersee
Satz: VerlagsService Dr. Helmut Neuberger
& Karl Schaumann GmbH, Heimstetten
Gesetzt aus: 10,5/13,2 Punkt Minion und
9,25/13,2 Punkt Helvetica Neue Light
Druck und Binden: GGP Media GmbH, Pößneck
Printed in Germany
ISBN 978-3-7766-2727-5

Auch als

www.herbig-verlag.de

Inhalt

Vom Danken und Staunen

Als ich die Tür öffne, weht das Moskitonetz über meinem Bett im sanften Luftzug, der durchs Fenster strömt. Es ist ein heißer Tag, wie alle Tage im Süden Tansanias. Ich atme tief ein. Afrika! Der Geruch dieses Kontinents, die Geräusche, die Landschaften und das Licht sind mir vertrauter geworden als manche Erinnerung an meine westfälische Heimat. Ich liebe den afrikanischen Himmel und den warmen Indischen Ozean an der Ostküste, wie auch den eisigen Atlantik an Namibias Westküste, wo ich viele Jahre gelebt habe.

Ich schaue aus dem Fenster und genieße die Aussicht, die über Jahre hinweg allmorgendlich das Erste war, was ich sah. Neben den Mangobäumen steht Theklas Hütte. Dort hat die erste benediktinische Ärztin, Schwester Dr. Thekla Stinnesbeck, ab 1927 ihre Patienten empfangen, vor allem Inder, die damals noch in großer Anzahl hier lebten und Vertrauen in die deutsche Ärztin setzten. Von weither kamen die Patienten den beschwerlichen Weg nach Ndanda angereist. Sr. Thekla war eine Visionärin und Pionierin und in vieler Hinsicht ein Vorbild für mich. Wenn Zweifel, Kummer und Einsamkeit mich heimsuchten, habe ich an sie und an andere starke und weise Ordensfrauen gedacht und mir gesagt: *Wenn diese Frauen es geschafft haben, dann schaffe ich es auch.* Es war nicht immer einfach, aber schließlich habe auch ich – in *meinem* Hospital in Afrika – unzählige Patienten behandeln und Leben retten dürfen. In der Nähe von Theklas Hütte, einem offenen Pavillon, wiegt sich mein geliebter Bambus im Wind. Das sanfte Schwingen des mächtigen Gewächses, begleitet von changierenden Grüntönen, wird mir fehlen, genauso wie der blühende Jacarandabaum im Hof. Im Garten reihen sich Beete mit farbenfrohen Blumen aneinander, aus denen die Schwestern blühende Sträuße für die Kapelle und unseren Speiseraum – das Refektorium – binden. Zum Namenstag findet jede Schwester ein Sträußchen an ihrem Platz. Ich schaue hinauf auf das Makonde-Plateau. Etwas entfernt schlängelt sich ein roter Lehmweg durch die satte Landschaft des Südens. Wenn es ausreichend regnet, haben die Menschen genug zum Essen, so wie in diesem Jahr.

Viele Straßenkilometer in dieser Region sind noch nicht asphaltiert und machen das Reisen beschwerlich. Am Ndanda-Bach haben Mönche vor Jahrzehnten ein kleines Wasserkraftwerk gebaut, das ausreichend Strom für unser Krankenhaus und einige Klostergebäude liefert. Weiter oben, in den Bergen, gibt es eine Quelle mit einem See, wo das sauberste Wasser des südlichen Afrikas sprudelt. Dorthin fahre ich gern, um zu schwimmen, oder an den Indischen Ozean bei Mtwara, wo ich meine wenigen Ferientage am liebsten verbringe. Im kristallklaren Wasser zeigen sich dort bei Ebbe wunderbare Korallenriffe, bunte Pflanzen und Fische und laden zum Schnorcheln ein. Dabei habe ich mir schon manchen Sonnenbrand eingefangen.

In den kleinen Dörfern, die zu Ndanda zählen, wird Landwirtschaft betrieben. Etwa 25 000 Menschen leben hier durch den Anbau von Mais, Reis, Casava und den wenigen Fruchtsorten, die auf diesen Böden gedeihen. Die Hitze Afrikas hat mir oft schwer zugesetzt, und auch nach über vier Jahrzehnten auf diesem Kontinent fehlen mir manchmal die vier Jahreszeiten, wie wir sie aus Europa kennen.

In einem Interview für eine Filmproduktion habe ich kürzlich gesagt: »Ich lebe hier, weil es hier Aufgaben für mich gibt, die ich tagtäglich vor Augen habe. Und nach dem Willen Gottes ist es gut, dort zu sein, wo Hilfe gebraucht wird. Und das ist für mich seit vielen Jahren Afrika.« Das klingt wenig romantisch, aber meine Zuneigung zu Afrika und seinen Menschen ist vielfältig, und es braucht mehr als nur einige Worte, um dies zu beschreiben.

Andere Aufgaben an anderen Orten warten nun auf mich, aber ich habe die Hoffnung, dass mein Wirken hier nach dem Willen Gottes noch lange Früchte tragen wird. Manchmal werde ich gefragt, ob ich ein Rezept für den Erfolg meiner Projekte habe.

Dann gebe ich gern eine *typische* Raphaela-Antwort: »Eine Vision haben, etwas wagen, Hilfe suchen und die Idee umsetzen! So einfach ist das!«

Natürlich kenne ich die Schwierigkeiten, vor denen manch eine Helferin oder ein Helfer zurückschrecken mag. Und mein Rezept ist sicher nicht frei von Nebenwirkungen. Auch mich hat die Arbeit mit meinen Schützlingen jeden Tag neu herausgefordert, und ich muss mir heute immer wieder dieselbe Frage stellen: *Was ist der Wille Gottes?* Im Lauschen auf mein Herz und auf die Menschen um mich versuche ich es herauszufinden.

Der Heilige Benedikt beginnt seine Regel mit dem Wort: »*Höre!*« So steht es auch im Mutterhaus von uns Missions-Benediktinerinnen in Tutzing an einem der bunten Kirchenfenster geschrieben: *Höre.* Es bedeutet das Horchen auf Gottes Wille mitsamt der vollen Bereitschaft des Ge-horchens. Dieses *Hören* ist grundlegend für meine Spiritualität.

Noch einmal schaue ich mich in meinem Zimmer um, schiebe das Moskitonetz zur Seite und stelle meine Tasche aufs Bett. Ordensfrauen leben in Bescheidenheit und reisen zumeist mit leichtem Gepäck, zumindest wenn es sich um die persönlichen Dinge und weniger um die bei den Adressaten beliebten Kurierdienste handelt. Aus Richtung Deutschland kommend, war mein Gepäck immer schwer von Medikamenten, Schokolade, Käse, Seife, Teelichtern für unsere Kapelle und anderen Besonderheiten, die es in Tansania nicht gibt. Doch nun bleibt mir nicht viel zum Packen. Mein persönliches Hab und Gut ist überschaubar und auch die Kleiderfrage stellt sich nur begrenzt. Mir genügen zwei schlichte graue Kleider für den täglichen Gebrauch und ein weißes für die Gottesdienste in Afrika sowie ein schwarzes Kleid für Deutschland. Heute gebe ich mein Zimmer auf, das ich weitgehend so verlasse, wie ich es vor acht Jahren vorgefunden habe. Im Kloster Tutzing werde ich dort schlafen, wohin man mich führt. Es gibt keine Wohnung, nicht mal einen Schrank von mir, sondern nur einen Koffer, der im Klosterkeller in Tutzing abgestellt ist. Ich bin weitgehend ohne Besitz, übrigens auch eine Regel Benedikts: Der Mönch darf kein Privateigentum besitzen. Außer einigen Erinnerungsstücken und Souvenirs für

Familie und Freunde in Deutschland habe ich nur meinen Laptop, ein paar CDs und Bücher. Beim Ablegen meiner Gelübde vor 50 Jahren habe ich mich für ein Leben in Armut entschieden. Gleichzeitig sind Millionenbeträge durch meine Hände geflossen, so viel, dass ich aus dem Stegreif nicht sagen könnte, um welche Summen es sich im Einzelnen handelte und in welche Medizin- und Bildungsmaßnahmen für die Armen sie geflossen sind. Ich besitze zwei Paar Schuhe, eines davon steht in unserem Mutterhaus, weil ich es in Afrika nicht benötige, warme Winterschuhe, die ich mir 1994 in England kaufen musste. Aber Sandalen sind mir sowieso viel lieber.

Ich habe mich nie als arm empfunden, aber Armut war in meiner Umgebung stets präsent. Bittere Armut, Hunger, Krankheiten, Epidemien, gar Pandemien und allergrößte Not.

Während ich die letzten Gegenstände vom Nachttisch nehme, höre ich Geräusche von Stühle- und Tischerücken und Lachen aus dem Versammlungssaal, wo die Abschiedsfeier für mich und die Willkommensfeier für die neue Priorin, Sr. Terese, vorbereitet wird.

Seit Jahrzehnten lebe ich in Afrika und kann heute nur staunen, was aus meinen Träumen geworden ist. Schon als junges Mädchen wollte ich Ärztin für Afrika werden und den Notleidenden helfen. Damals war Albert Schweitzer mein großes Vorbild. Alle Berichte über sein Hospital und das Lepradorf im heutigen Gabun habe ich begierig aufgesogen. Was der charismatische Mann mit dem üppigen Schnurrbart nicht alles für die Kranken in Lambaréné, in Westafrika, getan hatte! Ich war Teenager, als er den Friedensnobelpreis bekam und sein Bild in allen Zeitungen war. Albert Schweitzer wollte ich nacheifern und Missionsärztin werden! Aber wie? Wenig ermutigend nannte meine Mutter zwei triftige Gründe, warum ich keinesfalls geeignet wäre, Ärztin zu werden: »Ursula, erstens kannst du noch nicht einmal ein Huhn ausnehmen, und zweitens bist du viel zu schüchtern. Du kannst nicht mit den Leuten reden.«

Ich erinnere mich noch gut an ihre Worte aus den späten Fünfzigerjahren, also müssen sie mich – damals hieß ich noch Ursula Händler – nachhaltig beeindruckt haben. Heute kann ich frei von jedem Bedauern sagen: Meine Mutter hatte vollkommen recht!

Zum Teil, denn ein Huhn habe ich bis heute nicht ausgenommen, Ärztin für Afrika bin ich aber trotzdem geworden. Und mein einst zurückhaltendes Wesen wandelte sich Schritt für Schritt. Bis zum Ende meines Noviziats und der Ablegung meiner Ordensgelübde traute ich mir bereits einiges zu. An der Seite von Jesus Christus habe ich die notwendige Sicherheit gefunden. Im Kloster war ich meiner Berufung nachgegangen und durfte mein eigenes Charisma in der Gemeinschaft der Schwestern entdecken und erfahren, ganz so, wie es der Heilige Benedikt vorgesehen hat. Damals bekamen Frauen, die Ordensschwestern werden wollten, bei der sogenannten Einkleidung, wenn sie ins Noviziat aufgenommen wurden, einen neuen Namen. Für mich hatte meine Novizenmeisterin den aus dem Hebräischen stammenden Namen »Raphaela« gewählt, was nichts anderes heißt als *Rapha-el, Gott heilt* (Altes Testament, Buch Tobit). Aus Ursula Händler war Schwester Raphaela geworden.

Wenn ich auf mein reiches Leben zurückschaue, dann wundere ich mich in Dankbarkeit und Staunen, wie viel – durch mich – im Leben von anderen geschehen konnte. Dabei bin ich selber doch so einfach und nicht mal besonders talentiert, schon gar nicht als Führernatur aufgewachsen. Im Gegenteil, ich war ein stilles Mädchen, das sich stets untergeordnet hat. Wie konnte all das geschehen? Wie konnte ich die Geschicke so vieler Menschen lenken? Manchmal finde ich Antworten in der Spiritualität, und manchmal ist es nur ein kurzer Satz, dessen Bedeutung in meinem Innern widerhallt: *Der Samen keimt und wächst, und der Bauer weiß nicht wie.* Diese Worte stammen aus dem Evangelium von Markus (Mk 4,27) und sollen wohl sagen: Gott hat das gemacht! Er hat mein Herz und meine Hand gebrauchen wollen.

Als ich zum ersten Mal hinausgeschickt worden war, um als junge Ärztin in einem heillos überfüllten *Buschkrankenhaus* zu praktizieren, hätte Schüchternheit mir nicht geholfen. Und erst recht nicht, als ich Jahre später Chefärztin wurde und ein wunderbares Team um mich hatte. Wir arbeiteten Tag und Nacht im Hospital und taten gleichzeitig einen entscheidenden Schritt hinaus zu den Kranken in entlegene Ansiedlungen. Das war eine Herzensangelegenheit von mir und das schönste Projekt meines Lebens. Es hatte sogar einen

Namen: *Ein Hospital geht in die Dörfer.* Wir haben die Sterblichkeit der Mütter und die der Säuglinge erheblich reduzieren können und viele Leben gerettet.

Schüchternheit ist heute vermutlich eine der letzten Charaktereigenschaften, die man mit mir in Verbindung bringt. Ein Millionenpublikum hat in den letzten Jahren meine Fernsehauftritte an der Seite von bekannten nationalen und internationalen Filmstars erlebt. Viele Zuschauer fanden mich angeblich *cool*, souverän und überzeugend. Beim Anblick des nervösen Treibens hinter der Bühne, bei dem sogar Showgrößen wie aufgescheuchte Hühner herumliefen, hatte ich zu mir selbst gesagt: »Na ja, ich brauche nicht nervös zu sein, ich tue das hier für Jesus und für die Kinder. Wir alle sind ja Kinder Gottes, und darin sind wir alle gleich.« Auf roten Teppichen, hinter der Bühne und bei den After-Show-Partys habe ich einige Stars näher kennengelernt. George Clooney und Sharon Stone waren mir vorher kein Begriff gewesen, nicht einmal Thomas Gottschalk kannte ich.

Meine Auftritte in der Spendengala *Ein Herz für Kinder* haben umfangreiche Beträge in die Kassen gespült und sind ein wichtiges Standbein für die Menschen in Ndanda, Mtwara und anderen Orten. Kindern und Jugendlichen in unserem Einflussgebiet ist nun der Zugang zu Bildung möglich, was in Tansania, einem der ärmsten Länder Afrikas, keine Selbstverständlichkeit ist. Bildung ist der Schlüssel für alle positiven Entwicklungen. Auch das habe ich als Medizinerin erst lernen müssen. Andere Spenden fließen in die Aufklärung zum Schutz vor HIV-Infektionen. Durch die Unterstützung aus Deutschland ist das Leben vieler Aidskranker und das Schicksal von Aids-Waisen nun nicht mehr hoffnungslos. Und nicht zuletzt können wir mit den Spenden zur Zukunft unseres Ordens beitragen und junge afrikanische Schwestern ausbilden, die unser Wirken fortsetzen.

Ich atme tief ein, voller Dankbarkeit und Staunen. Als es an meine Tür klopft, sind es Sr. Terese und Sr. Regina.

»Es ist Zeit zum Feiern«, sagt unsere deutsche Mitschwester Sr. Regina auf Swahili. Für uns drei ist es eine Fremdsprache, die wir gern sprechen. Sr. Terese, meine Nachfolgerin aus Uganda, musste sie, genau wie wir, erst lernen, bevor sie nach Tansania kam. Als ich mir beim Hinausgehen noch einmal die bunten Stoffe vor meiner Klosterzelle anschaue, möchte ich mich nur ungern von hier verabschieden. Während der Nacht haben die Schwestern den Türrahmen mit Tüchern und Blumen behängt. Diese Gesten ihrer Wertschätzung, Anerkennung und Liebe berühren mich. Vor der Treppe erwarten uns weitere Schwestern und jubeln und lachen. Von unten klingt lauter Gesang herauf, begleitet von Trommeln, Tamburin und Zimbeln. Die Schwestern führen Sr. Terese und mich an unsere Plätze. Der geschmückte Kapitelsaal ist voller Frauen, die aufgeregt durcheinanderplappern, manche in ihren Ordenskleidern, manche in afrikanischen Kleidern und andere in Kostümen, die sie offenbar für eine Aufführung tragen. Kaum haben wir uns gesetzt, beginnen sie mit ihrem Programm.

In Versen und Gesängen drücken die Schwestern ihre Gefühle und ihren Dank aus. Sie beherrschen das Kunststück, mich mit Wehmut zu verabschieden und im nächsten Moment ihre neue Priorin herzlich willkommen zu heißen. Tanzend und singend bringen sie ein Geschenk nach dem anderen. »*Pokea! Pokea!*«, schallt es. *Nimm an! Nimm an!* Ich stehe auf, tanze mit ihnen, nehme ihre Geschenke in die Hände, tanze damit weiter und halte sie hoch über alle Köpfe. »*Fungua! Fungua!*«, singen sie nun. *Öffne es!* Ihre Präsente sind nach der neuesten Mode aufwendig verpackt und mit Schleifen und Bändern verziert. Ich überlege, ob ich sie wirklich gleich auswickeln soll, denn in Tansania ist es traditionell üblich, ein Geschenk erst nach dem Fest zu betrachten. »*Je, nifungue kweli?*« *Soll ich wirklich?* Welch eine Frage! Die Schwestern möchten jetzt auf der Stelle meine Reaktion erleben. Und so wickle ich bunte Tücher, Holzschnitzereien und Bilder aus, halte sie hoch und zeige sie herum. Der Jubel wird immer größer. Man hängt mir bunte Ketten um den Hals und animiert mich zum Weitertanzen.

Im nächsten Moment gehen einige Schwestern an die Stirnseite des Saals, wo Platz freigehalten wurde, und nehmen ihre Positionen für eine Aufführung ein. Sie haben Rollenspiele eingeübt, mit denen sie zurückblicken auf unsere gemeinsame achtjährige Vergangenheit. Aufmerksam lausche ich ihren Worten und bin überrascht, als sie in ihrem Spiel auf das große internationale Treffen unserer Kongregation anspielen, bei dem wir vor fünf Jahren Gastgeber waren. So etwas hatte es in unserem kleinen Ndanda – 160 Kilometer von der Küstenstadt Mtwara entfernt im *tiefen Busch* – bis dahin nicht gegeben. Schon kurz nach meiner Installation als Priorin musste ich 2006 zum Generalkapitel nach Rom reisen und hatte dort für das nächste Treffen der Priorinnen aus aller Welt nach Tansania eingeladen. Die Schauspieler und das Publikum lachen laut auf, als sie in ihrem Sketch an das große Einkaufen im 550 Kilometer entfernten Dar-es-Salam anspielen, wo es einen modernen Supermarkt mit internationalen Nahrungsmitteln gibt. Ein derartiges Warenangebot kannten die wenigsten. Dort haben wir Einkaufswagen durch die Gänge geschoben und Vorräte angeschafft, die auch Europäerinnen, Asiatinnen und Nord- und Südamerikanerinnen schmecken. Noch immer gibt es bei uns im Süden Tansanias keine großen Geschäfte, was ich ausdrücklich begrüße. Wir im Süden sind noch immer das Armenhaus eines armen Landes und die Modernisierung schreitet nur langsam voran. Die vermeintlichen Verlockungen der Städte kennen hier viele nur vom Hörensagen. Das Leben dreht sich nach wie vor um Familie, Kinder, Wetter, Ernte, Gesundheit und den Tod.

Ich staune über alle Maßen über die vielen Details, an die unsere Schwestern sich erinnern, und freue mich über die Erwähnung einer Wallfahrt zu den historischen Stätten unserer benediktinischen Vorreiterinnen in Tansania. Nur wenigen Ordensfrauen aus den Anfängen der Mission war ein langes Leben gegönnt, manche starben gar eines gewaltsamen Todes, die meisten waren von Tropenkrankheiten heimgesucht worden. Inzwischen ist diese Wallfahrt fester Bestandteil unseres Ordens und sie hält die Historie, einschließlich der unrühmlichen Aspekte seitens der kaiserlichen Kolonialpolitik, weit über die Schwesternschaft hinaus wach.

Und dann präsentieren sie einen Sketch, der auf meine fortwährende Anregung anspielt, sich doch bitte schön umfassend aus den Medien zu informieren. Dafür habe ich vor Jahren eigens einen Fernseher angeschafft und diverse Zeitungen abonniert. Mir ist es wichtig, dass die Schwestern erfahren, was außerhalb des Klosters vor sich geht, denn wir stehen ja vor Gott für die Anliegen der ganzen Welt. Insgeheim hoffte ich in all den Jahren, diese Informationsquellen würden unseren Gesprächsstoff erweitern, der sich für meinen Geschmack viel zu oft im Kreis bewegt.

Zum Schluss bedanken sich die tansanischen Schwestern überschwänglich für ihre Ausbildung in Beruf und Studium, die nur durch den Orden möglich war.

Als eine letzte Zeremonie werden Sr. Terese und ich zum *katakeki* gebeten, zum *cut-a-cake*, dem beliebten Kuchenanschneiden. Die Schwestern mögen dieses Ritual, mit dem viele Feste zu einem Abschluss kommen. Ich setze das Messer an und versuche, möglichst gleichförmige Stücke abzuschneiden, aber wie so oft sind Fertigkeiten aus dem Haushaltsbereich nicht meine große Stärke. Hier war ich immer eine kleine Drückebergerin und habe mich nur gefügt, wenn es keine Alternative gab. Während meiner Ausbildung als Novizin in den Sechzigerjahren hatte ich zwar schon mein Physikum in der Tasche, musste aber, nichtsdestotrotz, genau wie alle anderen Schwestern, im Haushalt und auch auf dem Feld arbeiten. Ich kann bis heute weder Kochen noch Handarbeiten. Eigentlich ist es ein Wunder, dass ich die verschiedenen Nahttechniken zum Vernähen von Wunden problemlos beherrsche. Gewebevereinigungen bei Patienten fielen mir nie schwer, bei Textilien hingegen sehr.

Die Zeit vergeht viel zu schnell, bald schaut eine der Schwestern aus Mtwara auf die Uhr. Die Straßenverhältnisse und die meisten Autos sind schlecht und Unfälle an der Tagesordnung. Gern möchten sie vor Einbruch der Nacht in ihrem Konvent sein. Schon verstauen einige Schwestern Kanister mit sauberem Trinkwasser aus der Ndanda-Quelle im Wagen. In Mtwara ist das Stadtwasser kaum genießbar und muss abgekocht werden.

»Bevor du gehst, noch ein Wort der Weisheit«, lautet die Bitte der Schwestern. Noch einmal schaue ich in die Runde. Manche Gesichter sind mir seit Jahrzehnten vertraut. Sr. Andrea steht neben mir. Mit unserer amerikanischen Schwester habe ich schon in den Siebzigerjahren zusammengearbeitet.

Ich schaue Sr. Regina an, die auf mich zukommt und mich umarmt. Sie hat Tränen in den Augen, und auch ich muss schlucken. Sr. Regina kam als Chirurgin aus Deutschland hierher und hat einige Jahre im St. Benedict's Hospital praktiziert. So manches

Mal hat sie mich an mich selbst und meine eigene Arbeit in *meinem* Krankenhaus erinnert, im 45 Kilometer entfernten Nyangao. Nach langen Gesprächen und gemeinsamen Überlegungen habe ich Sr. Regina eine große Verantwortung im Kloster übertragen, die sie freudestrahlend angenommen hat, auch wenn sie fernab ihrer medizinischen Ausbildung liegt. Sie ist unsere neue Novizenmeisterin.

Geduldig warten die Schwestern auf ein Wort von mir.

»Liebe Schwestern, was kann ich anderes sagen als Danke! Mit euch zusammen danke ich immer wieder Gott, für all das, was Er mit uns getan hat in den letzten acht Jahren, seitdem ich bei euch bin. Erinnert ihr euch, dass ich kaum Hoffnung auf das Überleben unseres Klosters in Ndanda hatte? Und jetzt gibt es so viel blühendes Leben und Vitalität, wohin wir auch schauen. Nie hätte ich das aus mir heraus gekonnt, es war nur möglich durch die Kraft Gottes. Und auch das ging nur, weil wir alle zusammen einem Ideal folgten. Vor meiner Ankunft 2005 schrieb ich euch einen Brief – erinnert ihr euch?: *Together we can make it!* Nur zusammen wird es weitergehen. Gott hat noch viel mit uns und durch uns vor. Er möchte unsere Herzen und unsere Hände gebrauchen, um zu den Menschen zu gelangen, die unsere Hilfe brauchen. Ich danke euch für all eure Mitarbeit. Und ich bitte euch um Verzeihung für alles, was ich falsch gemacht habe und womit ich Schwestern verletzt habe. Meine große Bitte an euch lautet: Seid jetzt ganz offen für alles Neue, das da kommen mag und begrüßt es zusammen mit Sr. Terese. Es wird gut weitergehen.«

Bevor es noch später wird, gehen wir gemeinsam an die hintere Außentreppe, um ein letztes Erinnerungsfoto aufzunehmen, 30 Schwestern, die Aspirantinnen und Postulantinnen nicht eingerechnet, eine Mut machende Anzahl. Das Ablichten unserer Schwestern ist immer wieder eine fototechnische Herausforderung, weil die sehr dunklen und sehr hellen Gesichter sich schwerlich klar und deutlich zusammen auf einem Bild einfangen lassen. Unsere weiße Kleidung bringt die automatische Belichtungsmessung der Kamera zusätzlich an ihre Grenzen. Die Gesichtszüge mancher Afrikanerinnen lassen sich häufig auf den Fotos kaum noch erkennen und bleiben im Dunkeln, während die Europäerinnen extrem blass und überbelichtet wirken. Nichtsdestotrotz versuchen wir es immer wieder und stellen uns auch heute in Position.

Nun wird es aber höchste Zeit zur Abfahrt. Die Schwestern aus Mtwara stehen bereits vor unserem Minibus. Seitdem wir stolze Besitzer dieses Fahrzeugs sind, das für unsere Sekundarschule gebraucht wird, sind Lehrkräfte und Schüler endlich mobil, ohne teure Fahrzeuge anzumieten. Eine Spende von *Ein Herz für Kinder*.

Am liebsten möchte ich sofort losfahren, denn langes Hinauszögern erschwert uns den Abschied umso mehr. Wenn Gott will – *Mungu akipenda* – *Inschallah*, komme ich ja wieder.

Das Gepäck ist verstaut. Während die einen sich ans Einsteigen machen, singen die anderen noch ein Lied für uns. Als Ruhe eintritt, bete ich ein letztes Mal vor und bitte um den Segen, *baraka*, für alle. Schließlich stimmen wir gemeinsam das *Baba Yetu*, das Vaterunser an.

> Baba yetu – uliye mbinguni,
> jina lako litukuzwe.
> Ufalme wako ufike.
> Utakalo lifanyike, duniani kama mbinguni.
> Utupe leo mkate wetu wa kila siku.
> Utusamehe makosa yetu,
> kama tunavyowasamehe na sisi waliotukosea.
> Usitutie katika kishawishi:
> Lakini utuopoe maovuni. Amina.

*

Wir schweigen, als der Minibus Fahrt aufnimmt, jede von uns in ihre eigenen Gedanken vertieft. *Gott, du mein Gott, dich suche ich, meine Seele dürstet nach dir* geht mir Psalm 63,2 durch den Kopf. Er gehört zu den Psalmen, die mich – mein gesamtes religiöses Leben lang – immer wieder beschäftigt haben und mir Kraft und Verständnis geben. Ja, so ist es, denn für mich ist Gott kein lebloses Objekt oder etwas Fernes und Unerreichbares, nein, er ist mein Gott, mein Du, meine Sehnsucht. Aber ich *besitze* ihn nicht und ich sehe ihn auch nicht. Wo ist dieser Gott? Meine Suche beginnt immer wieder aufs Neue. Meine Seele, mein Herz dürstet nach Gott wie *dürres, lechzendes Land ohne Wasser.* Wie oft habe ich solch ausgedörrte Böden in den Tropen gesehen, Land, das nichts hervorbringen kann ohne Wasser. So ergeht es mir ohne Gott. Dieses Gefühl stellt die Mitte meiner klösterlichen Berufung dar – diese Anziehung durch Gott. *Gott suchen* – ganz so, wie es unser Ordensvater St. Benedikt und die Mönchsliteratur beschreiben. Dieses *Suchen* wird immer im Zentrum meines Lebens stehen. Aber das Suchen nach Gott führt mich nicht in eine Kontemplation, weder ins beschauliche Betrachten noch in eine ständige Meditation, die nichts mehr zu tun haben will mit der Welt außerhalb der Gedanken. Nein, es ist ganz anders: Gott ist uns sichtbar geworden in Jesus Christus, Gott hat ein menschliches Gesicht. *Mein* Jesus Christus identifiziert sich mit den Menschen, besonders mit allen Schwachen, den Armen, Kindern und Kranken. *Was ihr ihnen getan habt, habt ihr mir getan,* sagt er bei Matthäus (Mt 25,40). Und so gehören für mich und für alle Missions-Benediktinerinnen Gebet und Taten der Liebe und des Dienstes unbedingt zusammen. *Ora et Labora.*

Der Minibus rumpelt über die Straße. Am Ende der langen Strecke, in Mtwara, werden wir vom nächtlichen Schein des Indischen Ozeans begrüßt. Silbern schimmert das Meer, der Himmel voller Sterne. Die Grillen zirpen.

18

Kindheit und Jugend (1940–1959)

Vom Loslassen und Verlieben

Die Nacht habe ich im Beachhouse von Mtwara verbracht, nur einen kurzen Spaziergang vom Konvent entfernt. Als ich aufwache, haben sich die Geräusche der tropischen Nacht gelegt. Die Moskitos, die mein Netz umschwirrten, sind längst fort und die schrillen Gesänge der Zikaden verstummt. Die Jagd von nachtaktiven Tieren und ihr Rascheln zwischen Büschen und Bäumen haben sich gelegt, langsam verschwinden sie in ihren Verstecken. Bevor die Sonne aufgeht, machen sich andere bereit für einen neuen Tag. Es ist zu spät für das gemeinsame Morgengebet mit den Schwestern. Ich könnte rasch hinübereilen in die Scholastika-Kapelle, aber nein, ich bleibe in unserem Emmaus-Häuschen am Strand. Es ist schon eine Weile her, dass ich eine Laudes verpasst habe. Zumeist geschieht dies nur auf Reisen oder in den kurzen Zeiten der Rekreation, die ich mir gegönnt habe. Das gemeinsame Gesangsgebet im Licht des anbrechenden Tages liebe ich ganz besonders. Mit jedem neuen Morgen wird die Auferstehung gepriesen, denn so, wie die aufgehende Sonne die Nacht vertreibt, ist Christus aus der Nacht des Todes auferstanden. Und wie der Mensch nach Seiner Auferstehung in den himmlischen Lobpreis einstimmt, begrüßen Gläubige den neuen Tag.

Im benachbarten Konvent stand mir in den letzten Jahren ein eigenes Zimmer zur Verfügung, denn als Priorin hatte ich hier, besonders in der heißen Phase der Bauvorhaben, viel zu tun. Ständig bin ich zwischen Ndanda und Mtwara hin- und hergependelt, oft habe ich selbst am Steuer gesessen, aber ich habe auch nicht Nein gesagt, wenn es einen Fahrer gab. Dann konnte ich während der Fahrt Baupläne und Abrechnungen wälzen. Es gab Zeiten, in denen ich mich eher wie eine Bauleiterin oder Managerin fühlte, weniger wie eine Ordensfrau und Priorin. Nun habe ich meine Aufgaben abgegeben und bin wohl so etwas wie eine Freifrau. Darunter kann ich mir zwar noch nichts Konkretes vorstellen, aber Pflichten muss ich derzeit keine erfüllen. Die Last der Verantwortung fühle ich noch schwer auf meinen Schultern, denn eine Priorin ist für alles verantwortlich, insbesondere für das Wohlergehen der Schwestern und in gewisser Weise auch für ihr Seelenheil. Allein diese Aufgabe erfordert enorme Kräfte, denn es wird erwartet, den Schwestern den richtigen Weg zu weisen. Aber das ist nun mal die Aufgabe eines Abtes, wie die Stellung einer Priorin bei den Männern genannt wird, und der Heilige Benedikt, unser Ordensgründer, hat es im 6. Jahrhundert in seiner klugen Regel festgeschrieben. Keine leichte Aufgabe, besonders wenn ich daran denke, dass sich hier nur eine einzige Novizin in der Ausbildung zur Ordensschwester befand, als ich kam, und es jetzt 14 sind.

Ach, wenn ich an das gestrige Fest denke, spüre ich, wie gut es mir getan hat. Es war regelrecht heilsam, denn mir ist deutlich geworden, dass auch alte Wunden – aus meiner Zeit als Chefärztin im Krankenhaus von Nyangao, das ebenfalls zum Priorat Ndanda zählt – gänzlich verheilt sind. Man hatte mir damals, im Jahre 1994, sehr wehgetan, woraufhin ich das Land verlassen habe und erst elf Jahre später zurückgekehrt bin. Nichts davon belastet nun noch mein Herz.

Nur noch wenige Tage in Afrika, dann werde ich wieder in Deutschland sein und mich erholen, Familie und Freunde besuchen, mich medizinisch durchchecken und vor allem meine schmerzenden Knie genauer unter die Lupe nehmen lassen.

Ich schaue auf das Meer, wickle mir eine Kanga um die Hüften und gehe auf die kleine Terrasse. Ein Fischerboot fährt vorbei, das Segel gebläht vom Wind. Die Sonne steigt aus dem Meer und wirft dem Morgen ein zartes Orange über, das den Strand beinah golden schimmern lässt. Noch ohne Schatten zu werfen, wiegen sich Palmen in der morgendlichen Brise. Es ist angenehm warm, die schönste Stunde des Tages, bevor Hitze und Feuchtigkeit alles durchdringen. Ein Hibiskus steht in voller Blüte, korallenrot leuchtet es aus seinen Kelchen. Ich gehe hinüber zum überdachten Pavillon und setze mich nieder. Das Geräusch von Regen auf Palmenblättern höre ich gern, und an diesem Ort klingt es besonders schön. Doch die große Regenzeit ist seit Wochen vorüber und es wird wohl keinen Schauer mehr geben. Ein Gummibaum mit seinen fleischigen Blättern überragt den Pavillon und wirkt wie ein Schirm. Schon ändern sich die Farben, das Orange verblasst und wandelt sich über dem Meer zu bläulicher Klarheit, die Palmen zeigen ihr Grün und der Strand sein helles Grau.

Werde ich loslassen können? Die Verantwortung tragen jetzt andere, aber eine enge Bindung lässt sich nicht so einfach lösen. Ich könnte bleiben, hier ist *mein* Kloster. Viele Priorinnen nehmen nach ihrer Amtszeit ein Sabbatjahr und kehren dann zurück. Nach acht Jahren *full power* denke ich nicht einmal im Traum an ein Altenteil, denn nie zuvor habe ich so viel Nachhaltiges bewirken können wie in jüngster Zeit, nie zuvor hatte ich so viel Kraft und Mut, nie zuvor waren mir die Zusammenhänge von mangelnder Bildung, Armut, Krankheit und frühzeitigem Tod in diesem Land so deutlich vor Augen gewesen, nie zuvor hatte ich so viel Wissen und nie zuvor waren hilfreiche Projekte, die weit mehr sind als *Tropfen auf den heißen Stein*, so greifbar und umsetzbar. Tausende junge Menschen haben durch die Arbeit der Missions-Benediktinerinnen von Ndanda nun eine Zukunft außerhalb eines Teufelskreises von Unwissenheit und Not. So viele Projekte, die ich nun *loslassen* muss. Gott war mir auf allen meinen Wegen immer ein verlässlicher Partner. Auf ihn habe ich mich verlassen und bin nicht enttäuscht worden.

Nein, eine Ordensfrau ist mit 73 keineswegs im *Rentenalter*, zumal wir ein Dasein als Rentnerinnen ohnehin nicht kennen. Bei uns gibt es Schwestern, die mit über 90 Jahren noch agil sind und ihre täglichen Aufgaben im Kloster mit Hingabe, Liebe und Dankbarkeit erfüllen. Für betagte Schwestern ist in unserer gesamten weltweiten Kongregation bestens gesorgt. Von den knapp 1400 Schwestern, die in 18 Ländern arbeiten und 26 verschiedene Nationalitäten haben, lebt nur ein Bruchteil in Deutschland. Aber wenn eine von den älteren deutschen Schwestern das Bedürfnis dazu verspürt oder aus gesundheitlichen Gründen aus dem Ausland ins

Mutterhaus nach Tutzing gehen möchte, kann sie im eigens dafür eingerichteten Haus St. Benedikt leben. Im Kloster mit dem angeschlossenen Hospital existiert zudem eine Infirmerie, eine Kranken- und Pflegestation, von der aus die Schwestern einen direkten Zugang zur Galerie der Klosterkapelle haben, die seit unserer Einhundertjahrfeier 2004 mit ihrer modernen und hellen Ausstrahlung viele Gäste anzieht. Unser Mutterhaus hat seine Tore weit geöffnet für Besucher, ganz anders als noch zu meiner Zeit als Novizin.

*

Im Beachhouse am Indischen Ozean sind um diese frühe Morgenstunde nur Meeresrauschen und Vogelgezwitscher zu hören. Ich verhalte mich still und schaue aufs Meer. Nach einer Weile vernehme ich aus der Ferne das Knattern von Mopeds, Frühaufsteher wie ich, die zu ihrem Arbeitsplatz fahren. Inzwischen hat sich das Meer zurückgezogen. Es ist Ebbe und die Sonne ist hoch aufgestiegen. Der Strand liegt in voller Größe vor mir und lockt mich zu einem kurzen Spaziergang, bevor er unter der aufkommenden Hitze glüht. Gleißendes Licht lässt den Sand beinah weiß und das Meer türkisblau schimmern. Kein Mensch weit und breit. Wo bis vor Kurzem das Hochwasser stand, ist der Sand noch feucht und knirscht unter meinen Füßen. In der Nähe gibt es ein Korallenriff, wohin ich in den letzten Jahren manchmal ging, um die *normale* und *vertraute* Welt zu vergessen. Dort bin ich mit Brille und Schnorchel in die Unterwasserwelt abgetaucht und war den Korallen und exotischen Fischen ganz nah, ein lautloses und buntes Paradies. Die Leichtigkeit meines Körpers im Meer und die fremdartige Fauna haben mich auftanken lassen. Mir genügten immer nur wenige Tage, um neue Kraft zu schöpfen. Als die Sonne aufsteigt, gehe ich zurück zum Garten.

*

Im Nebengebäude lebt ein Hausmeister, der Tag und Nacht einen Blick auf das Beachhouse und das Grundstück hat, so wie es in Tansania und wohl den meisten afrikanischen Ländern üblich ist. Als ich den Mann in seiner Arbeitskleidung aus dem Häuschen kommen und seine Runde über das Gelände machen sehe, muss ich seltsamerweise an die ersten *schwarzen* Menschen denken, die mir in meinem Leben begegnet sind. Unverhofft erinnert mich der Hausmeister in seinem grünlichen Overall an die amerikanischen Soldaten, die 1945 in meinem Heimatort aufgetaucht waren. Ich war damals fünf Jahre alt und der Zweite Weltkrieg war gerade beendet. Bis auf den rot entflammten Himmel über Münster, wenn die 20 Kilometer entfernte Stadt nach Bombenangriffen lichterloh brannte, habe ich nur wenige Erinnerungen an den Krieg. Mein Heimatort Nottuln war von Kriegshandlungen verschont geblieben. Dennoch heulten gelegentlich die Sirenen zum Fliegeralarm, und meine Familie eilte schleunigst in unseren Keller, wo sich auch einige Nachbarn einfanden, um in Sicherheit zu sein. Bei den Angriffen auf Münster waren meine Großeltern mütterlicherseits ausgebombt worden. Meine Großmutter hat im Luftschutzbunker überlebt und fand schließlich Unterschlupf bei uns in Nottuln. Das Haus bot ausreichend Platz, hatte mein Großvater väterlicherseits es doch für seine vielköpfige Familie bauen lassen. Er hatte einen florierenden Holzhandel betrieben, den später mein Vater übernahm, aber der Krieg und die Wirtschaftslage ließen im Laufe meiner Kindheit nicht viel von der einstigen Firma übrig. Immerhin waren die Lagerhallen für meine beiden Schwestern und mich ein beliebter Spielplatz. Kaum mehr als ferne Bombennächte, ein heimlich geschlachtetes Schwein und den Einzug meiner ausgebombten Großmutter habe ich vom Krieg im Gedächtnis behalten.

Ganz deutlich kann ich mich noch an die Begegnung mit den ersten schwarzen Männern erinnern, amerikanische Soldaten, die nach Kriegsende im Frühsommer 1945 bei uns vor der Tür standen. Mit ihren Panzern hielten sie unter ohrenbetäubendem Lärm direkt vor unserem Haus neben der Kirche. Noch heute sehe ich sie unter den Bäumen der Lindenallee stehen, frisches Laub über ihren unfassbar dunklen Köpfen, die aus der Panzerluke schauten. Unsere Eltern waren im Haus geblieben, aber meine beiden Schwestern und ich eilten zur Tür, öffneten sie einen Spalt und spähten hinaus.

Die Fremden winkten freundlich, als sie von ihrem Panzer herunterstiegen. Sie lächelten uns an und holten kleine Päckchen aus ihren Taschen. Ich schaute in ihre dunklen Gesichter mit den weißen Zähnen und auf die gleichermaßen dunkle Haut ihrer Hände, die etwas Verlockendes festhielten. Einer kam auf uns zu und sprach einige Worte, die wir nicht verstanden, aber es klang nett. Es hörte sich an wie »Schokolade«, aber er fügte viele weitere unbekannte Worte hinzu. Schon stand er am Treppenabsatz, nur noch wenige Stufen von uns entfernt. Wir starrten wie gebannt auf den Soldaten in seiner Uniform. Ein zweiter Mann folgte, der genauso fremdartig und nett aussah wie der erste. Solche Gesichter hatten wir bis dahin nie gesehen und von Schokolade hatten wir nur geträumt. Man hatte uns erzählt, es sei eine besondere Köstlichkeit, etwas Süßes und von weit her kommend. Wir Mädchen waren begeistert, als die dunkelhäutigen Männer ihre Päckchen öffneten und jede von uns ein Stückchen Schokolade bekam. Christa sagte laut: »Danke«. Sie war immer die mutigste und schlagfertigste von uns, wir Jüngeren taten es ihr sogleich nach. Nun lächelten die Amerikaner noch breiter und sagten etwas, das wir wieder nicht verstanden. Nach einer Weile zogen sie weiter und wir ließen die Köstlichkeit in unseren Mündern schmelzen. Ich war fasziniert von der Schokolade und von den großen schwarzen Männern. Als Erwachsene war ich später manches Mal dankbar für diese erste kindliche und ausgesprochen positive Erfahrung mit Menschen anderer Hautfarbe. Dennoch dauerte es einige Jahrzehnte, bis mir deutlich wurde, wie prägend der Anblick der schwarzen Amerikaner auf die fünfjährige Ursula Händler in Nottuln gewirkt haben muss.

Menschen mit anderer Hautfarbe sah ich danach so schnell nicht wieder. Nur an der Weihnachtskrippe in unserer Kirche gab es eine Missionsspardose in Form einer dunkelhäutigen Kinderfigur, ein sogenanntes Nicknegerlein, das mit dem Kopf nickte, wenn man ein Geldstück hineinwarf. Die Zeit der stumm nickenden Figur, die dankend die Gaben der Weißen annahm, war bei uns glücklicherweise ab Mitte der Sechzigerjahre vorbei. Mit solchen Eindrücken bin ich aufgewachsen und bin im Nachhinein noch froh, dass sie nicht meinem Verständnis von Mission entsprachen, als ich im jugendlichen Alter davon träumte, Missionsärztin zu werden. Ich wollte in Bescheidenheit dort helfen, wo ich gebraucht wurde, und Zeugnis ablegen von Jesus Christus. Das »Nicknegerlein« ver-

24

schwand und mit ihm viele althergebrachte Vorstellungen der Kirche. Damals existierte noch die Vorstellung, man könne ein *Heidenkind* aus allergrößter Not für den Betrag von 21 Mark freikaufen. Aus diesem Grund bekam ich exakt diese Summe zur Erstkommunion geschenkt. Ich stellte mir vor, wie ich dazu beitrug, eines dieser Kinder aus Finsternis und Unwissenheit, fernab von den Segnungen der Kirche lebend, nun retten zu können. Das Geld brachte ich sofort zur Kirche und bekam eine kleine Urkunde, auf die ich sehr stolz war. Welches Heidenkind ich wohl gerettet hatte? Woher dieser Brauch rührte, wusste ich damals nicht.

Der Missionsgedanke hat sich seitdem umfassend gewandelt, aber das ist eine andere Geschichte, die mich bis heute tief bewegt. Vieles hat sich in der katholischen Kirche zum Besseren verändert. Nun haben wir sogar einen Papst, der nicht aus Europa stammt, der eine neue Sichtweise in den Vatikan trägt und nicht mehr *Heiliger Vater* genannt werden will. Er sei der *Bischof von Rom im Vorsitz der Liebe.* Wenn ich daran denke, dass in den letzten Jahrzehnten immer häufiger Missions-Benediktinerinnen aus Südamerika, Asien und Afrika wichtige Positionen in unserer Kongregation eingenommen haben und *ihre* Mission in die Welt tragen, dann bin ich umso glücklicher.

Über das »Nicknegerlein« habe ich als kleines Mädchen nicht viel nachgedacht, und auch wenn es mir fragwürdig erschienen wäre, hätte ich mich doch niemals getraut, eine Bemerkung zu machen. Dafür war ich viel zu schüchtern und stand zudem im Schatten meiner zwei Jahre älteren Schwester Christa. Sie war eine Musterschülerin und brachte Bestnoten nach Hause, ohne dafür lernen zu müssen. Bei meinem schulischen Werdegang, angefangen von der Grund- und Realschule in unserem Heimatort, über ein Gymnasium in Münster bis zum Internat der Ursulinen in Werl, traf ich stets zwei Jahre nach Christa auf dieselben Lehrerinnen und Lehrer, die von mir ähnlich gute Leistungen und ein ähnlich forsches Auftreten erwarteten. Doch während meine Schwester in jeder Hinsicht ein extrovertierter Typ war, traute ich mich kaum, den Mund aufzumachen. Manchen Lehrern merkte ich die Enttäuschung darüber an. Immerhin hatte ich während der Grundschule bei Lehrer Kortmann einen Stein im Brett. Der junge Mann war verlobt und er schickte ausgerechnet mich in der großen Pause regelmäßig zum Postamt, um nach eingetroffenen Briefen seiner zukünftigen Frau zu fragen. Manchmal strich er mir flüchtig übers Haar, wenn ich mit einem Umschlag zurückkam. Er muss sehr verliebt gewesen sein.

*

Meine Eltern waren ein ungleiches Paar, allein schon wegen des erheblichen Altersunterschieds von 18 Jahren. Meine Mutter hat als 22-Jährige meine älteste Schwester geboren, kaum zehn Monate vor Ausbruch des Krieges. Ich kam schon im nächsten Jahr auf die Welt und Annette im Juli 1941. Im Nachhinein fragte ich mich häufig, wie sie es geschafft hat, während des Krieges und bei schwacher Gesundheit drei kleine Mädchen durchzubringen. Auf Kindheitsfotos sehen wir immer adrett und zufrieden aus, aber was geben Fotos wirklich wieder vom tatsächlichen Leben? Sie muss körperlich wie auch seelisch vollkommen überfordert gewesen sein, aber das ist mir erst als gereifte Frau aufgegangen. Vermutlich hat meine Mutter sich damals einen Schutzschild zugelegt, der aus emotionaler Abschottung bestand. Sie wird sich in den schweren Kriegsjahren und noch lange danach unser Wohlergehen von ihrem Mund abgespart haben, ohne dass wir es je gemerkt haben. Meine Schwestern und ich haben ihr viel zu verdanken und ich habe Hochachtung vor ihrer Leistung. In meiner Erinnerung taucht dazu das Bild meiner kreidebleichen Mutter im Krankenbett auf. Der behandelnde Arzt an ihrer Seite sagte damals zu meinem Vater: »Kaufen Sie auf dem Schwarzmarkt in Münster Butter für Ihre Frau.«

Ob er es tatsächlich getan hat, weiß ich nicht, aber unsere Mutter erholte sich – wie so häufig – und nahm ihre Pflichten wieder ohne zu klagen auf. An zärtliche Zuwendungen oder gar Liebkosungen durch unsere Mutter kann ich mich nicht erinnern. Sie kam jeden Abend zu uns Schwestern ins Zimmer, um mit uns zu beten. Dabei knieten wir gemeinsam vor dem Gnadenbild *Unserer Lieben Frau von der immerwährenden Hilfe.* Die Ikone mit der Gottesmutter und dem Jesuskind gehörte in mein Leben wie die täglichen Gebete, und beide hatte ich lieb gewonnen. Der goldschimmernde Untergrund auf dem Bild rahmte die Abbildung mit den beiden sanften Gesichtern. Davor brannte stets ein Lichtlein und warf seinen Schein darauf. Die Gottesmutter erschien mir voll grenzenloser Zärtlichkeit zum Kinde. Nach dem Gebet schlüpften wir unter unsere Decken. Einen Gutenachtkuss haben wir nicht bekommen. Es war jeden Abend das gleiche Ritual. Nie konnte unsere Mutter uns einen Kuss geben. »Kinder, ihr müsst fleißig lernen«, sagte sie stattdessen oft zu uns. »Was ihr gelernt habt, kann euch keiner nehmen. Geld kann plötzlich nichts mehr wert sein, das haben wir selbst erlebt, ein Haus kann abbrennen, aber was in euren Köpfen ist, bleibt für immer euer Eigen.« Dann löschte sie das Licht und ging hinaus.

Unser Vater musste nur kurze Zeit als Soldat dienen. Bei Kriegsbeginn war er fast 40 Jahre alt und zunächst wurden nur die Jüngeren an die Front geschickt. Und so war er fast immer zu Hause und dabei ausgesprochen präsent. Solange ich denken kann, gingen wir jeden Sonntag gemeinsam in die Kirche, wo unsere Familie immer auf derselben Kirchenbank saß, mittig auf der rechten Seite. Mein Elternhaus lag nur wenige Schritte von der Stifts- und Pfarrkirche St. Martinus entfernt, einem mächtigen gotischen Bau mit hoch aufragendem Glockenturm. Aus der oberen Etage unseres Hauses konnte man die Kirchenuhr mit den lateinischen Lettern *tempus fugit, amor manet* sehen, *Zeit vergeht, Liebe bleibt*. Wie selbstverständlich lernte ich diese und viele andere lateinische Worte und hatte in der Schule nie Probleme mit der Sprache. Für einen Ort mit nur wenigen Tausend Einwohnern gab es neben der beeindruckend großen Kirche auch eine erstaunlich große Anzahl anderer christlicher Bauwerke, die auf ein Damenstift zurückgehen, das den Ort über Jahrhunderte geprägt und Spuren hinterlassen hat.

Während meiner Kindheit ereigneten sich nur wenige einschneidende Veränderungen, bis auf die kurze Zeit, in der englische Alliierte in unserem Haus lebten und wir bei Nachbarn Unterschlupf fanden. Nachdem die Fremden wieder abgezogen waren und meine Eltern sich mit den angerichteten Zerstörungen abfinden mussten, gab es kaum weitere Überraschungen. Wir lebten in einem katholischen Milieu, in dem jeder und jede seinen bzw. ihren festen Platz hatte. Ab und an erinnerte man uns Kinder daran, nicht mit den

Evangelischen zu spielen, womit die Kinder der Flüchtlingsfamilien gemeint waren, die zumeist aus Ostpreußen und Schlesien stammten und sich nach dem Krieg in Westfalen ansiedelten. Wir wuchsen quasi in einem geschlossenen System auf, beinah gänzlich ohne einen Störenfried, hätte es da nicht unseren Onkel Josef gegeben. Der Bruder meines Vaters hatte sich von seiner Frau scheiden lassen und wir Kinder erfuhren alsbald, dass dies ein schweres Vergehen sei und sein Verhalten vollkommen inakzeptabel. Ein Skandal! Doch nicht nur das: Onkel Josef wollte sogar ein zweites Mal heiraten. Das führte zwischen meinen Eltern zu heftigen Diskussionen darüber, wie sie sich gegenüber dem Verwandten verhalten sollten. Man konnte ihm ja wohl kaum gratulieren! Meine Schwestern und ich waren noch zu jung, um die Aufregung der Eltern zu verstehen. Es wirkte nicht wie eine Streitigkeit zwischen ihnen, nein, sie schienen ganz einer Meinung zu sein, aber ihre Empörung und Ratlosigkeit ließen ihre Stimmen beben.

Streit gab es jedoch regelmäßig ums Geld. Meine Mutter war Hausfrau und hatte alle Hände voll zu tun, uns zu ernähren und zu versorgen, drei kleine Mädchen in einer schweren Zeit. Ihrer Meinung nach vertrat mein Vater eine allzu laxe Einstellung gegenüber seiner Arbeit in der Holzhandlung und dem neu entstandenen Versicherungsbüro. Immer wieder ermahnte sie ihn zu mehr Engagement. Diese Auseinandersetzungen verliefen manchmal lautstark, was mich in die letzte Ecke des Hauses trieb, um sie nicht anzuhören. Ich hasste es, wenn meine Eltern sich stritten. Innerlich war ich dabei immer auf der Seite meiner Mutter. Sie musste einfach recht haben, denn sie war eine kluge Frau und sie liebte uns.

Unser Vater zeigte sich außerhalb des Hauses gern mit seinen drei braven und aufgeweckten Töchtern, besonders wenn wir fein herausgeputzt am Sonntag um neun Uhr in die Messe gingen. Nach dem Kirchgang plauderte er mit Nachbarn und Bekannten, wobei wir an seiner Seite standen und schweigend warteten, bis seine Gespräche beendet waren. Der nächste Gang führte zum Zeitungsbriefkasten, in dem die *Welt am Sonntag* steckte. Damit setzte er sich ins Herrenzimmer und trank zum Pressestudium ein Glas Moselwein. Beim Mittagessen befragte er meine Schwestern und mich darüber, was wir von der Predigt behalten hätten. Seine Fragen konnten anfangs nur von Christa beantwortet werden. In der Liturgie überwog in meiner Kindheit noch die lateinische Sprache, was sich erst durch das Zweite Vatikanische Konzil änderte. Unserem Vater gefiel es, sich als gebildeter Christ zu präsentieren. In seiner Welt ging es im Wesentlichen immer nur um ihn. Nach dem Sonntagsessen und dem Kaffeetrinken *mussten* wir gemeinsam spazieren gehen. Da kannte er kein Pardon, es war wie eine heilige Pflicht, ob wir nun wollten oder nicht. Begleitet wurden wir zumeist von einigen Verwandten, Onkeln und Tanten, die im Dorf wohnten. Wir Mädchen trotteten den Erwachsenen lustlos hinterher. Niemand kümmerte sich oder spielte gar mit uns. Viel lieber wären wir zu Hause geblieben. Einmal hatten wir im Holzlager eine kleine Theaterbühne aufgebaut. Christa hatte sich wie so oft ein Stück ausgedacht und wir hatten bereits sämtliche Kinder der Nachbarschaft eingeladen. Für einen Groschen Eintritt hätten sie zur Premiere kommen dürfen. Aber unser Vater machte uns einen Strich durch die Rechnung. Widerworte duldete er nicht und die Aufführung musste abgeblasen werden. Er hatte entschieden, dass wir unbedingt am Sonntagsspaziergang teilnehmen mussten. »Christa-Ursula-Annette, ihr kommt mit!«, bestimmte unser Vater, wobei er unsere Namen wie ein einziges Wort aussprach.

Er war ein eifriger Kirchgänger, der bei seinen täglichen Besuchen der St. Martinus Kirche stets auf Knien vor dem Marienaltar betete. Sein Lieblingsplatz in der Kirche war von einem Meister der Steinmetzkunst aus Baumberger Sandstein gefertigt worden. Unser Vater schaute sich immer wieder die prächtige Darstellung vom Heiligen Dominikus an, der von Maria den Rosenkranz empfängt. Vor der Renovierung der Kirche in den Fünfzigerjahren fehlte am Marienaltar eine kleine Ziersäule aus dunklem Marmor. Das muss meinen Vater gewurmt haben, denn er nahm kurzerhand Maß und ersetzte die fehlende Säule durch einen täuschend echt aussehenden Schlauch, den er entsprechend präpariert hatte. Damit war sein bevorzugter Gebetsort wieder perfekt.

Heller Baumberger Sandstein begleitete mich durch meine gesamte Kindheit. Überall in unserem Ort finden sich noch heute Verzierungen an Häusern, es gibt sogar komplette Gebäude aus diesem schönen Stein und zahlreiche Kruzifixe in Lebensgröße, die in Vorgärten und an Weggabelungen aufgestellt wurden. Damit war ich aufgewachsen und kannte es nicht anders. Die Pfarrei, das ehemalige Damenstift und das Kloster von Nottuln mit dem Friedhof, die ehemalige Vogtei und sämtliche angrenzende Gebäude gehörten quasi zu unserem erweiterten Wohnzimmer, und so waren mir nicht nur die katholischen und zumeist mittelalterlichen lateinischen Begrifflichkeiten von früh an vertraut, sondern auch eine allgegenwärtige Frömmigkeit. Sobald ich aus dem Haus trat, begegneten mir lebensgroße Heiligenfiguren. Unsere Eltern fuhren an kirchlichen Festtagen gern zur Benediktinerabtei nach Gerleve, und selbstverständlich waren wir drei Schwestern immer dabei. Dort habe ich die Gesänge des gregorianischen Chorals zum ersten Mal gehört und war schon als Kind ergriffen davon. Es schien mir die schönste Art, Gott zu preisen.

In unserem Ort gab es kein Gymnasium, und so schickten meine Eltern zunächst Christa und zwei Jahre später auch mich aufs Gymnasium nach Münster. Bei unseren Großeltern bezogen wir ein kleines Zimmer und kamen nur an den Wochenenden nach Hause. Diese Jahre, von der achten bis zehnten Schulklasse, habe ich als besonders belastend in Erinnerung. Zunächst einmal waren Christa und ich nichts weiter als die Mädchen vom Lande, die sich in der Stadt nicht auskannten und aus relativ einfachen Verhältnissen kamen. Wir besaßen ein schlichtes Kleid für die Woche und ein anderes für den Sonntag. Unsere Mutter sparte sich unsere Ausbildung von äußerst begrenzten Mitteln ab, während unser Vater den guten Zeiten vor dem Krieg nachtrauerte. Als treibende Kraft im Haushalt nahm unsere Mutter kurzerhand Schülerinnen in Kost und Logis, die in Nottuln den Realschulzweig der Liebfrauenschule besuchten. Die Einkünfte aus dieser zusätzlichen Einnahmequelle steckte sie in unsere Ausbildung. Unsere kleine Schwester Annette ging ebenfalls auf die Liebfrauenschule, und so blieb ihr das Gymnasium in Münster und das Zusammenleben mit unseren Großeltern erspart. Dort bekam man deutlich zu spüren, was eine lieblose Ehe ist. Obwohl liebevolle Gefühlsregungen auch in unserem Elternhaus weitgehend unbekannt waren, fehlte bei unseren Großeltern beinah jegliche zwischenmenschliche Wärme. Der wesentlich jüngere zweite Ehemann unserer Großmutter war ihr weder ein Partner noch eine Stütze. Oma liebte uns Mädchen auf ihre sehr eigene Art, fast wie zwei Puppen, mit denen sie spielen konnte. Unter ihrem Dach war ich unglücklich und fühlte mich isoliert. Zusätzlich litt ich darunter, keine Freundin zu haben, und hoffte in all den Jahren vergeblich, von einer Mitschülerin in freundschaftlicher Absicht angesprochen zu werden. Ich hätte wohl alles dafür gegeben, zum Spielen oder gemeinsamen Lernen eingeladen zu werden, aber selbst brachte ich den Mut nicht auf, einen ersten Schritt zu tun. Und so ging ich nach dem Unterricht allein nach Hause und lernte. Ein ausgesprochen langweiliges und trauriges Leben zu Beginn der Fünfzigerjahre. Christa suchte sich hin und wieder kleine Fluchten aus der unterkühlten Atmosphäre. Wenn meine Schwester ins Kino wollte, dann ging sie ins Kino. Und auch wenn ich liebend gern mitgegangen wäre, traute ich mich nicht, es zu sagen. Christa zeigte kein Verständnis für meine Schüchternheit und machte auch keinen Versuch, mir dabei zu helfen, diese Zurückhaltung zu überwinden.

Ich war brav, fromm und dann plötzlich auch noch groß! Es dauerte nicht lange, bis ich Christa, meine Mutter und, als 13-Jährige, sogar meinen Vater in der Körpergröße eingeholt hatte, obwohl er kein kleiner Mann war. Unauffällig konnte ich mich mit diesem Körper nicht mehr machen, aber daran gewöhnte ich mich schnell und schenkte diesem Umstand keine große Beachtung.

*

Irgendwann mussten auch unsere Eltern gespürt haben, dass Christa und ich nicht bis zu unserem Abitur in Münster bleiben konnten. Es wurden keine großen Worte darüber verloren, aber sie merkten durchaus, dass wir in Münster nicht glücklich waren. Zunächst schickten sie meine große Schwester und einige Zeit später dann auch mich auf das katholische Internat der Ursulinen in Werl, wo wir die Unter- und Oberprima absolvierten.

Schon nach wenigen Wochen in Werl – Christa war bereits Studentin an der Universität – ging es mir besser und ich fühlte mich in der Gemeinschaft der anderen Schülerinnen und der unterrichtenden Ordensschwestern wohl. Nur in den Schulferien kam ich nach Hause und freute mich vorab auf meine Eltern und auf Annette. Die Ferien wurden für mich mit jedem Mal mehr zu einer gefühlsmäßigen Achterbahn. Kaum war ich in Nottuln angekommen, auf das ich mich doch so gefreut hatte, fühlte ich eine gewisse Leere, und schon nach kurzer Zeit in meinem Elternhaus war ich enttäuscht und musste mir eingestehen, dass ich mich nicht daheim fühlte. Tief in meinem Herzen zweifelte ich sogar an der Liebe meiner Mutter und meines Vaters. Dann wollte ich doch lieber wieder ins Internat.

Für mich bedeutete der Besuch des *Neusprachlichen Mädchengymnasiums mit Frauenoberschulklassen* der Ursulinen in vieler Hinsicht eine Fortführung von vertrauten Ritualen und vertrauter Umgebung, wenn auch an einem anderen Ort. Alte Gemäuer, Kapellen, Kirchen und Gebetszeiten waren mir seit Langem vertraut und lieb geworden. Neu war für mich als Internatsschülerin jedoch, dass ich jeden Morgen in die Frühmesse ging und mit den Schwestern betete, obwohl es von uns Pensionärinnen, wie die offizielle Bezeichnung der Internatsschülerinnen lautete, nicht erwartet wurde. Nur am Sonntag mussten wir unsere schlichten blauen Kleider anziehen und gemeinsam in die Klosterkapelle gehen.

Wie alle Jugendlichen stellte auch ich mir die Frage, was ich später aus meinem Leben machen wollte. Albert Schweitzer und sein Urwaldkrankenhaus schwirrten mir seit Jahren immer wieder im Kopf herum. Afrika! Der *Schwarze Kontinent* war damals noch unendlich weit entfernt, beinah unerreichbar. Es waren zumeist furchtbare Geschichten des Leidens der Menschen, die damals erzählt wurden. Ich war immer froh, wenn mir in der Nottulner Pfarrei, bei meinen Eltern oder bei den Ursulinen Berichte von Missionaren in die Hände fielen. *Der Weinberg*, eine Zeitschrift der *Oblatenmissionare*, entführte mich in fremde Welten, und auch die *Weissen Väter* und *Weissen Schwestern* waren Ordensgemeinschaften, die in Afrika Missionsarbeit leisteten und darüber berichteten. In Missionszeitschriften stieß man auf exotische Geschichten über Sitten und Gebräuche, fremde Tierwelten und das Leben und Leiden der Afrikaner. Auf Schwarz-Weiß-Fotos waren halb nackte und notleidende Menschen zu sehen, manche mit riesigen und verunstalteten Lippen und Ohrläppchen, die bis zum Hals herunterhingen. Mir schien es, als würden diese armen Menschen nur auf die Hilfe von Missionaren warten. Ihnen wollte auch ich helfen, das war mein jugendlicher Wunsch. Am liebsten so wie Albert Schweitzer. Die Aufnahmen von Leprakranken, denen Gliedmaßen fehlten, berührten mich mehr als alles andere. Ja, genau das schwebte mir vor! Eines Tages würde ich diesen Menschen helfen! Aber davon erzählte ich niemandem etwas.

Seitdem ich denken konnte, hatte ich von der *großen Liebe Gottes zu den Menschen* gehört und nie daran gezweifelt. Diese Liebe war mir vertraut geworden, und ganz allmählich erfüllte mich die Gewissheit, in Afrika am allermeisten gebraucht zu werden und im Sinne Gottes wirken zu können.

In der Ludgeri-Kirche in Münster hatte ich das *Kreuz ohne Arme* gesehen. *Ich habe keine anderen Hände als die Euren* ist über jenem Holzkreuz zu lesen, dessen Corpus durch eine Bombe im Zweiten Weltkrieg beide Arme weggerissen wurden. *Ich habe keine anderen Hände und Füße als deine, so geh' du für mich*, ist auch heute noch ein sehr sprechendes Bild für mich. Wenn die Leprakranken keine Hände mehr haben, dann können meine Hände ihnen vielleicht helfen, malte ich mir aus. Meine Hände als Ärztin.

Mit jedem Tag bei den Ursulinen wurden mir stilles und auch gemeinsames Gebet in der Kapelle wichtiger. Stundenlang konnte ich dort sein und mich selig fühlen im Glauben. Und dann vernahm ich plötzlich etwas, das ich als die Ansprache Gottes deuten musste: *Folge mir nach!* Es gab keinen Zweifel, die Worte waren direkt an mich gerichtet. Ein unbekanntes Gefühl erfüllte mich. Jesus sprach zu mir! Er meinte mich! Warum ausgerechnet mich? *Folge mir nach!* Die Ansprache war klar und deutlich. Ein Ruf! Ich musste nicht lange überlegen und deutete diesen Ruf als Zeichen zum Ordensleben, aber vor allem auch als Ruf zu einem Leben als Missionarin, als Botschafterin der Liebe Gottes zu den Menschen.

Meine Gedanken kreisten um das Leben in einem Orden und ich malte mir aus, was solch ein Schritt für meine Zukunft bedeutete. Aber ich behielt diese Gedanken für mich allein. Und so war ich tatsächlich überrascht, als eine Ursuline mich fragte, ob ich mir vorstellen könnte, in ihren Orden einzutreten. »*Nein, das möchte ich nicht, Schwester*«, gab ich ihr prompt zurück, denn zu den Ursulinen wäre ich niemals gegangen. Es war ein reiner Schulorden mit nur einem Haus. So etwas kam für mich überhaupt nicht infrage. Ich wollte helfen und heilen und das Wort Gottes weitertragen, wenn möglich in größeren Dimensionen. In Afrika! Als Ärztin, wenn möglich als Missionsärztin.

Was mich in einem Orden erwartete, konnte ich mir ungefähr ausmalen, denn ich kannte nicht nur die Ursulinen, sondern auch die *Schwestern Unserer Lieben Frau* aus Nottuln, deren Schule ich besuchte, bevor ich nach Münster aufs Gymnasium ging. Es bedeutete ein Leben in Ehelosigkeit und Armut, was mich nicht sonderlich schreckte. Aber ich wollte nicht um jeden Preis in einen Orden eintreten, sondern wollte unbedingt Missionsärztin in Afrika sein. Im Sinne Gottes wollte ich wirken, was sicherlich auf vielfältige Weise möglich war. Albert Schweitzer war schließlich auch kein Mönch gewesen. Als Teenager hatte ich noch keine klare Vorstellung davon, was genau zu tun sei, um dieses Ziel zu erreichen. Gelegentlich dachte ich auch daran, einen Missionsarzt zu heiraten. Irgendwo würde sich doch ein Mann finden lassen, dem Ähnliches vorschwebte. Es gab auch medizinische Organisationen, die in Afrika tätig waren und über die ich vage informiert war. Aber noch hatte ich nicht einmal mein Abitur. Meine Leistungen in der Schule waren ohnehin nicht besonders glänzend und es gab Fächer, mit denen ich mich nie anfreundete. Dazu gehörte Französisch. Während meine Schwester die Sprache bereits an der Universität studierte, brachte ich es nur zu einem »Ausreichend«. Damit konnte ich wohl kaum in eine französische Kolonie in Afrika gehen. Mit Musikinstrumenten tat ich mich ebenfalls schwer, und meine Singstimme war nur mittelmäßig.

Mittlerweile trug ich mein Haar lang und war jeden Morgen damit beschäftigt, es zu bändigen. Zu besonderen Anlässen toupierte ich die Hinterkopfpartie, steckte sie mit Nadeln fest und legte eine breite Strähne akkurat über meine Stirn. Einmal ließen meine Schwestern und ich uns als junge Damen in einem Fotostudio ablichten. Ganz im Stil der damaligen Zeit posierten wir vor der Kamera, Christa mit gebändigter Kurzhaarfrisur und Schwalbenschwanzbrille, Annette eher unauffällig und brav und ich mit tadelloser Hochsteckfrisur. Aus Kleidung machte ich mir nicht besonders viel. Ich war eine große und schlanke junge Frau mit aufrechtem Gang.

Je näher das Abitur rückte, desto klarer wurden meine Pläne. Ja, ich wollte einem Orden beitreten. Aber welchem? Gleichzeitig gab es für mich keinen Zweifel an der Aufnahme eines Medizinstudiums, um Ärztin für Afrika zu werden. Dieser Plan bekam höchste Priorität. Zu den Kranken und Gebrechlichen nach Afrika wollte ich und meinen Beitrag für eine bessere Welt leisten. Aber wie konnte ich das am sinnvollsten mit einem Ordensleben vereinbaren? Welcher Orden war der richtige für mich? Wie kam ich als Ordensschwester und Ärztin nach Afrika? Wann sollte ich Medizin studieren? Sofort oder erst später als Schwester? Ging das überhaupt? Oder doch lieber einen Missionsarzt heiraten? Jesu Christi Worte klangen mir deutlich im Ohr: *Folge mir nach!* Aber auf welchem Weg? *Verlasse alles!* Das wollte ich wohl machen. Aber wie? Alle diese Fragen gingen mir ständig durch den Kopf und ich machte sie ganz allein mit mir ab.

Und dann fuhren wir Oberschülerinnen, begleitet von einem Jesuiten, zu Einkehrtagen in eine Jugendbildungsstätte nach Olpe. Wir wussten nicht, was uns erwartete, und ich staunte, als wir das Kloster Marienfried erreichten, denn das Haus wurde von *Missions-Benediktinerinnen* geführt. Bis dahin hatte ich noch nichts vom Zusammenwirken von Mission und Benediktinertum gehört. Ich war sofort begeistert, denn im Kloster Gerleve, bei den Mönchen der Benediktiner, war ich durch ihre Spiritualität und den Choral tief bewegt worden. Ihre Anbetung war mir förmlich ins Herz gedrungen.

Kaum hatten wir unsere Zimmer bezogen, da fragte ich unseren Jesuiten, was es mit diesem Orden in Olpe auf sich habe.

»Fräulein Händler, reden Sie doch gleich mit den Schwestern. Die machen beides, das Benediktinische und das Missionarische.«

Nachdem ich meinen ganzen Mut zusammengenommen hatte, stellte ich mich bei der Oberin vor und wollte auf der Stelle alles wissen. Vieles gefiel mir so gut, dass ich gern sofort eingetreten wäre. Die Oberin sprach von einer klassenlosen Gesellschaft bei den Benediktinerinnen, anders als bei den Benediktinern, wo es vor dem Zweiten Vatikanischen Konzil erhebliche Unterschiede zwischen den Patres und den Brüdern gab, den zum Priester Geweihten und den einfachen Mönchen.

»Bei den Benediktinerinnen haben alle gleiches Wahlrecht, alles wird gemeinsam entschieden, alle beten und singen gemeinsam und gehen sogar einer Arbeit nach. Und zudem hat unser Orden nie einen Mann in der obersten Leitung gehabt«, sagte die Oberin.

All das schien, wie für mich gemacht, *Ora et Labora* in Gemeinschaft mit anderen Schwestern.

»Ja, unsere Schwestern sind auch in afrikanischen Ländern tätig, wie in Tansania, Uganda, Angola, Südafrika und Namibia.«

Ich war wie elektrisiert. Hier und heute war mir ein Weg aufgezeigt worden! Mir blieben nur noch wenige Monate bis zum Abitur. Während unserer Einkehrtage in Olpe konnte ich vor Aufregung kaum schlafen und war mir sicher: Die Missions-Benediktinerinnen sollen es sein!

Und als die Schwestern, es mögen zehn oder zwölf gewesen sein, ihre Choräle in lateinischer Sprache anstimmten, klang es für mich wie der schönste Gesang auf Erden. In diesen Frauenchor wollte ich einstimmen, meine Stimme sollte eins werden mit den ihren. Gemeinsam mit den Benediktinerinnen wollte ich Gott lobpreisen.

Es wurde höchste Zeit, diese Pläne meinen Eltern mitzuteilen. Bis jetzt waren sie davon ausgegangen, ich würde nach der Reifeprüfung ein Medizinstudium beginnen. Aber nun wollte ich lieber heute als morgen in einen Orden eintreten. In wenigen Monaten, im Februar des kommenden Jahres, würde ich meine Reifeprüfung ablegen. In den Weihnachtsferien 1958 konnte ich nicht länger warten. Ich gab mir einen Ruck und legte los.

»Ich möchte Ordensschwester werden, bei den Missions-Benediktinerinnen, gleich nach dem Abitur.«

»Du willst ins Kloster?«, fragte mein Vater.

»Ursula, so plötzlich? Warum? Und was ist mit deinem Medizin-studium?«, wollte meine Mutter wissen.

»Das mache ich später.«

»Was heißt später? Als Ordensschwester musst du im Kloster leben und bist zu Gehorsam verpflichtet. Da kannst du nicht selbst entscheiden, ob du an die Universität gehst oder nicht. So einfach ist das nicht. Mit den Gelübden gibst du dein altes Leben auf und musst alles loslassen«, sagte meine Mutter und klang dabei ein wenig ängstlich, ganz so, als müsse sie *mich* für immer loslassen.

»Ich will Jesus nachfolgen.«

»Das kannst du ja auch, Ursula, aber doch nicht gleich nach der Schule. Du solltest zunächst studieren, und während des Studiums kannst du dir deine Entscheidung ganz genau überlegen. Der Orden läuft dir ja nicht weg«, argumentierte sie.

»In einem Orden garantiert dir keiner, dass du etwas studieren kannst oder einen Beruf erlernen kannst, der dir gefällt. Da sind Gehorsam gefragt und ein Leben in Armut. Überlege es dir gut. Wenn du eines Tages Ärztin sein möchtest, dann mache wenigstens erst dein Physikum«, sagte mein Vater und er klang so engagiert und mitfühlend, wie ich ihn selten erlebt hatte. Es schien ihm wichtig zu sein, dass ich keinen Fehler machte und meinem Leben vielleicht frühzeitig eine falsche Richtung gab und später etwas bereute. Er zählte eine Reihe von Argumenten auf, die gegen einen sofortigen Ordenseintritt sprachen, wobei ein Leben in Armut mich nicht im Geringsten schreckte. Eine Regel der Missions-Benediktiner kannte ich bereits: *Der Mönch darf nichts besitzen.* Und das galt selbstverständlich auch für die Ordensschwestern, wie mir in Olpe gesagt worden war. Kein Problem für mich, fühlte ich doch mehr und mehr den Reichtum des Glaubens.

»Ich will nach Afrika!«

»Mein Gott! Afrika!? Wenn du als Schwester dorthin gehst, kehrst du nie zurück«, sagte meine Mutter und ihre Stimme klang beinah brüchig. Es rührte mich, ihre Bedenken zu hören. Offenbar hatte sie Angst, mich zu verlieren. Im Gegensatz zu ihr hatte ich bisher nur wenig über eine endgültige Trennung von meiner Familie nachgedacht. Aber sie hatte recht, denn aus den Missionszeitschriften wusste ich, dass es nur selten einen Weg zurück gab. Wer in die Mission ging, blieb auch dort. Für immer!

Ich versprach meinen Eltern, mir den Zeitpunkt des Eintritts in den Orden gründlich zu überlegen. Wenn ich ehrlich zu mir selbst war, dann waren mir die Bedenken, als Klosterschülerin vielleicht nicht mehr zur Universität zu dürfen, durchaus bewusst. Und was würde dann aus meinen Plänen werden? Die Argumente meines Vaters leuchteten mir ein, der Orden lief mir wirklich nicht davon und ein Physikum in der Tasche konnte sicher nicht schaden.

Ja und nein, ja und nein, meine Gedanken kreisten. *Vor Gott ist es das Richtige,* wenn ich in einen Orden eintrete. Das spürte ich genau und solch ein Leben würde mir auch entsprechen. Was andere junge Frauen in meinem Alter bewegte, interessierte mich oft nicht. Während mir das strenge Internatsleben nichts ausmachte, suchten meine Mitschülerinnen durchaus nach Möglichkeiten, aus diesem Leben zumindest zeitweise auszubrechen, und verstießen gegen manche Regel. Sie schwärmten von jungen Männern und ich verliebte mich in Jesus Christus.

Ordensschwester und Ärztin sein (1959–1980)

Physikum und endlose Flitterwochen (1959–1963)

Mit dem Abitur in der Tasche immatrikulierte ich mich an der medizinischen Fakultät in Münster, ganz so, wie meine Eltern es mir geraten hatten. Vor Semesterbeginn absolvierte ich ein Praktikum in der Missionsärztlichen Klinik in Würzburg. Hier wurden neben Patienten aus der Stadt und dem Umland auch Missionare und Patienten mit Tropenkrankheiten behandelt, sowie christliche Ärzte für ihren Dienst in der Mission ausgebildet. Auch wenn ich hier der *Mission* schon näher kam, fehlte mir in Würzburg das Spirituelle, der tiefe Glaube in Gebet und Gesang. Hier ging es vordergründig um christlich-effektives medizinisches Wirken. An solch einem Institut sah ich keine Zukunft für mich, selbst wenn von hier aus Ärzte in die Mission geschickt wurden.

Zwei andere Mitschülerinnen aus dem Internat, die beiden Ursulas, nahmen ebenfalls ihr Medizinstudium in Münster auf. Bald waren wir als die *drei Ursulas* bekannt und verbrachten viel Zeit miteinander. Zusammen mit meiner Schwester Christa, die in Münster Theologie und Französisch studierte, bewohnte ich ein kleines Appartement. In unserer *Wohngemeinschaft* tauchten ähnliche Probleme auf wie bei anderen Studierenden. Obwohl wir uns die Hausarbeiten *theoretisch* gleichberechtigt teilen wollten, blieb in der Praxis vieles an mir hängen. Meine Einwände prallten an Christa ab und ich verfügte leider nicht über genügend Durchsetzungskraft und hatte so stets das Nachsehen. Eine Kämpferin für meine Interessen war ich damals ganz sicher nicht, dafür aber eine fleißige Studentin. Fasziniert von der Zoologie, wie Professor Rensch sie uns in den ersten beiden Semestern lehrte, konnte ich nicht genug bekommen von der Abstammungsgeschichte des Menschen und dem Missing Link zu bestimmten Affenarten. Diese Materie beherrschte ich bald aus dem Effeff und war mir bei der anstehenden Prüfung bereits einer Bestnote sicher. Als der Professor ein anderes Prüfungsthema auf den Tisch legte, fehlten mir die Worte: der Zyklus des Echinococcus, des Fuchsbandwurms, wurde abgefragt! Davon hatte ich nur einen blassen Schimmer und stotterte vor mich hin. Nun ja, dies war mit einem »Befriedigend« meine schlechteste Note.

Ich mochte unseren Studentenpfarrer Werners und suchte seine Nähe in der studentischen Vertretung. Aber auch dort konnte ich meine Schüchternheit nicht überwinden, sondern blieb nur eine stumme Zuhörerin. Wenn ich mich damals doch nur getraut hätte! Pfarrer Werners wäre sicher der Richtige gewesen, um meine Pläne eines Eintritts in den Orden zu besprechen. Nichts bewegte mich mehr, als die Gedanken an die Missions-Benediktinerinnen, aber ich konnte mich einfach nicht überwinden, ihn darauf anzusprechen.

Mit den beiden Ursulas paukte ich für die Prüfungen und das Studium machte mir durchweg Freude. Nur mit dem Dekapitieren, dem Enthaupten, von lebenden Fröschen hatten wir drei Ursulas gleichermaßen unsere Probleme. Auf die Beobachtung des kopflosen und *davonlaufenden* Tieres sowie die entsprechenden Rückschlüsse auf die Funktion des Gehirns hätten wir gern verzichtet. In allen anderen Fächern war ich eifrig dabei, während ich mich in anderen Belangen, die junge Studierende bewegt haben mögen, absolut zurückhielt. Weder ging ich auf Partys noch wäre mir eine Verabredung mit einem jungen Mann in den Sinn gekommen. Für so etwas war ich viel zu schüchtern. An manchen Wochenenden fuhren Christa und ich nach Nottuln, das nur eine kurze Busfahrt entfernt lag.

Nach fünf Semestern hatte ich 1961 mein Physikum mit Bestnote in der Tasche. Im Nachhinein war ich froh über den Rat meines Vaters, zunächst das Studium aufzunehmen. Vermutlich habe ich es sogar ihm zu verdanken, dass mein Traum tatsächlich eines Tages in Erfüllung ging. Auch wenn ich bis zur Missionsärztin noch einen weiten Weg vor mir hatte, so war mit dem Physikum ein erster Schritt getan. Leider habe ich es nie fertiggebracht, meinem Vater für seinen weisen Rat zu danken. Ich hätte es ihm wirklich sagen sollen! Unser Verhältnis blieb distanziert, und bald sah ich ihn nur noch höchst selten.

*

Im Februar 1962 stand meinem Eintritt in den Orden nichts mehr im Wege. Ich entschied mich für das Mutterhaus der Missions-Benediktinerinnen in Tutzing am Starnberger See. Je weiter weg von Münster, desto besser, dachte ich mir, ohne diese Überlegung an die große Glocke zu hängen. Am letzten Sonntag vor meiner Abreise wurde Abschied *gefeiert*. Am Morgen gingen wir gemeinsam in die Messe, und am Nachmittag gab es Torte. Ich trug mein dunkles Kleid mit einer langen Kette und eine dramatisch aufgetürmte Frisur. Meine Mutter zeigte eine betrübte Miene, während ich froh gestimmt war und meinen Aufbruch kaum erwarten konnte. Die Gedanken an einen Abschied für immer lagen schwer in der Luft. So ähnlich muss es sich in vorigen Jahrhunderten bei Seeleuten vor ihrem Aufbruch in die *Neue Welt* angefühlt haben. Die wenigsten kamen zurück, und ganz sicher würde auch ich nicht sobald wieder nach Nottuln kommen, womöglich überhaupt nicht mehr. Die Ordensregeln waren damals noch sehr streng. Das Zweite Vatikanische Konzil mit dem Auftrag zu pastoraler und ökumenischer Erneuerung und Aktualisierung der Kirche, das Schritt für Schritt Lockerungen bringen sollte, stand erst noch vor seiner Einberufung. Alles lief noch nach den althergebrachten Regularien aus vergangener Zeit ab.

Beim Kaffeetrinken im elterlichen Wohnzimmer und am nächsten Tag am Bahnhof machten wir Abschiedsfotos. Es sollten für lange Zeit die letzten Fotos von mir *in Zivil* sein. Bevor der Zug in den Bahnhof einfuhr, kamen meinen Eltern vor lauter Abschiedsschmerz die Tränen. Ich mochte kaum hinschauen. Selbst mein Vater war traurig. So hatte ich ihn noch nie gesehen. Meinetwegen hatte er feuchte Augen! Ich wusste nicht, was ich sagen sollte, und war peinlich berührt, denn mir ging es ganz anders: Ich war unendlich froh, endlich wegzukommen und ein neues Leben anzufangen. Meine Mutter umarmte mich ein letztes Mal mit ihren tränennassen Wangen, während ich nur dachte: *Das stehst du jetzt auch noch durch, gleich ist es vorbei.*

Christa stieg gemeinsam mit mir in den Zug, weil sie mich unbedingt bis zur Klosterpforte begleiten wollte. »Dann werden wir wohl keine gemeinsamen Fahrradausflüge mehr machen«, sagte sie plötzlich während der langen Zugfahrt und überraschte mich mit dieser Äußerung. Es lag schon einige Jahre zurück, dass wir drei Schwestern in den Sommerferien von Jugendherberge zu Jugendherberge geradelt waren. Ganz ohne Begleitung, da hatten unsere Eltern nie Bedenken gehabt. Schon als Teenager ließen sie uns drei alleine los. Brav genug waren wir allemal. Ja, solche Urlaube waren selbstverständlich vorbei.

Die Fahrt bis München und darüber hinaus dauerte den ganzen Tag. Nur einen kurzen Fußweg vom Bahnhof Tutzing entfernt, liegt das Kloster, ein mächtiger Bau, in dem sich auch das Krankenhaus befindet. An der Klosterpforte nahm ich den Glockenzug in die Hand und zog daran. Als es still blieb, zog ich kräftiger und erschrak über den lauten Klang einer Glocke in einiger Entfernung, der lange nachhallte. Hatte ich zu fest gezogen? Wie peinlich. Solch eine Klingel kannte ich bis dato nicht. Die Glocke stammte wohl aus den Anfängen des Klosters zu Beginn des Jahrhunderts. Christa versuchte, sich ein Grinsen zu verkneifen.

Und dann wurde die große Holztür geöffnet. Schwester Bernita Walter begrüßte uns und bat uns herein. Christa durfte mich bis zu einem Aufenthaltsraum begleiten und blieb über Nacht im Gästehaus. Sr. Bernita sagte mir, sie sei die Magistra für uns Aspirantinnen, unsere Lehrmeisterin. Sie führte mich zum Schlafsaal St. Raphael, einer Dachkammer, in der zahlreiche Betten standen, die durch Vorhänge voneinander abgetrennt waren. Sie wurden »Zellen« genannt, an den Fußenden führte ein Mittelgang vorbei. In winzige Nischen konnten wir unsere persönlichen Dinge einordnen, wobei wir praktisch nichts besitzen sollten. Neben dem Bett standen ein Stuhl und ein Nachtschränkchen mit einer Waschschüssel obendrauf. Nie zuvor hatte ich mich aus einer Schüssel heraus gewaschen. Hier gab es kein fließendes Wasser.

.

Mir stand der erste Teil meiner Ausbildung als Aspirantin über sechs Monate und als Postulantin über ein Jahr bevor, wenn ich mich *gut* anstellte. Nach der Zeit des Postulats, was eine Zeit der

Probe der Beweggründe für einen Ordenseintritt darstellt, folgten nach den damaligen Regeln die Einkleidung und das Noviziat mit dem Weg zur Profess, dem Ablegen der Gelübde. Bis zur Ewigen Profess befinden wir Schwestern uns im Juniorat, einer Zeit der weiteren Klärung, die mindestens drei Jahre dauert. Erst dann kann es zum letzten Schritt auf dem Weg in den Orden kommen. Wie diese Wege sich gestalteten, lag weitgehend in den Händen des Ordens. Innerlich musste ich mit meinem Eintritt bei den Missions-Benediktinerinnen sogar den Gedanken loslassen, jemals nach Afrika zu kommen, denn ein Orden war nicht dazu da, die egoistischen Wünsche und Sehnsüchte einer Schwester zu erfüllen. Vielleicht schickten sie mich eines Tages nach Asien oder Südamerika, vielleicht aber auch ins klostereigene Hospital in Tutzing. Alles war möglich und ich war bereit, jede Weisung anzunehmen.

Der erste Morgen im Kloster begann mit einem Malheur, denn ich schaffte es nicht rechtzeitig, mir auf die Schnelle eine Frisur zu stecken. Irgendwie versuchte ich mein Haar zu bändigen und sah entsprechend wüst aus, fühlte mich unwohl und schämte mich. Noch waren wir Neuen in Zivil, aber die geforderte Klosterkleidung hatte ich vorab nähen lassen. Damals war eine umfangreiche und ausgesprochen strenge Kleidung gefordert, wobei es für uns Neue zunächst eine vereinfachte Ausführung gab. Sr. Bernita reichte mir mein Bündel.

Nach der Laudes, dem Morgengebet, durfte ich Christa noch einmal sehen. Sie hatte im Gästehaus übernachtet und stand nun weinend an der Pforte. Dicke Tränen liefen ihre Wangen hinab. So hatte ich meine Schwester noch nie gesehen.

»Ursula, ich konnte dich nicht einmal sehen und auch deine Stimme nicht hören«, jammerte sie. »Aus dem Besucherraum kann man nicht in den Chorraum schauen. Deine Stimme ging vollkommen unter. Eure Stimmen waren eins.«

Was sollte ich nur sagen? Mir fiel nichts ein. Alles war ungewohnt, meine Aspirantinnenkleidung mit dem kleinen Schleier, die Tränen meiner Schwester, das mächtige Klostergebäude in meinem Rücken und die Treppe vor der Pforte, die Christa meinetwegen so schnell wie möglich hinuntergehen sollte, um ihren Zug zu erreichen und mich allein in meinem neuen Leben zurückzulassen.

»Du verpasst noch die Bahn«, sagte ich, weil mir nichts Besseres einfiel. »Gottes Segen für deine Rückfahrt.«

»Dir auch Gottes Segen, Ursula. Vergiss uns nicht.«

*

Gleich darauf nahm ich an meiner ersten Unterrichtsstunde teil, in der Schwester Bernita uns Neulingen zeigte, wie wir unser Bett machen sollten und wie das Nachthemd zu falten sei.

»Aber Schwester, das weiß ich doch«, unterbrach ich sie keck und einige Aspirantinnen kicherten.

»Ursula, wir haben unsere Vorschriften, an die wir uns alle halten müssen. Es muss genauso gemacht werden, wie es hier im Kloster üblich ist. Das gilt für alle«, sagte sie mit einem Blick in die Runde. Das Kichern verstummte. Wir waren acht Neulinge.

In den folgenden Monaten war Schwester Zelatrix dafür zuständig, diese strenge Ordnung zu kontrollieren. Nirgends durfte ein Staubkorn herumliegen oder gar das Oberbett eine Falte zeigen. Die Wäsche musste akkurat einsortiert sein und die Haarkämme immer sauber. Anfangs ging es vornehmlich darum, den richtigen Drill zu bekommen. Für manch ein junges Mädchen, das aus ländlichen Gebieten oder gar von einem einfachen Bauernhof stammte, mag einiges neu gewesen sein, aber ich fühlte mich durch manche Regeln bevormundet. Als wir erklärt bekamen, wie man sich bei Tisch korrekt benimmt, wie man mit Messer und Gabel isst und die Serviette benutzt, fühlte ich mich regelrecht gedemütigt. Da konnte man mir wirklich nichts Neues mehr beibringen.

Dieser Teil der Ausbildung nimmt heute bei unseren jungen afrikanischen Schwestern noch immer einen gewissen Raum ein, denn viele von ihnen haben tatsächlich vor ihrem Eintritt ins Kloster keine Erfahrung mit solchen Tischsitten gemacht. Als Priorin habe ich mich stets gern mit den Postulantinnen über ihre Ausbildung unterhalten und versucht, ihnen die Scheu vor der neuen Kultur und auch vor mir zu nehmen. Manch eine Benimmregel sei wirklich nicht so wichtig, habe ich zu vermitteln versucht, denn einige

Tansanierinnen aus einfachsten Verhältnissen erleben einen regelrechten Kulturschock, wenn sie zu uns ins Kloster kommen.

Als ich im Alter von 21 Jahren zum ersten Mal im Refektorium, im klösterlichen Speisesaal, zusammen mit allen Schwestern saß, musste ich mich zunächst an das Schweigen und die Tischlesung gewöhnen. Einige Aspirantinnen kicherten oder tuschelten, aber das verging ihnen schnell. Wir wurden in Gruppen eingeteilt und mussten unterschiedliche Aufgaben übernehmen. Einen halben Tag lang musste gearbeitet werden und einen halben Tag gelernt. Mich schickte man in die Krankenhauswaschküche. Küchendienste, Handarbeiten und Wäschepflege hatten mich nie interessiert und ich verstand auch nicht viel davon.

In der Wäscherei, die sich im Gewölbekeller des Gemäuers befand, musste ich oft vor einem Rohr stehen, durch das die Wäsche aus den oberen Etagen des Hospitals heruntergesaust kam. Das Sortieren schmutziger Laken war genauso ungewohnt wie das lange Stehen am Bügelbrett. Die Setzeisen zum Bügeln wurden noch mit heißen Kohlen befeuert. So etwas hatte ich noch nie gesehen, geschweige denn benutzt. Wehe, wenn man die blütenweißen Kragen der Schwesterntrachten beschmutzte oder gar ansengte! Wenn mein Blick dem Wäscherohr nach oben folgte, stellte ich mir vor, wie dort, in den höheren Etagen, Ärzte und Ärztinnen mit den Krankenschwestern um das Leben und die Genesung ihrer Patienten kämpften. *Da oben wirst du auch bald sein,* sagte ich mir wie zum Trost und warf blutige Laken in die Waschmaschine. Mir schmerzten die Beine und ich sehnte jeden Tag die Mittagshore herbei, wo wir eine Weile auf dem Chorgestühl sitzen konnten.

Nachmittags gingen wir in den Unterricht. Schwester Maria Markus war meine Lieblingslehrerin. Sie las mit uns in der Bibel und begann unsere Ausbildung mit den kleinen Propheten im Alten Testament. Amos, der Prophet der Gerechtigkeit, war mir bis dahin unbekannt gewesen, und es begeisterte mich, wie Schwester Maria Markus sein Wirken für die moderne Zeit interpretierte. Dabei fielen Worte über soziale Gerechtigkeit, die mich tief berührten.

Andere Fächer waren Latein, Liturgie und die Regel Benedikts, wobei ich zu Letzterem während meiner Ausbildung keinen Zugang fand. Am Ende meiner Ausbildung hatte ich sogar das Gefühl, genügend Regeln für mein ganzes Leben gelernt zu haben, doch genau das Gegenteil war der Fall. Gerade in den letzten Jahren habe ich Benedikts Weisheit und Weitsicht geradezu lieben gelernt. Zu gern schaue ich heute in die entsprechenden Bücher und finde darin Anregungen für unser Leben und Wirken, für das Miteinander mit den Schwestern und für viele mitmenschliche Problemlagen. Es ist oft überraschend, wie zeitgemäß seine Gedanken sind, wenn man bedenkt, dass der Heilige Benedikt im 5. Jahrhundert gelebt hat.

Besonders faszinierend fand ich den Unterricht über unsere Kongregationsgeschichte, insbesondere die Anfänge der Missions-Benediktinerinnen. Dort hörte ich den Namen Mutter M. Birgitta Korff zum ersten Mal. Sie war die erste Generalpriorin unserer Kongregation und eine Frau, die in einer entscheidenden Phase die Entwicklung des Ordens geprägt hat. Schwester Birgitta war Westfälin und wurde 1894, gemeinsam mit fünf anderen Schwestern, nach Dar-es-Salam im damaligen Tanganjika in Ostafrika geschickt. Dar-es-Salam ist eine arabisch geprägte Stadt, wie auch der arabische Name zeigt. Übersetzt bedeutet er: Haus-des-Friedens. Unsere Magistra erzählte uns von den ungeheuerlichen Abenteuern und dem unfassbaren Leid der Schwestern in Afrika, aber auch von ihren Erfolgen bei der Behandlung von Kindern. Damals gab es noch Sklaverei und die Missionare kauften Sklaven frei. Bereits 1895 wurde Schwester Birgitta Korff zur Generalpriorin gewählt und musste zurück nach St. Ottilien, wo sich bis 1905 das Mutterhaus der Missions-Benediktinerinnen befand. Ich sog diese Geschichten förmlich in mich auf und las alles, was ich über unsere Pionierinnen in die Finger bekam.

Regelmäßig kam Frau Dr. Kaufmann aus Österreich ins Kloster, um uns Gesangsunterricht zu erteilen. Wir Benediktinerinnen und Benediktiner haben als Erbe den gregorianischen Choral. In den Sechzigerjahren lernten wir ausschließlich die alten lateinischen Choralgesänge. Dr. Kaufmann unterrichtete uns mit Engagement und Begeisterung nach Art der Benediktinerabtei Solesmes in Frankreich. Vieles davon wird mittlerweile nicht mehr so praktiziert. Und auch zu uns brachte die Erneuerung der katholischen Kirche schon bald deutschsprachige Gesänge. Die andersartige Notenschrift der Choräle war mir fremd, aber die temperamentvolle

Dr. Kaufmann schaffte es, mich und viele andere für das Lernen und den Gesang zu begeistern. Ich war glücklich, als ich nach einigen Übungseinheiten in den Chorgesang während der Messe einstimmen konnte. Meine Stimme entwickelte sich, und manchmal dachte ich an Christa, die meine Fähigkeiten auf diesem Gebiet schon abqualifiziert hatte. Auch wenn ich es nie zur Vorsängerin in der Schola brachte, musste ich mich meiner Stimme keinesfalls schämen und kam gut zurecht. Die hellen Frauenstimmen klangen so anders als die männlichen im Kloster Gerleve, die ich schon als Kind mochte, und bis heute genieße ich jeden Lobpreis Gottes durch Gesang. Im Laufe meiner Ausbildung entwickelte sich mein Verständnis der Psalmen in den Gesängen und ich spürte die Emotionen, die in den Worten und der Rhythmik steckten. Beim Klang der Choräle gab es Momente, in denen ich ein Stück vom Himmel fühlte.

*

Zehn Monate nach meinem Eintritt ins Kloster starb Sr. Dr. Thekla Stinnesbeck in Afrika. Ich horchte auf, als ich ihren Namen zum ersten Mal hörte. Wie es in der Kongregation bis heute üblich ist, wurde ein ausführlicher Sterbebericht verfasst, den alle Schwestern einsehen konnten. So erfuhr ich, dass sie Missionsärztin in Tansania war, die erste missions-benediktinische Ärztin überhaupt. Bald bekam ich mit, dass eine Reihe von Schwestern in Tutzing sie sogar persönlich kannten, und ich spitzte umso mehr meine Ohren. Alles, was ich über Sr. Thekla aufschnappte, faszinierte mich. Nach und nach formte sich das Bild einer ungewöhnlichen Frau, die in jeder Hinsicht furchtlos gewesen sein musste. Als sie 1927 in Ndanda eintraf, wurde sie bereits von über 100 Patienten erwartet. Das war sicher nicht einfach für eine Ärztin, die zum ersten Mal in einem tropischen Land praktizierte. Man erzählte sich, dass es prompt zu einer Fehldiagnose kam, über die sie selbst gern gelacht haben soll. Ein extrem geschwollenes Bein hatte sie als den berüchtigten Elefantenfuß diagnostiziert. Die Station war seit Jahrzehnten von Sr. Sabine geführt worden, einer erfahrenen Krankenschwester. Diese korrigierte rasch die Diagnose und entfernte beim Patienten einen der zahlreichen Sandflöhe in der Größe von Erbsen. Sr. Thekla konnte an den verbliebenen zwanzig Sandflöhen *üben*.

Die benediktinische Ärztin lebte offenbar weder nach strengem Gebot, noch schien sie Berührungsängste gegenüber den Einheimischen zu kennen. Sie hatte ihre eigenen Regeln, die zum einen in Bezug auf ihre Kleider- und Frisurenwahl bemerkenswert waren und zum anderen ihre Buchführung betrafen. Wegen der Hitze soll sie sich den Kopf kahl geschoren haben und war zumindest im Konvent manchmal ohne Schleier unterwegs. Ihre Bilanzen unterschrieb sie gelegentlich mit dem Kürzel GW/GW, was nichts anderes bedeutete als: *Gott weiß, woher / Gott weiß, wohin.* Zwanzig Jahre lang war sie die einzige praktizierende Ärztin in der gesamten Region und zeichnete sich als hartnäckige Bittstellerin aus, die ihre guten Kontakte zum örtlichen Abt-Bischof und zum Gouverneur und seiner Gattin für die Bedürftigen nutzte. Sie war Ärztin für alle, die zu ihr kamen, und es kamen unglaublich viele. Allein auf sich gestellt, hat Sr. Dr. Thekla alle Arten von Operationen ausgeführt. Sie hat viele Menschenleben gerettet und unter schwierigsten Bedingungen praktiziert, und das alles ohne Infrastruktur und beinah gänzlich ohne qualifizierte Mitarbeiter. Sr. Thekla hat schließlich einheimische junge Männer zu Helfern ausgebildet und ein Netz von kleinen Gesundheitsstationen in der ganzen Region aufgebaut. Die gesamte Ausstattung für ihren ersten Operationssaal hat sie in Deutschland gekauft, und nach vielen Monaten des Wartens kam die Schiffsfracht schließlich an.

Alles, was ich über Sr. Thekla hörte, imponierte mir, und je mehr ich erfuhr, desto mehr wurde sie zu einem Vorbild für mich. Während Schwester Thekla mit ihrem Team gegen Tuberkulose, Malaria, Lepra, diverse Infektionskrankheiten, eine hohe Kindersterblichkeit und andere Leiden kämpfte, sollten wir 30 Jahre später am gleichen Ort mit der schlimmsten Infektionskrankheit konfrontiert werden, die der Kontinent je erlebt hat: Aids.

*

Nach einem halben Jahr in Tutzing war meine Zeit als Aspirantin vorbei und meine Gruppe kam zum Postulat nach Bernried, einem

Nachbarort. Dort lebten wir im ehemaligen Augustinerkloster, einem wunderbaren Bau direkt am Starnberger See. Wenig später besuchte mich meine Schwester Annette. Sie sah mich zum ersten Mal im Ordenskleid der Postulantinnen und musterte mich genauestens. Ich trug einen weißen Schleier, und über dem fast bodenlangen dunklen Kleid war damals noch das Tragen einer Pelerine, eines kurzen Schulterumhangs, Pflicht, unter dem man die Hände verschränken konnte. Man hatte mir einen halben Tag freigegeben, damit ich meine Schwester begrüßen konnte. Sie war am Morgen aus München gekommen. Bis zur Mittagshore durfte ich mit ihr spazieren gehen.

»Trägst du dein Haar noch lang?«, wollte Annette wissen.

»Nicht mehr ganz so lang. Das ist furchtbar unpraktisch und meine Haare sieht ja ohnehin keiner mehr. Zur Einkleidung wird es dann sowieso kurz geschnitten.«

Meine Schwester musterte mich und ich fragte mich, ob ich ihr wohl fremd geworden war.

»Wie war die Fahrt?«, wollte ich von ihr wissen.

»Aufregend! Wie groß der Bahnhof in München doch ist! So etwas habe ich noch nie gesehen, kein Vergleich mit Münster. Und die vielen Menschen. Gleich nach der Ankunft habe ich Leberkäs gegessen. Dafür sind die Bayern doch berühmt. Zum Glück war mein Hotel ganz in der Nähe und hat auch nur 12 Mark gekostet. In der Nacht habe ich kaum ein Auge zugemacht, allein in einem Hotelzimmer, aber gestern Abend hätte ich es nicht mehr bis hierher geschafft. Es war eine lange Zugfahrt«, sprudelte es aus ihr hervor.

»Hat der Leberkäs dir geschmeckt?«

»Und ob! Bekommt ihr den im Kloster manchmal auch?«

»Ja, schon häufiger. Es gibt manche unbekannte Gerichte, zum Beispiel Spätzle, Semmelknödel oder süßen Reisauflauf. Oft gibt es Suppe.«

»Ach so.«

Annette schaute mich ein wenig mitleidig an. Von München hatte ich noch nichts gesehen. Selbst Tutzing und das kleine Bernried kannte ich noch nicht besonders gut. Ich lebte weitgehend hinter Klostermauern.

»Wie ist es im Gästehaus?«, fragte ich meine Schwester. Annette wollte zwei Nächte bleiben und hatte ein Zimmer im Gästehaus auf dem Klostergelände bezogen.

»Es erinnert irgendwie an ein Krankenhaus, was wohl an den Betten liegt. Es ist ganz schlicht, aber nett. Sag mal, Ursula, ist es nicht schrecklich, dass sie unsere Briefe öffnen und lesen?«

»Das finde ich auch nicht gut, aber das soll nach zwei Jahren aufhören, habe ich gehört. Ich habe zwar keine Geheimnisse, aber es ist trotzdem ein komisches Gefühl, wenn man einen geöffneten Brief ausgehändigt bekommt.«

»Und sonst? Ich meine ... gefällt es dir hier? Wirst du es aushalten?«

»Ich habe mein großes Ziel vor Augen. Dafür nehme ich alles andere in Kauf. Ich habe von einer Ärztin gehört, Sr. Thekla. Sie hat in Tansania praktiziert. Dahin würde ich auch gern gehen, so wie sie, und den Menschen dort helfen.«

Meine Schwester wollte alles von mir wissen und ihr Mitleid wurde noch größer, als ich ihr von den langen Nachmittagen im Nähzimmer erzählte. Das konnte sie sich am allerwenigsten von mir vorstellen: ihre Schwester Ursula mit Handarbeiten im Schoß. Wenn sie gewusst hätte, wie demütigend manches davon war.

»Willst du wirklich hierbleiben?«, fragte sie mich schließlich.

»Ja, das will ich. Morgen bei der Messe wirst du vielleicht spüren, wie stark der Glaube der Schwestern ist. Er trägt uns und lässt vieles andere vergessen.«

Bei unserem ersten Spaziergang erreichten wir schließlich das Tor zum Klostergarten.

»Das sieht aber nett aus«, sagte meine Schwester und blickte in den Garten, der direkt an das Kloster grenzte.

»Dorthinein darfst du nicht. Dahinter ist Klausur.«

»Was heißt das denn?«

»Das ist unser Klausurgarten, nur für die Schwestern.«

»Verstehe ich nicht.«

»So ist es nun mal. Die Schwestern brauchen ihren eigenen Bereich der Stille. Sie verlassen die Klausur im Haus und im Garten normalerweise ja nur, wenn es konkrete Anlässe gibt.« Meine Schwester nahm meine Erzählungen begierig auf. In Bernried staunte sie über das beeindruckende Gebäude, in dem ich meine Ausbildung absolvierte. Barockkunst dieser Ausprägung bekamen wir in Westfalen nicht zu sehen. Als überzeugte Katholikin versuchte sie, meinen Weg nachzuvollziehen, auch wenn ihr vieles nicht plausibel erschien. Als meine Schwester sich zwei Tage später verabschiedete, nahmen wir uns kurz in den Arm.

»Wir sehen uns spätestens bei deiner Einkleidung«, sagte sie noch.

*

Wenn wir auf dem Gut Kerschlach zum landwirtschaftlichen Dienst eingeteilt wurden – bis in die Neunzigerjahre hinein gehörte dieses Gut uns Missions-Benediktinerinnen –, war das besonders schwer für mich, weil ich derartige Arbeiten nicht gewohnt war. Einmal ernteten wir den ganzen Tag lang Kartoffeln und mein Rücken schmerzte wie nie zuvor. Ich sehnte den Feierabend herbei. Doch plötzlich hieß es, der Mond scheine hell genug zum Weiterarbeiten. Ich war der Verzweiflung nahe. Als bei einem anderen landwirtschaftlichen Arbeitseinsatz eine von uns Postulantinnen, die selbst von einem Bauernhof stammte, aus purer Freude aufs Pferd stieg und dafür mit sechsmonatiger Verlängerung ihrer Ausbildungszeit bestraft wurde, waren wir darüber wirklich verärgert.

Wenn ich heute Schwestern aus meiner damaligen Gruppe bei Heimatbesuchen in Tutzing treffe, dann tauschen wir uns gern über diese Zeit aus. Im Jahre 2014 feiern wir unser fünfzigjähriges Professjubiläum, was durchaus mit einer *goldenen Hochzeit* vergleichbar ist. Es wird ein großes Fest des Dankes an Gott sein und der Freude über unsere Berufung zum Ordensleben. Mit Vorfreude schmieden wir acht Jubilarinnen dafür Pläne.

Persönliche Bande zwischen uns jungen Schwestern waren damals nicht erwünscht, aber – Gott sei Dank – wurden solche Vorschriften bald ausnahmslos gestrichen und ein humanerer Umgang konnte gedeihen. Jetzt, würde ich sagen, genießen wir Missions-Benediktinerinnen ein besonders schönes und menschliches Miteinander.

Trotz aller belastenden Regeln waren zu Beginn meiner Ausbildung das klösterliche Mitleben und Miterleben das Wichtigste für mich. Vieles von dem, was die älteren Schwestern taten, verstand ich noch nicht, aber ich versuchte, es nachzuahmen, und wuchs mehr und mehr in dieses Leben hinein. Bald suchte ich mir Vorbilder unter den reiferen Schwestern. Manch einer von ihnen sah ich an, wenn sie sich darum bemühte, im Schweigen nah bei Gott zu sein. Bei solchen Schwestern ging das äußerliche Schweigen weit über ein geräuschloses Beten hinaus. Ja, es war ein inneres Schweigen in der Gegenwart Gottes in Freude, auch wenn das Leben schwer war. Ich konnte ihnen ansehen, wie glücklich sie in der Liebe Gottes waren.

Ohnehin gefiel mir das Gebet mehr als alles andere. Ja, nicht selten wurde ich von Emotionen überwältigt, wenn ich im privaten wie auch im gemeinsamen Gebet die Liebe Gottes in jeder Pore spürte. Es machte mich schon vor 50 Jahren überglücklich, dass ich Seine Liebe beantworten durfte und dass Er mich in dieses Leben berufen hatte. Denn wenn man sich die Frage stellt: *Wer und was bin ich eigentlich als kleiner Mensch?*, und wenn man gläubig ist und eine gewisse *Einsicht* hat – *verstehen* können wir ja alle nicht, wer Gott ist – und wenn man dann von Gott gerufen wird, kann man doch nur staunen. Was, mich ruft Er? Warum mich? Ich bin es nicht wert und ich kann es nicht allein. Und so soll meine Antwort damals wie auch heute sein: *Mit Gottes Hilfe, hier bin ich, sende mich.*

Manche von uns jungen Schwestern bekamen gelegentlich Besuch von Verwandten, besonders wenn sie in der Nähe lebten, während ich mit Abstand die wenigsten Gäste hatte. Ich war sogar froh, dass meine Familie nur einmal im Jahr nach Tutzing kam, denn ihre Besuche haben mich immer gestresst. Als Postulantin und später als Novizin hatte ich ein straffes Programm zu erfüllen, war in Arbeiten und Unterrichtsstunden eingebunden und musste jedes Mal fragen, ob ich kurz an die Pforte dürfte. Freizeit hatten wir keine. Mit Erlaubnis konnte ich vielleicht eine oder anderthalb Stunden mit meinem Besuch am Seeufer spazieren gehen, bis die nächste Pflicht rief. Dabei war ich immer enorm hin- und hergerissen und schaute ständig auf die Uhr. Es gab unendlich viele Aufgaben zu erfüllen. Mir fiel das Leben leichter, wenn mich keine *Störungen* von außen forderten.

Wir Postulantinnen durften auch nicht nach Hause reisen, weil die Konstitutionen dies ausdrücklich untersagten. Doch dann kamen 1963 plötzlich die ersten Lockerungen aus Rom, und unsere

Gruppe war die erste, die noch vor der Einkleidung für drei Tage nach Hause reisen konnte.

Das war eine große Aufregung! So schnell hatte niemand mit den ersten praktischen Umsetzungen des Vatikanischen Konzils gerechnet. Wir waren begeistert, und gemeinsam mit einigen anderen aus meiner Gruppe stieg ich in den Zug und genoss nach einigen Umsteigebahnhöfen die schöne Strecke am Rhein entlang in Richtung Norden. In fast jeder größeren Stadt stieg eine von uns aus, bis ich als Letzte übrig blieb und in Münster am Bahnhof abgeholt wurde.

Ehe ich richtig in Nottuln angekommen war, musste ich auch schon an die Rückfahrt denken. Es war ungewohnt, keine Pflichten zu haben, länger schlafen zu können und köstliches Essen vorgesetzt zu bekommen. Gemeinsam gingen wir in die Kirche und meinen Eltern schien es zu gefallen, mich in der Tracht einer Postulantin an ihrer Seite zu haben. Nachbarn, Freunde und Bekannte stellten interessierte Fragen, von denen mein Vater viele beantwortete. Es überraschte mich, wie aufmerksam er meine Briefe gelesen haben musste und wie exakt seine Auskünfte über meinen Orden waren. Vermutlich wusste bald jeder im Ort Bescheid.

Der Abschied aus Nottuln fiel mir nicht schwer. Mein Lebensmittelpunkt war eindeutig woanders.

Gott hat mir viele Gnaden geschenkt, nicht zuletzt die Freude am Gebet, in der ich die Liebe Gottes am deutlichsten spüre. Ja, ich war verliebt und befand mich in mehrjährigen Flitterwochen. Meine Gefühle waren oft überbordend, manchmal war ich regelrecht *high*. Doch irgendwann wollte Gott von mir wissen, ob ich auch betete, wenn ich nicht von meinen sehr eigenen und egoistischen Emotionen dazu verleitet wurde, wenn ich nicht mehr nur für mich selbst betete. Doch diese Prüfung ließ noch auf sich warten.

Aus Ursula wird Raphaela (1963–1969)

Im September 1963 kam der große Tag meiner Einkleidung und der Aufnahme ins Noviziat. Unsere Postulantinnen-Gruppe war die letzte, bei der die Einkleidung noch groß gefeiert wurde. Wir wurden als richtige Bräute mit langem weißem Brautkleid, Schleier und einem Myrtenkranz auf dem Haupt ausgestattet. Auf einem Kissen trugen wir den schwarzen Habit, unser zukünftiges Ordenskleid, in die Kapelle, die bis auf den letzten Platz gefüllt war. Dort saßen auch meine Eltern und Schwestern, der Nottulner Pfarrer und meine beiden Freundinnen aus dem Internat. Nach der Eucharistie traten wir mit den zukünftigen Habiten vor, die gesegnet wurden, bevor wir angehenden Novizinnen in einem Vorraum der Kapelle verschwanden. Dort wartete unsere Novizenmeisterin bereits, um uns die Haare kurz zu schneiden. Aufgeregt zogen wir unsere neuen Ordenskleider mit dem Stirnbändchen und dem weißen Unter- und Oberschleier der Novizinnen an, der im Gegensatz zum Postulantinnen-Schleier den Hals bedeckte. Feierlich schritten wir zurück in die Kapelle, wo wir unsere neuen Namen bekamen.

»Postulantin Ursula, von nun an sollst du Schwester Raphaela heißen«, sagte die Priorin.

Wenn ich von meiner Novizenmeisterin oder der Priorin nach einem Namen gefragt worden wäre, dann hätte ich mir »Thekla« gewünscht, zum Gedenken an unsere große Ärztin Thekla Stinnesbeck. Aber man hatte mich nicht gefragt und ich war noch zu schüchtern, um diese Bitte auszusprechen. Ich nahm den Namen, den man mir gab, und mit *Raphaela,* im Sinne von *Rapha-el, Gott heilt,* bin ich glücklich geworden. Das Heilen wurde in immer weiteren Dimensionen mein Lebensprogramm. Nun war ich eine Novizin.

Bis zum Ablegen meiner Gelübde verging ein weiteres Jahr. Über zweieinhalb Jahre, von Februar 1962 bis September 1964, tauchte ich vollkommen in die Welt der Missions-Benediktinerinnen ein, um eine von ihnen zu werden. Die Fortsetzung meines Medizinstudiums musste in dieser Zeit warten. Vorausschauend hatte meine Novizenmeisterin mir eine Schreibmaschine mitsamt eines Lehrbuches für das Zehnfingersystem zur Verfügung gestellt. Wann immer ich Zeit fand, übte ich damit, bis ich einigermaßen sicher tippen konnte. Sollte ich eines Tages als Ärztin arbeiten, war auch diese Fähigkeit sicher hilfreich. Aber noch war ich nur eine Novizin, die sich an die strengen Vorschriften halten musste. Aber alle Ärgernisse waren im Vergleich zu meinem Glück und meiner großen

Liebe zu Gott nur von geringem Gewicht. Auch die regelmäßigen Kapitelsitzungen, von denen wir immer wieder hörten und bei denen die Professschwestern über uns berieten und abstimmten, machten mich nicht nervös. Andere Novizinnen bibberten regelrecht und ängstigten sich davor, man könne sie nach Hause schicken. Mir war das vollkommen gleichgültig, befand ich mich doch auf einem großen Weg, da kommt man schon mal ins Stolpern, aber das Ziel bleibt dasselbe.

Am 8. September 1964 legte ich meine Erste Profess ab. *Profess* bedeutet *Versprechen*. Ich hätte mir kein schöneres Versprechen vorstellen können und gab es aus vollem Herzen. Die Profess ist kein Sakrament, sondern die Bekräftigung einer Lebensform, die ich für mich erwählt habe, eine Bekräftigung der Taufe und eine Antwort auf den Ruf Gottes, in die Nachfolge Christi zu treten. Ich war mir sicher, eines Tages – nach unseren Regeln frühestens in drei Jahren – auch die Ewige Profess abzulegen, um es noch deutlicher zu machen: *Ja, ich traue mich, dieses Versprechen zu halten im Vertrauen auf Gottes Hilfe.* Mit Freude gelobte ich einen klösterlichen Lebenswandel in Gehorsam und Beständigkeit. Der Gehorsam bedeutet für mich das *Hören auf Gott* und die Suche nach Gott und seinem Willen. Dieses Suchen bedeutete mir im Laufe meines Lebens immer mehr, bis heute führt es sich fort. Ich wollte und will Jesus Christus nichts vorziehen und in allem Gott verherrlichen. Ich war nun eine Jungprofesse.

Weil die Profess der eigentliche Akt der Übergabe an Gott ist, wird die Einkleidung heute nur in einem einfachen Ritual im Kapitelsaal des Klosters mit allen Schwestern und ohne Gäste gefeiert. Der neue Name hat demnach seinen Platz bei der Profess. Da diese eine Intensivierung unserer Taufe ist, kann mittlerweile auch der Taufname beibehalten werden. Die Novizin bespricht das vorher mit ihrer Priorin.

*

Einen Monat nach der Ersten Profess nahm ich mein Medizinstudium wieder auf. Bereits im Sommer hatte ich mich in München angemeldet und fuhr ab Oktober 1964 jeden Tag mit der Bahn nach München. Sr. Maria Cosmas war ebenfalls Studentin der Medizin und man wies uns beiden eine Dachkammer im Gästehaus Maria Hilf zu, in unmittelbarer Nähe zum Hauptgebäude unseres Klosters. Das gesamte erste Semester hindurch pendelten wir jeden Tag die 40 Kilometer zwischen Tutzing und München. Nicht selten hetzten wir zu unserem Zug, um rechtzeitig unseren Verpflichtungen im Kloster nachzukommen oder pünktlich an der Uni zu sein. Als Studentinnen waren wir zwar von einigen Aufgaben entbunden, um uns besser aufs Lernen konzentrieren zu können, aber trotzdem erschien es uns bald so, als würde unsere Doppelbelastung durch das anspruchsvolle Studium nicht wahrgenommen werden. Ich war eifrig und mit meinem großen Ziel vor Augen, kam ich im Studium zügig voran. Mein Leben drehte sich um die medizinische Fakultät mit dem entsprechenden Lehrstoff, die täglichen Fahrten nach München und die Pflichten einer Jungprofesse im Kloster. Letzteres verlangte einen nicht unerheblichen Einsatz und großen Gehorsam.

Ab dem zweiten Semester durften Sr. Maria Cosmas und ich nach München ziehen. Wir wohnten bei den *Armen Schulschwestern*, wo eine Etage des Konvents studierenden Schwestern verschiedenster Orden zur Verfügung stand. Samstags ging es dann wieder nach Tutzing, um am dortigen Programm teilzunehmen. Bald waren wir hin- und hergerissen und fragten uns immer häufiger, ob unser Medizinstudium und die Mühen, die wir auf uns nahmen, in unserem Orden überhaupt verstanden wurden. Wir wollten Ärztinnen werden und möglichst vielen Menschen helfen. Wir sahen dies als unsere Aufgabe im Sinne Gottes an, aber wir hatten große Zweifel, ob man es in Tutzing ebenso sah, denn unsere Kräfte wurden auch an den Wochenenden nicht geschont. *Praxisbezogene* Aufgaben im Klosterleben fanden höhere Anerkennung als unser Büffeln in den Universitätssälen und am Schreibtisch. Aber wir hatten nun mal einen Weg als Akademikerinnen gewählt und nicht als Bienenzüchterinnen oder Köchinnen.

Sr. Maria Cosmas und ich vermissten die Anerkennung unserer intellektuellen Arbeit, unseres »Labora«. Vielleicht wurde die Kraft der Intellektualität in diesem Orden sogar unterschätzt. Wir fühlten uns – mit unseren spezifischen Fähigkeiten – als Teil der Missions-

Benediktinerinnen und wollten gern unseren Beitrag leisten, aber dabei nicht kleingehalten werden. Wir fragten uns immer häufiger, ob die Tutzinger Schwestern die richtige Gemeinschaft für uns waren oder ob wir in einem anderen Orden nicht besser aufgehoben wären. In Tutzing schien mir der Horizont manchmal zu eng, und bisweilen glaubte ich, es dort nicht mehr lange auszuhalten. Es mangelte an der notwendigen Weite für meine Entfaltung. Niemand garantierte mir, dass ich wirklich eines Tages nach Afrika geschickt würde, um dort als Missionsärztin zu arbeiten. Noch hatte ich meine Ewigen Gelübde nicht abgelegt und einem Austritt aus dem Orden standen kaum Hindernisse entgegen. Sr. Maria Cosmas quälte sich mit ähnlichen Gedanken und nahm bereits Kontakt zu anderen Orden auf. Hinzu kamen manche Zwänge, die uns fragwürdig und quälend erschienen.

Als wir eines heißen Samstagmittags in unserer damals noch strengen Ordenstracht aus München kamen und den erfrischenden See vor Augen hatten, träumten wir davon, hineinzuspringen. Aber das war ja verboten! Kaum hatten wir uns ausgemalt, wie schön das wohl wäre, da kam auch schon eine der neuen Bekanntmachungen aus Rom: Das Schwimmen sei den Schwestern von nun an erlaubt! Das ließen wir uns nicht zweimal sagen. Zum Kloster gehörte ein Seegrundstück mit einem Bootshaus, in dem wir uns umzogen und von dort aus ins Wasser sprangen.

Die Fahrten nach Tutzing am Samstag kamen uns immer überflüssiger vor. Auf den langweiligen Unterricht bei unserer Magistra hätten wir gern verzichtet, und schließlich durften wir immer häufiger in München bleiben.

Die Lockerungen aus dem Konzil hatten eine weitere erfreuliche Wirkung, die für meinen Werdegang stärker ausschlaggebend waren als alle anderen Lockerungen: Die ersten Schwestern kamen zu Besuch aus der Mission! Nach den neuen Bestimmungen durften sie alle zehn Jahre auf Heimaturlaub gehen.

Dadurch kam eines Tages, im Jahre 1967, Sr. Dr. Regia Bürger auf Heimaturlaub aus Tansania nach Tutzing. Sie suchte gezielt das Gespräch mit Sr. Maria Cosmas und mir, wobei sie es als Schwäbin besonders auf meine Kommilitonin abgesehen hatte, die ebenfalls aus Schwaben kam. Da konnte ich natürlich nicht mithalten und musste beim Dialekt vollkommen passen. Die Generalpriorin aus Rom habe sie zu uns geschickt, um Klärung zu suchen, gab Sr. Regia unumwunden zu. Man habe ihr mitgeteilt, wir würden uns auf dem Absprung aus dem Orden befinden. Ich fühlte mich beinah ertappt, aber unrecht hatte sie damit nun wirklich nicht.

»Sr. Regia, wenn ich wüsste, dass ich bald in Afrika als Ärztin arbeiten kann, dann würde mir vieles leichter fallen. Die Ungewissheit macht es mir schwer. Ich bin bereit, vieles zu ertragen, aber ich möchte ein wenig Sicherheit, ob ich auf dem richtigen Weg bin. Ich möchte die Mission kennenlernen.«

Ich wollte am liebsten alles von ihr erfahren und ihre Erzählungen von den dortigen Hospitälern gaben meinem Wunsch, nach Afrika zu gehen, noch zusätzlichen Antrieb. Doch diese Entscheidung lag nicht bei mir. Je mehr uns die erfahrene Schwester und Ärztin über ihre Arbeit im Krankenhaus von Nyangao in Tansania erzählte, desto fester hing ich an ihren Lippen. Sie war dort die einzige Ärztin und konnte dringend Hilfe gebrauchen. Lebhaft und anschaulich erzählte sie vom St. Walburg's Hospital, in dem sie die einzige ausgebildete Medizinerin war. Es gab kaum einen Tag, an dem sie nicht mit schweren Krankheiten und Geburten konfrontiert war und tatkräftig operierte und heilte. Ja, so stellte ich mir meine Zukunft vor! Ein kleines Hospital mitten in der afrikanischen Provinz! Ein Buschkrankenhaus! Genau davon hatte ich doch immer geträumt. Nun war ich schon fünf Jahre im Orden, aber noch immer konnte ich nicht sicher sein, ob mein Traum sich eines Tages erfüllen würde.

Im Februar 1968 schloss ich meine Promotion mit einer Arbeit zum Thema »Ferment Urikinase« ab, im März auch mein Staatsexamen als Medizinerin mit Bestnote und arbeitete fortan als Assistenzärztin in unserem Hospital in Tutzing.

Während meine Welt durch Sr. Regia wieder ins Lot gerückt war, konnte die schwäbische Ärztin bei Sr. Maria Cosmas nichts mehr retten. Meine Freundin verließ unseren Orden und wurde später Kinderärztin. Und ich selbst befand mich auch weiterhin in einem

Dilemma: Missions-Benediktinerinnen, die ihre Ewige Profess noch nicht abgelegt hatten, wurden damals üblicherweise nicht in die Mission geschickt. Doch für das Ablegen der Ewigen Gelübde war ich innerlich noch nicht bereit. Ausnahmen von dieser Regel gab es offenbar kaum und dafür waren Entscheidungen auf höchster Ebene erforderlich. Lieber heute als morgen wollte ich das Leben und Arbeiten in Afrika kennenlernen und mich dann – im nächsten Schritt – gern auf ewig an den Orden binden. Ich musste doch wissen, worauf ich mich einließ.

Durch Sr. Regia war mein Herz wieder aufgegangen und es verging kein Tag, an dem ich nicht an das St. Walburg's Hospital in Nyangao dachte. Sie hatte so viel darüber erzählt, dass ich es mir in allen Farben ausmalte. Wann immer ich konnte, las ich Bücher über Tansania und unsere Missionen in dem Land. Mein Bild war geprägt durch die reiche Natur, wie sie in dem oscarprämierten Film von Bernhard Grzimek und seinem Sohn Michael *Serengeti darf nicht sterben* gezeigt wurde, der Anfang der Sechzigerjahre in allen Kinos lief. Ich versuchte, mir den Ngorongoro-Krater und die verschiedenen Reservate vorzustellen. Ein riesiges Land, mehr als doppelt so groß wie Deutschland, aber von deutlich weniger Menschen bewohnt. Das Klima im armen Süden, wo unsere Schwestern lebten, war tropisch mit langen Regen- und Trockenzeiten. Kalt wurde es dort nie, was ich mir kaum vorstellen konnte. Die größten Seen Afrikas, der Viktoriasee, der Malawisee und der Tanganjikasee, grenzen an Tansania, und auch der Kilimandscharo und die Insel Sansibar gehören zum natürlichen Reichtum und zur Schönheit des Landes. Die ersten Missions-Benediktinerinnen waren während der deutschen Kolonialzeit, von 1885–1918, in die Region gegangen, die damals ein Teil von Deutsch-Ostafrika war. Selbst in Situationen größter Not, als Schwestern und Brüder sich in Geiselhaft befanden, konnten sie sich nicht auf die Hilfe deutscher Kolonialbehörden verlassen und sie wahrten stets Abstand zur Politik. Unseren Schwestern ging es immer um die Hilfe für Kranke und Notleidende. In den Anfängen waren dies häufig Sklaven an den Küsten des Indischen Ozeans. Viele von ihnen haben sie von den Sklavenhändlern freigekauft. Daher stammt auch der Brauch, 21 Mark für ein *Heidenkind* zu geben. Dies entsprach damals möglicherweise der Summe, die für das Freikaufen notwendig war. Die ehemaligen Sklaven wurden von den Missionaren zu ihren Stationen gebracht, wo sie tatkräftig mit anfassen mussten. Sie trugen maßgeblich zum Aufbau der Missionen bei. Viele von ihnen ließen sich taufen: Dies waren die ersten einheimischen Christen im Land. Afrika war voller seltsamer Geschichten! Wenn ich doch nur eines Tages dort leben könnte!

Inzwischen war eine neue Generalpriorin gewählt worden, Sr. Gertrud Link, eine ungewöhnliche Frau, die nun in Rom unserem Orden vorstand. Alles, was ich über sie hörte, faszinierte mich. Sie war schon als junge Postulantin nach Korea gesandt worden – was vollkommen unüblich war – und 1949 in Nordkorea, gemeinsam mit 19 weiteren Schwestern und Patres, in Gefangenschaft geraten. Nach vier Jahren Arbeitslager ohne jegliche Kommunikation mit der Kongregation, kam es zwischen dem damaligen Kanzler Adenauer, der Sowjetunion und Nordkorea zu einer Abmachung über die Freilassung von Kriegsgefangenen. In diesem Zusammenhang durften auch die überlebenden deutschen Schwestern und Patres das Land in Richtung Deutschland verlassen. In Tutzing sprachen die älteren Schwestern gern über den denkwürdigen Tag im Jahre 1954, als die 18 Benediktinerinnen nach ihrer beschwerlichen Heimreise über die Sowjetunion und einem Aufenthalt im Flüchtlingslager Friedland endlich das Mutterhaus erreichten. Sr. Gertrud jedoch zögerte nicht lange und ging bald darauf zurück nach Korea, dieses Mal jedoch in den neu entstandenen Staat Südkorea.

1968 kam die Generalpriorin Sr. Gertrud Link zur Behandlung in unser Krankenhaus in Tutzing und war Patientin auf *meiner* Station. Während der Visite mit der Stationsärztin lernte ich sie kennen. Gleich bei der ersten Gelegenheit nahm ich meinen Mut zusammen.

»Ehrwürdige Mutter, ich möchte Sie etwas fragen.«

»Schwester Raphaela, das *Ehrwürdige* lassen Sie doch bitte weg. Die Zeiten der Ehrwürdigen haben wir hinter uns gelassen. Was haben Sie auf dem Herzen?«

»Bitte, Mutter Gertrud, lassen Sie mich nach Nyangao, nur für ein halbes Jahr, zu Sr. Regia. Ich weiß, dass es nicht den Regeln entspricht, aber ich möchte wissen, wie es dort ist. Und ich möchte

wissen, ob die Arbeit dort zu meinen Vorstellungen von Mission passt. Ich mag nicht mehr länger warten. Nun habe ich mein Studium und auch meine Promotion fertig. Ich möchte nach Afrika und gemeinsam mit Sr. Regia im St. Walburg's Hospital arbeiten.«
»Unsere großherzige Sr. Dr. Regia kann Ihre Hilfe sicher gut gebrauchen. Sie sind eine tüchtige Schwester und Ärztin, wie ich gehört habe. Da sollte doch etwas zu machen sein. Ich werde mit Ihrer Priorin darüber sprechen.«
»Vielen Dank, Mutter Gertrud.«

Endlich Afrika! (1969)

Im Nähzimmer experimentierten wir mit möglichen Ordenskleidern für Afrika und machten einige Entwürfe mit kürzerem Schleier und einfachem Habit. Die neuen Regeln gaben uns mehr Freiheiten, und da war ich selbstverständlich sofort dabei. Ich entschied mich für ein schlichtes graues Kleid mit wenigen Falten, das alltagstauglich war. Für Gottesdienste und Festlichkeiten wurde mir zudem ein weißes Ordenskleid geschneidert. Wir beeilten uns und ich war froh, dass Mutter Gertrud noch vor Ort war, um ihre Einwilligung zu der legeren Ausführung des Habits zu geben. In den Tropen war es schließlich unvorstellbar heiß, und weil ich damit rechnete, an sieben Tagen in der Woche zu arbeiten, wollte ich wenigstens bequeme und luftige Kleidung tragen.

Mir konnte es nicht schnell genug gehen. Im Januar 1969 stieg ich voller Ungeduld ins Flugzeug. Als ich in Dar-es-Salam eintraf, nahm mir die Hitze beinah den Atem. Die Atmosphäre erinnerte an ein Treibhaus, nur konnte man hier keine Tür und kein Fenster öffnen, um frische Luft hereinzulassen, und man konnte dieses Haus auch nicht verlassen. Wir waren mitten in der Regenzeit und ich schnappte nach Sauerstoff. Als ich sah, welche Maschine für den Weiterflug in die Küstenstadt Lindi bereitstand, bekam ich noch weniger Luft. Gestern war ich überhaupt zum ersten Mal in meinem Leben geflogen, und nun sollte ich mich nach der endlosen Anreise aus Europa in eine winzige Klapperkiste setzen. Mir blieb jedoch keine andere Wahl. Nach einem kurzen Anlauf hob die Maschine ab, und dann ging es immer die Küste entlang, in Richtung Süden. Zur Rechten ließen wir Dar-es-Salam hinter uns und hatten freie Sicht auf eine üppig grüne Landschaft mit gelegentlichen Ansiedlungen. Zur Linken glitzerte der endlose Indische Ozean. Als die Maschine schließlich tiefer sackte und parallel zum Strand eine Sandpiste und einige Wellblechhütten auftauchten, schwante mir, dass es sich um den Flugplatz von Lindi handelte. Je mehr wir an Höhe verloren, desto farbenfroher changierte das Meer in Blau-, Grün- und Türkistönen. Das Wasser war glasklar und ich wusste kaum, wohin ich schauen sollte, auf die erschreckend kurze Sandpiste oder auf das farbenfrohe Spektakel? Plötzlich entdeckte ich noch aus der Luft Sr. Regia, die am Rand der Piste stand und in den Himmel spähte.

Die großherzige Schwäbin nahm mich in den Arm. Etwas abseits stand eine beeindruckende Erscheinung, ein hünenhafter, breitschultriger Pater mit langem weißem Bart, langem weißem Talar und großem Tropenhelm. Pater Barnabas. Solche Männer kannte ich nur aus alten Missionsbüchern. Ich war begeistert!

»Willkommen in Tansania, Sr. Raphaela«, sagte Pater Barnabas.

»Danke, danke«, sagte ich nur und sog alles in mich auf. Wohin ich auch schaute, wiegten sich Kokospalmen im Wind.

»Wie war der Flug?«, wollte Sr. Regia wissen, während ich auf die Palmen und alle möglichen Gewächse, die ich noch nie gesehen hatte, starrte.

»Bitte schön!«, sagte der Pater und bedeutete mir, in einen offenen Jeep zu steigen. Es war ein unwirklicher Anblick, den Pater auf der rechten Seite des Wagens am Lenkrad sitzen zu sehen, den Tropenhelm fest auf dem Kopf, und Sr. Regia mit ihrem Schleier daneben. Kaum vorstellbar, dass ich gestern noch im winterlichen Deutschland gewesen war. Die beiden wirkten abenteuerlich und wie aus einer anderen Zeit, ganz so, als befänden wir uns in einem exotischen Film. Der Fahrtwind wehte angenehm, auch wenn er keine Kühlung brachte. Ich konnte mich beim besten Willen nicht an eine derartige Hitze erinnern, selbst an den schönsten Sommertagen in Tutzing gab es immer ausreichend Luft zum Atmen. Sofort zog ich meine Strümpfe aus und war froh, ein wesentlich legereres Kleid als Sr. Regia zu tragen. Mein Hals war frei und trotzdem schweißnass. Wenn ich doch nur mein Unterhemd loswerden könnte.

»Daran gewöhnst du dich bald«, sagte Sr. Regia und ich fühlte mich bei ihr in allerbesten Händen. Zunächst fuhren wir zur Missionsprokura nach Lindi.

»Die Hitze ist bei Weitem nicht das Schlimmste«, sagte der Pater und ich sollte bald merken, wie recht er hatte. »Wir freuen uns sehr, Sie als Missions-Benediktinerin und Ärztin hier zu begrüßen. Es gibt alle Hände voll zu tun, nicht wahr, Sr. Regia?«

»Sr. Raphaela wird uns helfen.«

»Nichts lieber als das, wenn ich es denn kann.«

»Nun gibt es aber erst einen Kaffee«, sagte Pater Barnabas, kurz bevor wir die Prokura erreichten. Die Straßen waren belebt, Frauen in bunten Tüchern trugen Lasten auf ihren Köpfen. Pater Barnabas hupte, sobald sich ein anderes Fahrzeug näherte, aber es gab nicht viel Verkehr. Die Häuser waren alt und der Putz bröckelte. Viele stammten aus der Kolonialzeit. Die Stadt machte einen vernachlässigten Eindruck, aber vielleicht lag es auch nur an dem feuchten Klima und der Seeluft, dass die Farbe sich nicht an den Wänden hielt.

»Sr. Raphaela, Sie müssen den Kaffee unbedingt probieren. Er wird in den Usambara-Bergen, weit im Norden des Landes, von uns Benediktinern angebaut«, forderte mich der Pater auf, als wir im Speisesaal der Prokura saßen.

Es war kaum zu glauben, aber nun war ich tatsächlich in einem Land, in dem Kaffee wuchs. Ich fühlte mich weit weg und trotzdem angekommen. Am liebsten wäre ich sofort weitergefahren, um endlich das Hospital zu sehen. Nachdem ich mich halbwegs erfrischt hatte, nahmen wir noch einen Postsack entgegen, in dem sich die gesamte Post für Nyangao und Umgebung befand. Pater Barnabas erklärte mir, dass Reisenden wie uns sämtliche Briefe für unseren Konvent, für das Krankenhaus, für verschiedene Missionsstationen und selbst für Privatpersonen anvertraut wurden, weil hier niemand ein eigenes Postfach besaß.

Über eine löchrige Asphaltpiste ging es in Richtung Nyangao. Für die 70 Kilometer benötigten wir mehrere Stunden, denn bald bestand die Straße nur noch aus Sand und schließlich sogar aus Schlamm, der von tiefen Reifenspuren zerfurcht war. Zeitweise kamen wir nur im Schritttempo voran. Vor uns schaukelte ein Lkw hin und her und wir fanden keine Möglichkeit, an ihm vorbeizukommen. Alles war anders, fremd und voller Farben. Wenn uns Fußgänger begegneten, dann grüßten sie Sr. Regia und den Pater. Die beiden mussten sehr bekannt sein. An manchen Abschnitten war das Grün abseits der Piste undurchdringlich.

Im St. Agnes Convent von Nyangao erwarteten uns die Schwestern und sie hießen mich freudig willkommen. Es waren fünf an der Zahl und Sr. Regia nannte mir Namen, von denen ich einige schon in Tutzing gehört hatte, denn wir waren doch Schwestern aus demselben Orden. Der schlichte Flachdachbau hatte eine überdachte Terrasse, Türen und Fenster standen offen, um Luft und vielleicht auch mal einen Windzug hereinzulassen, die Böden waren aus Zement, es roch nach Putzmitteln, alles war schlicht, aber penibel sauber. Das üppige Grün des Gartens milderte die grelle Sonne. Drei weitere Schwestern waren im Hospital beschäftigt. Es war ein kleiner Konvent, eine Station des weitaus größeren Klosters von Ndanda, 45 Kilometer entfernt, wie man mir sagte. Sr. Regia reichte mir Wasser zum Trinken und zeigte mir mein Zimmer. Ich staunte, weil sich darin nur *ein* Bett befand. Mein erstes eigenes Zimmer seit meinem Eintritt in den Orden! Das war eine besondere Freude für mich.

»Das Wasser zum Waschen musst du dir von draußen holen. Wir zeigen dir später, wie das am besten geht.«

In Tutzing konnte man von einer eigenen Zelle nur träumen. Dort teilte ich mir mit drei anderen Schwestern einen Raum. An den Samstagen gab es einen Badetermin, dann wurde der Wasserkessel angeheizt. In dieser Hitze würde man sicher täglich duschen müssen.

»Du musst immer darauf achten, dass dein Moskitonetz geschlossen ist. Wenn du hinein- und hinausschlüpfst, dann mache es rasch, damit keine Mücke unters Netz fliegt. Malaria lässt sich hier kaum vermeiden, aber trotzdem sollte man so wenig wie möglich gestochen werden«, sagte Sr. Regia und ließ mich allein mit meiner Tasche zurück. Es gab kaum etwas zum Auspacken und ich hielt es nicht lange im Zimmer aus. Aufgewühlt ging ich wieder in den Gemeinschaftsraum. Als ich dort niemanden antraf, ging ich in die Klosterkapelle – ein schlichter Raum, keine drei Meter breit und nur wenig länger, ein Blumenstrauß auf dem Altar. Durch die Lamellenfenster wehte ein Luftzug herein. Ich hielt Ausschau nach der großherzigen Schwäbin.

»Du möchtest es gleich sehen, nicht wahr? Dann begleite mich rasch ins Hospital. Ich muss ohnehin noch rüber. Ein halber Tag ohne Ärztin ist nicht einfach für die Schwestern und Pfleger. Hoffentlich ist alles gut gegangen«, sagte sie.

Nach zehn Minuten Fußweg sah ich ein kleines grünes Holzschild mit einem Pfeil. Wenn man ihm folgte, gelangte man zum St. Walburg's Hospital. Sr. Regia registrierte meinen Blick und lächelte.

*

Das Krankenhaus duckte sich unter gewaltigen Palmen und war noch kleiner, als ich erwartet hatte. Es stammte aus der Zeit von Sr. Dr. Thekla Stinnesbeck, die es mit einfachsten Mitteln und wenig Geld errichten ließ, mehrere einfache Pavillons für 75 stationäre Patienten. Und nun stand ich davor und konnte es kaum glauben. Schon auf den ersten Blick sah man, dass hier weit mehr Kranke untergebracht waren.

Vor dem Hospital war eine Menschenmenge versammelt. Unzählige Frauen in bunten Tüchern und mit kleinen Kindern auf dem Rücken und größeren auf dem Arm standen im Hof oder saßen auf Bänken und auf dem Boden. Die meisten Männer trugen schlichte lange Hosen und Hemden oder einen weißen Kaftan. Fast alle waren barfuß. Unter einem schattigen Dach warteten Dutzende auf ihre Behandlung, auf der einen Seite die Frauen, auf der anderen die Männer. Auf einem benachbarten Platz brannten kleine Feuer und Frauen hockten davor und rührten in Töpfen, die auf drei Steinen standen.

»Das sind die Angehörigen der stationären Patienten. Die Versorgung liegt in ihren Händen. Kein Kranker kommt allein. Es gibt keine richtige Krankenhausküche, nur eine Versorgung für die Tuberkulose- und Leprakranken.«

Ich nickte und staunte über die drei Steine, aus denen die einzelnen Kochstellen bestanden. Es war so, wie Sr. Regia es mir schon in Tutzing beschrieben hatte, und gleichzeitig war die Realität doch ganz anderes. Wenn ich mir so die vielen Menschen betrachtete, dann fragte ich mich, wie dieser Zustrom jemals zu bewältigen sein sollte.

Sr. Regia stellte mich den Pflegern und Krankenschwestern vor und alle waren froh, dass ich gekommen war. Das Lächeln der afrikanischen Angestellten war überwältigend, offen und herzlich. Zwei Missions-Benediktinerinnen aus Deutschland arbeiteten hier als Krankenschwestern und eine als Verwalterin. Im Inneren des Krankenhauses führte mich Sr. Regia durch einen offenen Saal, die Ambulanz, in der viele Menschen warteten.

»*Mama Daktari, Mama Daktari*«, riefen manche Sr. Regia zu, als wir in den Raum kamen. Sie hatte für jeden ein Wort und schien jede Krankengeschichte zu kennen.

»Das heißt nichts anderes als *Doktor*«, erklärte sie mir beiläufig.

Auf den Stationen sah ich, wie sich häufig zwei oder sogar mehr Patienten ein Bett teilten. Sr. Regia erläuterte: Frauen und Kinder, Geburten, Männerstation, Tuberkulose. Alle Räume waren hoffnungslos überbelegt. Kinderbetten gab es nicht, denn eine Mutter wird immer mit ihrem Kind in einem Erwachsenenbett aufgenommen. Selbst auf den Terrassen standen Betten. Für Schränke oder Tischchen gab es keinen Platz. Die Räume besaßen keine richtigen Decken, sondern waren offen bis zum Dachstuhl, der Boden: einfacher Beton.

»Am Abend legen wir einige Kranke auf Matratzen in die Mittelgänge«, sagte Sr. Regia und registrierte meine Sprachlosigkeit. Ich sah in kranke Gesichter mit trüben Augen, entdeckte hässliche Wunden und aufgeblähte Bäuche. Manche Kinder waren erschreckend dünn, ihre Haut matt und die Haare stumpf, Zeugnisse der Mangelernährung. Hier gab es für eine Ärztin mehr als genug zu tun, und auch wenn der Anblick erschütternd wirkte, so war ich gleichzeitig unbeschreiblich froh, hier zu sein. Endlich in Afrika! Sr. Regia reichte mir ein Baby, und ich nahm es auf den Arm. Die Mutter schaute mich an und ich versuchte, mich an die wenigen Worte in Swahili zu erinnern, die ich vorab auswendig gelernt hatte.

Immer wenn sich in den letzten Monaten eine Gelegenheit ergab, mit Schwestern zu sprechen, die aus der ostafrikanischen Mission auf Heimaturlaub waren, hatte ich darum gebeten, mir Swahili beizubringen. So lernte ich: *Wie geht es dir? Wo tut es weh? Seit wann schmerzt der Bauch?* Was ich zur Diagnosestellung brauchte, hatte ich parat.

*

Die Bedingungen im Hospital waren äußerst primitiv und ich staunte, als ich nach wenigen Tagen bei einem Kaiserschnitt zugegen war, bei dem die Anästhesie der werdenden Mutter mit einer Schimmelbusch-Maske vorgenommen wurde. Davon hatte ich in meinem Studium zwar gehört, aber in der Praxis fand sie in deutschen Kliniken keine Anwendung mehr. Sr. Perpetua legte Gazestreifen auf das Drahtgeflecht und träufelte den Äther aus freier Hand auf die Maske über Nase und Mund. Xaver, ein ausgesprochen aufmerksamer und freundlicher älterer Mann, instrumentierte und assistierte gleichzeitig. Während die Patientin langsam das Bewusstsein verlor, zuckte ihr Körper noch eine Weile auf dem OP-Tisch, bis sie endlich schlief. Ich mochte kaum hinschauen und dachte an die Qualen der jungen Frau, an das Risiko einer solchen Operation unter diesen Bedingungen und daran, was alles schiefgehen konnte und wie wenig Hilfsmittel es hier gab. Und vor allem dachte ich an die enorme Verantwortung von Sr. Dr. Regia Bürger.

»Kaiserschnitte führen wir nur in absoluten Notfällen aus. Eine Frau, die nicht auf normale Art gebären kann, gilt hier nicht viel. Wir tun der Frau keinen Gefallen damit, deshalb also nur, wenn Lebensgefahr für das Baby oder die werdende Mutter besteht«, klärte Sr. Regia mich auf. Immer wieder konnte ich ihre Zurückhaltung erleben. Sie versuchte wirklich alles, um die Frauen zu einer *normalen* Geburt zu führen.

Ich begleitete sie auf Visite und lernte Krankheiten kennen, die ich bisher nur im Lehrbuch gesehen hatte: Tropical Ulcer, auch Krankheit der *Armen und Hungrigen* genannt, war enorm verbreitet und die Patienten litten unter entsetzlichen Geschwüren. Bei einigen klafften faustgroße offene Wunden auf den Unterschenkeln.

Sr. Regia zeigte mir, wie man sie großflächig ausschabte. Ich versuchte mein Bestes, aber anfangs träumte ich nachts vom Kürettieren der Geschwülste und wurde von Bildern hässlicher Wunden verfolgt. Solche Behandlungen wurden manchmal wie am Fließband ausgeführt, mehrere Krankenschwestern und Pfleger saßen nebeneinander, kürettierten und verbanden die Wunden.

Augenkrankheiten waren ebenfalls weitverbreitet und selbst harmlos wirkende Verläufe führten zur Zerstörung der Hornhaut mit Erblindung, wenn sie nicht behandelt wurden. Antibiotika konnten das Schlimmste verhindern, wenn sie denn vorhanden waren! Auch ich sollte später eigene Erfahrungen mit einem Trachom an meinen Augen machen. Kleine Lidoperationen führten hier die Krankenschwestern aus. Gehirnhautentzündungen traten in Epidemien auf und auch Masern waren weitverbreitet. Sr. Regia erzählte mir, wie es im Krankenhaus zuging, wenn Hunderte davon befallen waren. Ich war nicht erpicht darauf, das zu sehen, aber bald schon blieb es der Region nicht erspart und ich war mit unermesslichem Elend konfrontiert.

Die Monate vergingen und ich gewöhnte mich an die Hitze und die einfache Ausstattung des Hospitals, ohne ständig darüber nachzudenken, was hier alles fehlte im Vergleich zu deutschen Kliniken. Ich achtete kaum noch darauf, dass ein Teil der Betten nur unter einem Vordach stand, beinah draußen, die Gitter verrostet und die Laken schon tausend Mal gewaschen. So war es nun mal. Viel lieber setzte ich mich zu einer jungen Mutter aufs Bett und hielt ihr Kind in den Armen. Oft genug erinnerten mich abends Flöhe an diesen Kontakt. Die Listen der Krankheiten, der Patienten und des Leidens waren endlos. Impfprogramme oder gar Mutter-Kind-Kliniken waren damals noch unbekannt. Gott sei Dank änderte sich dies bald. Ja, in der Ausstattung fehlte es uns beinah an allem, nicht jedoch am Vertrauen, das die Menschen unserem Missionskrankenhaus entgegenbrachten. Niemand wurde abgewiesen. Hier wollte ich bleiben!

Regelmäßig trafen Briefe meiner Eltern und Schwestern ein. Wenn ein Postsack aus Lindi kam, war häufig etwas für mich dabei. Luftpostsendungen waren wenigstens drei Wochen unterwegs.

Meistens entdeckte ich schon von Weitem die gestochene Handschrift meines Vaters auf einem der Umschläge, und auch im Innern füllte sein gleichmäßiges Schriftbild die Seiten des hauchdünnen Luftpostpapiers. Er wollte wissen, wie es mir gehe; schrieb, dass er sich Sorgen machte wegen der vielen Krankheiten und fragte, ob ich auch gut auf mich achtete. Selbstverständlich berichtete er mir von unserer Familie. Meine Mutter und meine Schwester Annette nahmen regen Anteil an meinem Leben in Tansania und wollten gern alles darüber erfahren. Ich beantwortete ihre Briefe, wann immer ich Zeit fand, aber oftmals fiel mir der Stift vor Müdigkeit aus der Hand. Von meinen gelegentlichen Malaria-Anfällen und der damit einhergehenden Schwäche schrieb ich ihnen nichts. Meine Familie fragte immer wieder danach, wie man unseren Patienten im St. Walburg's Hospital von Deutschland aus helfen könnte und was sie dazu beitragen könnten. Bald entwickelten sie die Idee eines Weihnachtsbasars in Nottuln und besprachen ihre Pläne mit der Kirchengemeinde und sogar der örtlichen Schule.

*

Sr. Regia und ich mussten bei unseren Visiten stets ein Auge darauf haben, wer frühzeitig entlassen werden konnte, um so Platz für neue Patienten zu schaffen. Wir arbeiteten als enges Team zusammen und innerhalb kürzester Zeit hatte ich so viele Behandlungen und sogar komplizierte Operationen durchgeführt, wie man sie mir in Deutschland vermutlich erst nach Jahren anvertraut hätte.

Die allermeisten Patienten, ob ambulant oder stationär, litten unter Malaria. Diese Krankheit ist bis heute die Haupttodesursache für Menschen dieser Region. Eine andere tropische Krankheit, die uns damals ständig auf Trab hielt, war die von Hakenwürmern verursachte Blutarmut. Und wieder andere Patienten litten unter Bilharziose, die von Parasiten herrührt. Die Würmer leben oft jahrelang im menschlichen Körper und führen zu unzähligen Beschwerden.

Doch nicht nur die Krankheiten waren exotisch, auch manche Patientinnen wirkten urzeitlich auf mich und schienen aus einer anderen Welt zu stammen. Gelegentlich kamen Frauen mit sogenannten Tellerlippen ins Hospital. Sie hatten ihre Oberlippen handtellergroß geweitet und zeigten dadurch extrem verfremdete Gesichter. Ein Pflock steckte in der Oberlippe und drückte permanent auf das Gewebe. Ich konnte mich vage daran erinnern, etwas Ähnliches in einer Missionszeitschrift gesehen zu haben. Nicht selten trugen die Patientinnen auch Ziernarben auf den Wangen und an anderen Stellen des Körpers. Diese Frauen gehörten dem Volk der Makonde an, das auch berühmt für seine Schnitzkunst aus Ebenholz war. Manche Lippenteller verursachten durch den jahrelangen Druck auf den Mund Hautkrebs, der behandelt werden musste. Es wäre ein Leichtes gewesen, einen Großteil der geweiteten Lippen zu entfernen und zu normalisieren – manche hingen ohne den eingefügten Pflock handflächengroß herunter –, doch das wollte keine einzige der Frauen. Angeblich stammt diese Art der Verstümmelung aus der Zeit des Sklavenhandels, um Mädchen und Frauen unattraktiver für die Sklavenhändler zu machen. Bei manchen Völkern haben sich Tellerlippen zum Schönheitsideal entwickelt. Als Medizinerin musste ich immer wieder feststellen, dass Verstümmelungen ein Risiko sind, wie es sich auch bei den Makondefrauen zeigte.

Zu unserem Hospital gehörte ein kleines Lepracamp, in dem zwei Dutzend ältere Frauen und Männer lebten. Diese Menschen hatten keine Angehörigen und waren zumeist stark verstümmelt. Sr. Jolenta kümmerte sich um sie. Wenn ich an die ersten Fotos dachte, die ich aus dem Lepradorf von Albert Schweitzer gesehen hatte, dann war ich jetzt beinah verwundert über mich selbst, wie wenig mich der Anblick dieser Menschen mit den fehlenden Gliedmaßen erschütterte. Vielleicht lag es auch daran, dass die vielen kranken, unterernährten und sterbenden Kinder mich schon oft zum Weinen gebracht hatten und ich nicht mehr genug Tränen hatte. Einmal in der Woche fand in diesem Camp eine Ambulanzsprechstunde statt, aber es sollte noch einige Jahre dauern, bis die Behandlung sich so weit verbesserte, dass keine stationäre Behandlung mehr notwendig war.

Eine meiner Hauptaufgaben war damals die Geburtshilfe. Wir retteten viele Frauen und ihre Kinder, aber leider nicht alle. Immer wieder gab es Sterbefälle zu beklagen. Wenn ich den wartenden

Angehörigen jedoch melden konnte: Ein gesundes Baby! – dann reagierten sie mit Freudentrillern und wälzten sich auf dem Boden vor lauter Glück. An guten Tagen waren wir selig und dankten Gott. Ich war enorm herausgefordert, hyperaktiv und sehr glücklich dabei. Mein Traum war in Erfüllung gegangen. Hier wurde ich gebraucht.

Sr. Regia war Tag und Nacht für ihre Kranken da, sie litt mit ihnen und sie freute sich mit ihnen. Sie gönnte sich niemals einen freien Tag, obwohl sie bereits einen Herzinfarkt erlitten hatte und nicht mehr bei bester Gesundheit war. Als ich ausreichend eingearbeitet war, schlug ich ihr vor, uns an den Sonntagen abzuwechseln, damit eine von uns sich ausruhen konnte. Aber sie ließ sich nur darauf ein, den Sonntag zu teilen. Vormittags war ich vor Ort und nachmittags sie. Einen ganzen Tag nicht bei ihren Patienten zu sein, war ihr unvorstellbar. Sr. Regia bewegte sich fast ausschließlich zwischen dem Hospital und dem Schwesternkonvent, und selbst in der stockfinsteren Nacht musste sie raus, wenn ein Notfall es erforderte. Es war ein ständiges Pendeln zwischen den beiden Häusern, die ungefähr einen Kilometer auseinander lagen. Für diese Strecke benutzten wir zumeist unseren alten VW-Käfer, der in einer Garage stand. Besonders in der Nacht wäre es wegen der streunenden Löwen und auch der giftigen Schlangen zu gefährlich gewesen, den Weg zu Fuß zurückzulegen. Aber selbst der Gang zum Wagen war nicht ohne Risiken, denn neben schwarzen Mambas konnten einem besonders die großen Pythons mit ihren bis zu drei Metern Länge erheblichen Respekt einflößen. Meine erste Tote durch den Biss einer Schwarzen Mamba werde ich nie vergessen. Die Frau kam vom nah gelegenen Feld gerannt und schrie heraus, was passiert war. Eine Stunde später hatte das Gift sie schon gelähmt, da half auch unser Serum nicht weiter.

Gelegentlich ließen Sr. Regia und ich das St. Walburg's Hospital hinter uns und fuhren gemeinsam mit anderen Schwestern ins 45 Kilometer entfernte Ndanda, um unsere Mitschwestern zu besuchen und an Festtagen dabei zu sein. Das dortige St. Benedict's Hospital war deutlich besser ausgestattet als das St. Walburg's, und manchmal konnten wir einige unserer Patienten dorthin überweisen.

Immer stärker beschäftigte mich das Schicksal der Frauen. Ich schaute in wundervolle Gesichter, hörte kraftvolles Lachen, sah faszinierend elegante Bewegungen, selbst wenn diese Frauen schwere Lasten auf ihren Köpfen trugen. Dachte ich anfangs noch, eine junge afrikanische Frau wüsste instinktiv, was bei einer Schwangerschaft und Geburt zu tun sei, wurden mir ihre Unwissenheit und Ängste immer deutlicher. Hier waren werdende Mütter oft durch Mangelernährung und Vorerkrankungen geschwächt. Die Frauen konnten sich vor der Geburt oft nicht einmal gründlich waschen, von hygienischen Bedingungen, wie ich sie aus deutschen Krankenhäusern kannte, ganz zu schweigen. Im kleinen Geburtszimmer standen zwei Geburtsbetten und die Gebärenden kamen von draußen direkt in dieses Zimmer. Für gründliche Voruntersuchungen blieb häufig keine Zeit und es gab auch keinen separaten Tisch oder Ähnliches, um ein Baby reanimieren zu können. Die werdenden Mütter vertrauten uns *weißen Ärztinnen* scheinbar bedingungslos und trauten uns kleine Wunder zu.

Jedes Mal, wenn ich mir den Geburtsraum genauer betrachtete, in dem wir schwierigste Eingriffe vornahmen, dann schmerzten mich der Anblick der mangelnden Hygiene und des äußerst begrenzten Instrumentariums. Damals gab es noch keine Einmalartikel, weder Handschuhe noch sterile Spritzen. Wir sterilisierten ausschließlich mit Hitze. Zum Glück hatten wir in Nyangao ausreichend sauberes Wasser aus einem Tiefbrunnen, sodass wir Blut großzügig abspülen konnten. Instrumente, Spritzen und Handschuhe wurden ausgekocht. Später bekamen wir einen kleinen Dampfsterilisator. Der Operationstrakt bestand aus einem septischen Raum, in dem die »schmutzigen« Arbeiten, einschließlich Gipsen, vorgenommen wurden, dahinter folgte der Reinigungsraum, in dem sterilisiert wurde, und dann der aseptische Operationsraum, der möglichst rein gehalten werden sollte. Doch um dorthin zu gelangen, musste man durch den septischen Bereich gehen. Was sollten wir tun? Unsere Handschuhe wurden mehrfach sterilisiert, bis sie auseinanderfielen. Es gab zu wenig Desinfektionsmittel und auch Medikamente, Spritzen und Verbandsmaterial waren immer knapp. Wir bestellten unsere Waren damals in dem sogenannten staatlichen *Medical Store*, in dem es jedoch nur das

Allernotwendigste gab. Wenn unsere Order geliefert wurde, fand sich auf den Bestelllisten leider allzu oft das Kürzel: OS, was nichts anderes bedeutete als *out of stock*. Um auch nur annähernd versorgt zu sein, mussten wir häufig Waren aus dem fernen Deutschland, den Niederlanden und England ordern, wobei wir uns nur die Schiffsfracht leisten konnten und daher gezwungen waren, Monate im Voraus zu planen. Später, als ich bereits die Verantwortung trug und es wesentlich mehr Spenden aus dem Ausland gab und sich das System weiterentwickelt hatte, bestellten wir fast ausschließlich beim Medikamentenhilfswerk *action medeor* in Deutschland. Sämtliche Bestellungen wurden von Geldern finanziert, die entweder anonym bei den Missions-Benediktinerinnen eingingen oder von Patengemeinden stammten oder aber maßgeblich von Freunden und Verwandten kamen. Wir wussten nie im Voraus, welche Summen uns zur Verfügung stehen würden.

Die Versorgung mit Elektrizität war ein großes Problem, und nach Sonnenuntergang lag der gesamte Ort in Dunkelheit. Am Nyangao-Bach gab es ein kleines Stauwerk für einen Generator, der zumindest das Krankenhaus und unseren Konvent versorgte. Unsere Blutbank war von ständiger Kühlung abhängig und auch das Röntgengerät musste laufen. Der Generator war unersetzlich und leider schon altersschwach. Seine Wartung stellte einen Kostenpunkt dar, der uns immer wieder in Bedrängnis brachte. Manchmal betete ich, er möge noch sehr lange laufen.

*

Einmal stand ich mit Sr. Regia für eine Verschnaufpause vor dem Geburtszimmer, während Sr. Perpetua und Xaver die Narkose vorbereiteten.

»Die Frau da drinnen ist eine *Mganga*, eine Buschdoktorin«, flüsterte Sr. Regia mir zu, und ich wusste im ersten Moment nicht genau, was sie damit meinte und was sich dahinter verbarg. Bisher hatte mir niemand etwas über Frauen erzählt, die eine bestimmte Art von Medizin ausübten. Meine Sprachkenntnisse reichten noch nicht aus, um selbst bei den Einheimischen nachzufragen. Was in Tansania unter traditioneller Heilkunde verstanden wurde, wusste ich nicht. Sr. Regia und ich praktizierten die Schulmedizin, wie man sie uns an deutschen Universitäten gelehrt hatte und wie sie unter den gegebenen Umständen anwendbar war. Etwas anderes gab es in Nyangao meines Wissens nicht. Wegen unserer *weißen* medizinischen Hilfe war das Krankenhaus jeden Tag überfüllt. Was konnte eine traditionelle Heilerin bewirken? Ich wusste es nicht, und während meiner Anfangszeit in Tansania war es auch kein Thema. Bei anderer Gelegenheit behandelten wir einen verwundeten Mann, der, wie ich nur zufällig erfuhr, ein Buschdoktor war. Auch über ihn und seine Methoden und Erfolge erzählte mir niemand etwas. Kontakte zur Bevölkerung wurden damals seitens des Hospitals nicht gesucht. Der Buschdoktor war übersät mit feinen Narben. Erst viel später erfuhr ich, dass es sich um rituelle Schnitte handelte. Zu jener Zeit jedoch stand eine andere als unsere *westliche* Medizin nicht zur Debatte, weder für mich noch für die anderen Schwestern und Mitarbeiter vor Ort. Niemand konnte ahnen, dass ich eines Tages eng mit Dorfhebammen und Heilern zusammenarbeiten würde und diese Männer und Frauen zu mir in die Fortbildung kämen.

Von Anfang an drängte es mich hinaus, aber mir blieb nichts anders übrig, als mich in dem begrenzten Radius des Konvents und Krankenhauses zu bewegen und mich an Sr. Regia zu orientieren. Die Menschen kamen zu uns. Wir gingen damals nie zu ihnen. Vor lauter Arbeit blieb ohnehin keine Zeit für Exkursionen, denn der Strom der Kranken riss nie ab, und medizinische Hilfe wurde immer gebraucht. Aus den geplanten sechs Monaten wurden rasch zwölf. Ein Jahr, in dem es für mich nichts anderes gab als Arbeit, Hitze und Malaria.

Nicht lange nach meiner Ankunft hatte ich bereits meinen ersten Malaria-Anfall bekommen, was hier *normal* war. Aufgrund meiner robusten Konstitution hielt ich mich nicht lange damit auf, und angesichts von Lepra, die damals noch verbreitet war, Tuberkulose und allen anderen schweren Erkrankungen schienen meine »Lappalien« nicht der Rede wert.

Ich war glücklich in Nyangao und wollte länger bleiben, am besten für immer! Schließlich stellte ich bei unserer Generalpriorin in Rom den Antrag, meine Ewigen Gelübde, die Ewige Profess, in Ndanda ablegen zu dürfen. Wozu extra nach Deutschland reisen?, fragte ich mich. Hier wurde ich als Missions-Benediktinerin und Ärztin gebraucht, und hier wollte ich mich für immer an den Orden binden. Mutter Gertrud schrieb mir umgehend zurück: Sie freue sich sehr, dass ich mich für die Ewige Profess entschieden hätte, sie verstehe auch meine Bitte, diese in Ndanda abzulegen. Wenn es allein nach ihr ginge, wäre das kein Problem, aber in ihrem Rat in Rom sei meine Bitte nicht bewilligt worden. Zur Ewigen Profess gehöre eine intensive Vorbereitungszeit von sechs Monaten mit entsprechendem Unterricht und Gebetszeiten, erläuterte sie mir, und so etwas könne in Ndanda nicht gewährleistet werden. Ich müsse zurück in unser Mutterhaus nach Tutzing.

Und so flog ich schweren Herzens zurück nach Deutschland, denn eines stand für mich außer Frage: Das ewige Versprechen wollte ich ablegen! Dieser Schritt hat auch praktische Auswirkungen, denn erst danach bekommt eine Schwester das volle Wahlrecht im Orden und kann über die Zukunft und die Geschicke der Kongregation mitentscheiden.

Ewige Profess (1970)

In Tutzing befand sich bereits eine Gruppe von jungen Schwestern in der Vorbereitung auf die Ewige Profess. Ihnen schloss ich mich an. Nach einem ganzen Jahr in Tansania befremdete es mich zunächst, wieder von weißen Gesichtern umgeben zu sein. Und auch an die geschlossenen Räume, die ruhige Umgebung, ja beinah lautlose Stille, und den geordneten Straßenverkehr musste ich mich erst wieder gewöhnen. Außerdem war mir ständig kalt. Im Kloster schickte man mich halbtags in die Hausmeisterei, wo ich überwiegend Reinigungsarbeiten erledigen sollte. Die restliche Zeit des Tages verbrachte unsere Gruppe mit Unterricht und ausgiebigem Gebet. Ich war wenig begeistert von diesem Tagesablauf und dachte an die vielen Kranken im St. Walburg's Hospital, wo Sr. Regia und die anderen nun ohne mich vor den Aufgaben standen. Ich putzte hier Flure und Kammern, während dort in Tansania dringend eine

Ärztin gebraucht wurde. Körperlich wie auch seelisch fühlte ich mich immer labiler. Manchmal konnte ich kaum einen Fuß vor den anderen setzen, und selbst beim Beten fühlte ich Kraftlosigkeit. Mein Rufen schien vergeblich, ganz so, als höre Gott mich nicht mehr. Und auch mir fiel das *Hören* schwer. Ich stand vor den Ewigen Gelübden und konnte mich kaum darauf freuen. Wie stark waren meine Emotionen noch bei meiner Einkleidung und der Ersten Profess gewesen!

Wenn ich heute über den goldenen Ring streiche, den meine damalige Priorin in Tutzing mir zur Ewigen Profess auf den Finger setzte, dann habe ich die Feier deutlich vor Augen. Meine Eltern hatten den Ring für mich anfertigen lassen, im Innern trägt er meinen Namen, Raphaela. Mir gefällt das Ritual des Rings, das in unserer Kongregation eine lange Tradition hat. Er verkörpert das endgültige *Ja* und gleicht damit dem Ritus bei Eheschließungen zwischen Liebenden.

In meiner Funktion als Priorin in Ndanda habe ich in den letzten Jahren selbst einige Schwestern zur Ewigen Profess führen dürfen und ihnen dabei einen Ring auf den Finger gesetzt. Wir haben weitere symbolträchtige Rituale in unserem Orden, deren tiefer Sinn sich manchmal erst nach langen Reifeprozessen erschließt. Erst kürzlich habe ich das Ritual der Fußwaschung am Abend vor der Ewigen Profess bei den jungen Schwestern in Ndanda durchgeführt.

In der Bibel wird bei Johannes, Joh 13,1–20, beschrieben, wie Jesus am Vorabend seines Kreuzestodes seinen Jüngern die Füße wäscht und sie damit überrascht. Damit hat er etwas getan, was in der damaligen Zeit ein *Sklavendienst* war. Die Jünger waren überrascht und Fragen standen im Raum. Sie selbst hätten es nie getan, nicht gegenseitig und nicht einmal für Jesus. Es war vollkommen ungewöhnlich und überraschend. Angelehnt an diese Fußwaschung, die Johannes in allen Details schildert, habe auch ich den *Bräuten Christi*, den *Sponsae Christi,* am Abend vor ihrer großen Entscheidung die Füße gewaschen. Während des Rituals wiederholte ich einige der Fragen, die im Gespräch zwischen Jesus und den Jüngern aufgetaucht waren. *Versteht ihr, was ich euch getan habe?*, hatte Jesus gefragt.

Und so tat auch ich es und stellte dieselbe Frage und gab den Schwestern *meine* Antwort mit auf den Weg:»Schwestern, wir verstehen es nicht. Wir bezeugen aber den, der so etwas für uns tut: Jesus Christus, der für uns alle Mensch geworden ist. Wir bezeugen Sein Leben, Seine Leidenschaft, Seinen Tod und Seine Auferstehung. Wir sehen Ihn vor uns knien zum Waschen der Füße. Wir werden nie verstehen, wie groß die Liebe Gottes ist und warum Er einen einfachen und schwachen Menschen mit all seinen Beschränkungen und seiner Begrenztheit zu sich ruft. Warum hat Er euch gerufen? Warum hat Er mich gerufen? Wir wissen es nicht. Aber wir sind davon überzeugt, dass jede einzelne Schwester ihren Ruf in Gottes Liebe erhielt, um Jesus näher zu sein und Ihm zu folgen, um bei Ihm zu sein im klösterlichen Leben und im Dienste der Mission im Priorat von Ndanda, in Gemeinschaft mit den anderen Schwestern, so wie wir eben sind: menschlich, schwach und begrenzt. Ihr habt euer *Ja* zu Seinem Ruf gegeben, hörend und antwortend über viele Jahre.«

Jesus sprach damals weiter: *Was ich tue, versteht ihr jetzt nicht; ihr werdet es aber hernach erfahren. So nun ich, euer HERR und Meister, euch die Füße gewaschen habe, so sollt ihr auch euch untereinander die Füße waschen. Ein Beispiel habe ich euch gegeben, dass ihr tut, wie ich euch getan habe.*

»Meine lieben Schwestern, gemeinsam haben wir über viele Jahre versucht zu erkennen, ob Gott euch wirklich gerufen hat, damit ihr euch Ihm ein Leben lang hingebt. Gemeinsam mit euch glauben wir an den Ruf Gottes, Ihm zu folgen und Ihn zum Ziel eures gesamten Lebens zu machen. Wie ihr es nicht versteht, können wir alle nicht verstehen, warum Gott euch aus Tausenden erwählt hat, warum Er jede Einzelne von euch gerufen hat. Dies ist Sein Geheimnis der Liebe. Wir sind davon überzeugt, in dieser liebevollen und gegenseitigen *Fußwaschung*, wie Er es uns geheißen hat, Sein Geheimnis besser zu ergründen. Es bedeutet, einander zu dienen, unserem Nachbarn zu dienen und wem auch immer, der es nötig hat, genauso, wie Jesus es getan hat. Und deshalb wasche ich euch jetzt die Füße in dieser heiligen Stunde.«

In Ndanda ist es nach der Fußwaschung üblich, dass eine der älteren Schwestern von ihrer reichen Lebenserfahrung erzählt und den jüngeren hilfreiche Weisungen für das Ordensleben gibt. Es ist eine feierliche Stimmung, die an Traditionen in Afrika anknüpft, wo den Alten Ehrfurcht und Respekt entgegengebracht wird. Es sind die letzten Schritte vor der Aufnahme der Schwestern als volle Mitglieder in die Gemeinschaft, in der es schließlich auch um das gegenseitige Dienen geht, auch um das symbolhafte Dienen der Priorin den jüngsten Mitgliedern gegenüber. Sollte ich eines Tages nicht mehr in meinem Priorat in Ndanda leben, werden mir solche Rituale sicher fehlen.

In Tansania setzen wir den Schwestern bei ihrer Ewigen Profess die Ringe verstorbener Missions-Benediktinerinnen auf den Finger. Mir gefällt dieser Brauch, erinnert er doch auf eine besondere Art an die Verstorbenen und ihr Wirken in unserem Priorat. In Tutzing gibt es heute leider nicht mehr viele Professfeiern, weil es an Klosternachwuchs fehlt. Umso erfreulicher ist es immer, wenn sich doch einige Frauen für diesen Weg entscheiden. In diesem Jahr legen dort drei Jungprofessen ihre Ewigen Gelübde ab. Eine von ihnen, Schwester Veronika, hat im letzten Jahr unser Priorat in Ndanda besucht und wurde dabei von einer Dokumentarfilmerin des Bayerischen Rundfunks begleitet. Heute sind die *jungen* Schwestern bei Weitem nicht mehr so jung wie damals, sondern gestandene Frauen mit Berufserfahrung.

Als ich 1964 meine zeitlichen Gelübde ablegte, war ich enorm emotional. Sechs Jahre später, beim Ablegen der Ewigen Gelübde, war ich körperlich geschwächt, noch nicht wissend, woran es lag und was mir die Kraft raubte. Meine Eltern, Schwestern und eine Freundin waren gekommen, um bei der Zeremonie dabei zu sein. Die Kapelle war bis auf den letzten Platz gefüllt. Es war Ostern 1970 und nach der Predigt folgten innerhalb der Eucharistiefeier die Anrufung des Heiligen Geistes und sodann unsere Befragung durch die Priorin. Bei uns tat dies Mutter Gertrud, die Generalpriorin, die gerade in Tutzing war. Sie *prüfte* unseren freien Entschluss, ganz so, wie es die Konstitutionen verlangen. Sie vergewisserte sich ein letztes Mal, ob jede Einzelne aus innerer Freiheit handelte. Wie alle Profitentinnen antwortete ich mit: *Ja, ich will.*

In einem Akt tiefer Symbolik – der Prosternation – legten wir Schwestern uns mit dem Gesicht nach unten auf den Boden. Wir zeigten mit dem Niederwerfen unser *gänzliches* Ausstrecken vor Gott und machten deutlich, dass wir mit dem Ablegen unserer Ewigen Gelübde nicht nur *Etwas* gaben. Nicht *etwas* Zeit und *etwas* Intelligenz, sondern wir waren bereit, *Alles* zu geben. Mit ganzer Hingabe! Während wir dort lagen, sang die Gemeinde die Allerheiligenlitanei. Dabei rief sie die Kraft aller Heiligen des Himmels an und begann mit:»Heilige Maria, Mutter Gottes, Heiliger Michael, Ihr heiligen Engel Gottes, Heiliger Johannes, Heiliger Josef, Heiliger Benedikt, Heilige Apostel Petrus und Paulus, Heiliger Andreas, Heilige Maria Magdalena, Heiliger Stephanus«.

Nachdem wir wieder aufgestanden waren, las jede einzelne der Profitentinnen laut ihre Urkunde vor:

IM NAMEN UNSERES HERRN JESUS CHRISTUS. AMEN
Heute, am 31.März 1970, gelobe ich, Sr. Raphaela Händler aus der Diözese Münster, für mein ganzes Leben Nachfolge Christi in klösterlicher Gemeinschaft,
Beständigkeit in der Kongregation der Missions-Benediktinerinnen von Tutzing und Gehorsam nach der Regel des Heiligen Benedikt und unseren Konstitutionen, vor Gott und seinen Heiligen, in Gegenwart der Mutter M. Gertrud Link, Generalpriorin, des hochwürdigen Herrn Dr. Josef Stimpfle, Bischof von Augsburg, und vor den hier versammelten Schwestern und Brüdern.
Zur Beglaubigung habe ich diese Urkunde eigenhändig unterschrieben am oben genannten Datum.

Nun setzten auch noch die Priorin und der Hauptzelebrant ihre Unterschriften unter das Dokument. Wir Profitentinnen zeigten unsere unterschriebenen Urkunden der anwesenden Gemeinde. Wir hielten sie in die Höhe und gingen von der einen Seite des Altars zur anderen, damit alle Anwesenden das Dokument bezeugen konnten. Ich suchte den Blickkontakt zu meiner Familie und nickte ihr zu. Schweigend und langsam legten wir unsere Urkunden auf den Altar, das Symbol für Christus. Dort legten wir im übertragenen Sinne unser ganzes Leben nieder. Die Urkunde bleibt dort bis zum Ende der Eucharistiefeier liegen und wird erst später von der Priorin heruntergenommen und archiviert.

Im Anschluss sangen wir dreimal das *Suscipe* mit einem jeweils höheren Ton, tiefer Verneigung und ausgebreiteten Armen. Dieser Psalmvers 119,116 wird seit Urzeiten bei Professfeiern gesungen. *Nimm mich auf, o Herr, nach deinem Wort, damit ich lebe. Lass mich nicht scheitern in meiner Hoffnung.* Dieser Vers ist allen Benediktinerinnen und Benediktinern besonders kostbar, weil wir ihn bei der Ganzhingabe an Gott im Vertrauen singen. In vielen verschiedenen Sprachen erklingt er auf der ganzen Welt zu derselben Melodie, in der wir unser Leben mit Gott und auf Gott hin besingen. Mit diesen Worten kann ich meine Sehnsucht nach Gott in all meiner Schwachheit zusammenfassen. Seit nunmehr 50 Jahren singe ich diesen Vers auch oft für mich allein und ich wünsche mir, dass meine Mitschwestern ihn eines Tages in meiner Todesstunde singen und damit mein Leben der Gottsuche in Gemeinschaft besiegeln. Auch in der Stunde der Ewigen Profess legte ich meine ganze Hoffnung und mein Vertrauen in die Hand Gottes! *Möge Er in seiner Barmherzigkeit mein Leben gelingen lassen!*

Die Ringe als Treuesymbol und Zeichen der Bindung wurden gesegnet und von der Priorin auf die Finger der Profitentinnen gesetzt. Nach dem Canticum, dem hymnischen Gebetsgesang, übergab uns der Bischof an die Generalpriorin mit dem Pax Christi, dem Friedensgruß.

Die Eucharistiefeier wurde nun fortgesetzt.

Einerseits war ich gereifter und gefestigter als noch bei der zeitlichen Profess, andererseits seltsam nüchtern, trotz der feierlichen Zeremonie und des besonderen Anlasses. Für mich gab es keinen Zweifel daran, mein ganzes Leben in der Nachfolge Christi Gott zu übergeben, im Vertrauen auf seine Führung und mich dabei auf Lebenszeit an die Kongregation der Missions-Benediktinerinnen zu binden.

Angesteckt – ein Traum ist in Gefahr (1971–1978)

Ich wollte so schnell wie möglich zurück ins St. Walburg's Hospital, aber mir fehlte noch die Approbation als Ärztin, für die ich eine zweijährige Assistenz in einer deutschen Klinik nachweisen musste. Diese zwei Jahre brachte ich noch nicht zusammen, selbst wenn alle meine Arbeitszeiten in Deutschland addiert wurden. Um mein Ziel möglichst schnell zu erreichen, fing ich in der Woche nach Ostern auf der Station für Inneres in unserem Hospital in Tutzing an. Ich fühlte mich weiterhin elend und war immer häufiger auch missmutig. Irgendetwas konnte nicht stimmen mit mir. Da ich keine Krankenversicherung hatte und keine Kosten verursachen wollte, kam ich überhaupt nicht auf die Idee, mich umfassend untersuchen zu lassen. Meine Müdigkeit würde schon vergehen, redete ich mir ein. Keine von uns Schwestern war damals versichert, weder kranken- noch rentenversichert. Das sollte erst später kommen, wofür wir der vorausschauenden Mutter Gertrud ewig dankbar sind, die in ihrer Weitsicht entsprechende Verpflichtungen mit der Deutschen Bischofskonferenz vereinbart hat. Mein Zustand verschlimmerte sich, und schließlich nahm ich mir selber Blut ab und traute meinen Augen kaum: Meine Leberwerte waren unfassbar schlecht. Noch am selben Tag schied ich aus dem Dienst aus.

Es wurde eine anikterische Hepatitis diagnostiziert, bei der Betroffene aufgrund fehlender Gallestauung nicht gelb werden. Ich war am Boden zerstört und konnte nicht aufhören zu weinen. Ohne dieses sichtbare Symptom war ich nicht auf den Gedanken einer Gelbsucht gekommen. 1970 konnte man die verschiedenen Arten der Hepatitis noch nicht feststellen und es gab auch keine spezifische Behandlung. Ich lag im Bett, bekam meine Wickel, verzichtete auf fetthaltige Kost und quälte mich. Die Stundengebete wurden per Lautsprecher in mein Zimmer in der Infirmerie übertragen. Wenn ich mich stark genug fühlte, setzte ich mich in die Galerie der Kapelle und war nah bei den Schwestern. Ich dachte an das viele Blut der Kranken in Nyangao, manchmal träumte ich davon, überall war Blut gewesen. Allein die vielen Geburten und Kaiserschnitte! Ich musste mich dort angesteckt haben.

Mein miserabler Zustand hielt an. Nach kurzen Phasen der Besserung konnte ich jeweils an meiner depressiven Stimmungslage ablesen, wann wieder ein neuer Schub durch meinen Körper ging. Manchmal überkam mich die schiere Verzweiflung. Was hatte Gott mit mir vor? Warum musste ich derart leiden? Meine Hände wurden doch in Afrika gebraucht!

Eines Tages stand meine Mutter an meinem Krankenbett. Ich war zu schwach, um mich länger mit ihr zu unterhalten. Sie musste auch nichts sagen: Ihr sorgenvolles Gesicht sprach Bände.

Meine Blutwerte zeigten nur allmählich gewisse Verbesserungen, aber als Weihnachten kam, war ich es leid, untätig im Bett zu liegen, und flog im Januar 1971 zurück nach Tansania.

*

Unverändert warteten in Nyangao täglich Hunderte Patienten vor unserer Klink, während Sr. Regia, die ja vor einigen Jahren einen Herzinfarkt erlitten hatte, mit eigenen gesundheitlichen Problemen kämpfte. Die extreme Arbeitsbelastung und das Klima verlangten Ruhephasen von ihr. Wenn es irgendwie möglich war, flog sie zur Erholung nach Deutschland und nahm sich auch zwischendurch Auszeiten. Wir brauchten also dringend Verstärkung, wenn wir den Betrieb aufrechterhalten wollten. Außerdem war das Hospital in einem beklagenswerten baulichen Zustand. Das meiste stammte noch aus der Zeit von Sr. Thekla.

Meine Eltern hatten in Absprache mit der Hauptschule in Nottuln einen Weihnachtsbasar ins Leben gerufen. Dort wurden Handarbeiten und Selbstgebackenes verkauft, der Erlös wurde für »*die Arbeit der Ärztin und Ordensschwester Raphaela Händler aus Nottuln in Tansania*« gespendet. Jahr für Jahr vergrößerte sich der Basar, alle Schulklassen beteiligten sich und Sinn und Zweck der Veranstaltung sprachen sich herum. Es wurden immer größere Summen auf ein entsprechendes Konto eingezahlt, und regelmäßig versorgte ich meine Familie mit anschaulichem Material für die entsprechende Informationskampagne. Meine Eltern schrieben mir, man habe in der Aula der Hauptschule ein großes Foto von mir mit neugeborenen Zwillingen im Arm aufgehängt. Ich kannte die Schule nicht einmal, zu meiner Zeit existierte sie noch nicht, aber mich kannte man. Es war erstaunlich, wie engagiert die Nottulner meine Arbeit verfolgten und tatkräftig unterstützten. Im Hospital verfügten wir damals über kein festes Budget, und auch eine fundierte Finanzplanung kam erst viel später. Jede Mark, die bei uns eintraf, wurde bestens angelegt. Die Löhne und Preise in Tansania waren damals äußerst niedrig, sodass man mit einigen Hundert Mark viel erreichen konnte. Wir besaßen bis auf unseren klapprigen VW-Käfer, mit dem wir zwischen dem Konvent und dem Hospital pendelten, kein zuverlässiges Fahrzeug. Wenn wir mal eines brauchten, fragten wir in der Pfarrei und bekamen den Land Rover. Unsere wichtigste Maschine war der Generator zur Stromerzeugung und es war ein beruhigendes Gefühl, wenn eine kleine Geldreserve auf dem Konto war, um bei Bedarf Ersatzteile zu kaufen. Außerdem benötigten wir ständig Geld für Medikamentenbestellungen, aber Anfang der Siebzigerjahre gab es auch hier noch keine durchorganisierte Systematik.

Wir arbeiteten damals weitgehend isoliert vom tansanischen Gesundheitsministerium und versuchten, unseren Laden eigenständig am Laufen zu halten. Im Grunde genommen unterschieden wir uns noch nicht wesentlich von der Art, wie Albert Schweitzer in seinem Urwaldkrankenhaus geschaltet und gewaltet hatte. Dahinter steckte vielleicht sogar die Einstellung, wir würden es ohnehin besser machen als die staatlichen Krankenhäuser. Selbst wenn von der Regierung Statistiken über Krankheiten und deren Verläufe angefordert wurden, handhabe man das in meiner Anfangszeit eher lax. Doch diese Zeiten waren bald vorbei und wir passten uns an. Schritt für Schritt übernahm ich die Verantwortung, während Sr. Regia sich aus gesundheitlichen Gründen zurücknehmen musste.

»Wir schaffen das nicht mehr. Es muss etwas geschehen. Wir brauchen mehr Räume und mehr Ärzte«, sagte ich immer wieder zu meiner Mitschwester und Kollegin.

»Woher sollen wir sie bekommen? Ich habe noch von keinen Ärzten gehört, die wie wir in ein Buschkrankenhaus kommen und ohne Gehalt arbeiten.«

»Ich werde mich informieren, ob es nicht irgendeine Unterstützung gibt.«

Tansanische Ärzte, die wir hätten anwerben können, gab es in den Siebzigerjahren noch nicht.

Ich ging zur Diözese und erläuterte unsere missliche Lage. Damals war der deutsche Benediktinerpater Witmar Metzger dort als Administrator tätig. (Dass er auch ein begnadeter Baumeister war, sollte ich erst später erfahren.) Als einzige Möglichkeit blieb mir nur die Forderung nach der Übernahme eines Arztgehaltes. Das wurde unmissverständlich abgelehnt, da kein Geld zur Verfügung stand. Es kam zu einem langwierigen Hin und Her. Ich hoffte darauf, *Misereor*, das bischöfliche Hilfswerk der Katholiken, würde einspringen, aber dort ging man davon aus, dass die Missions-Benediktiner die Sache allein stemmten. Mir blieb kaum Zeit, mich mit diesen Dingen zu befassen, und ich hatte damals kaum Erfahrungen im Umgang mit Hilfsdiensten. Es gab immer längere Phasen, in denen ich als alleinige Ärztin verantwortlich war, weil Sr. Regia wegen gesundheitlicher Probleme ausfiel. Und so stand ich auch mit meinen Ambitionen der Erweiterung und Modernisierung des Hospitals weitgehend allein da. Bei diesen Plänen quälte mich zudem das schlechte Gewissen, denn schließlich hatte ich es Sr. Regia zu verdanken, dass ich die gefestigte Ärztin geworden war, die auch schwere Aufgaben eigenständig anpacken konnte. Sie hatte mich nach Tansania geholt und meine Wandlung vom schüchternen Mädchen zur gestandenen Ärztin war ihr Verdienst. Wir waren Freundinnen geworden, aber sie hatte ein anderes Verständnis von Hilfe als ich. Wenn es nach ihr ginge, sollte alles so bleiben, wie es immer schon war. Aber ich ließ mich nicht zu einhundert Prozent vom Krankenhaus vereinnahmen, sondern interessierte mich *nebenbei* für den erweiterten Lebensraum, für die Menschen und ihre Eigenarten, für Fragen des Glaubens und der Spiritualität. Ich wollte meinen Horizont erweitern. Mein Konzept von Armenfürsorge unterschied sich von dem der meisten älteren deutschen Schwestern. Almosen zu verteilen war nicht nach meinem Geschmack. Mir schwebte eher so etwas wie Hilfe zur Selbsthilfe vor.

*

Aus Lindi trafen Tag für Tag Busse mit Patienten ein. Auf dem Gelände neben dem Hospital campierten Angehörige und kochten auf offenen Feuern die Mahlzeiten für ihre Kranken. Wir behandelten und laborierten, ohne dass der Ansturm jemals geringer wurde. In den Dörfern wirkten mangelnde Hygiene, fehlende Latrinen, Unwissenheit und der schlechte Ernährungszustand wie ein Teufelskreis. Die Geburtenrate war hoch, die Mütter- und Kindersterblichkeit ebenso. Ich war so beschäftigt, dass ich mich um meine eigene Gesundheit nicht kümmerte. Meistens war ich weitgehend beschwerdefrei und ausgesprochen glücklich. Hier war meine Welt, hier wurde ich gebraucht.

Und hier entwickelte ich mich auch fachlich weiter. Die Leiden der Schwangeren und Mütter standen immer stärker in meinem Fokus. Regelmäßig landeten Frauen auf meinem OP-Tisch, die unter einer sogenannten Geburtsfistel litten. Ein schlimmes Leiden, das mit unkontrolliertem und permanentem Urinverlust einhergeht, zumeist verursacht durch Todgeburten, zu denen es kommt, weil kein Kaiserschnitt durchgeführt wird. Die Frauen mussten unbeschreibliche Qualen erlitten haben, bis das tote Kind auf *natürlichem* Wege – weil der Schädel schließlich weicher wurde – endlich durch das viel zu schmale Becken gepresst werden konnte. Das alles fand oft in entlegenen Gebieten im *Busch* statt, wo es keine ärztliche Versorgung gab. Dabei wurde nicht selten der Unterleib derart stark verletzt, dass unentwegt Urin in die Scheide abfloss. Ohne eine rettende Operation würde dies bis zum Lebensende andauern. Ich versuchte, den Frauen, die unter der VVF, der vesikovaginalen Fistel, litten, zu helfen, so gut ich es eben konnte. Es ist kein einfaches Unterfangen, die unnatürliche Öffnung zwischen Scheide und Harnröhre zu schließen, aber ich wurde immer erfolgreicher darin.

In den folgenden Jahren unterstützte die tansanische Regierung ein Gesundheitsprogramm für die Schwangerenversorgung, sogenannte mobile Mutter-Kind-Kliniken, und sie finanzierte Impfstoffe und sogenannte *Road-to-Health*-Karten, die von der Weltgesundheitsbehörde (WHO) entwickelt worden waren. Ich war erfreut über diesen Vorstoß und war sofort dabei. In einigen Ortschaften gab es bereits eine *Dispensary*, eine kleine Gesundheitsstation, in der Schwangerenvorsorge sowie Impfungen gegen Masern, Diphtherie, Tetanus und Tbc angeboten wurden, außerdem wurden Wunden verbunden, einfache Malaria behandelt und ans Krankenhaus überwiesen. Die Dispensaries in unserem Einzugsbereich gehörten zur katholischen Kirche. Sr. Regia und ich übernahmen die Supervision dieser kleinen Stationen und erschienen einmal im Monat mit dem Land Rover der Pfarrei. Oft trafen wir uns mit den Frauen in einer Kapelle oder an einem anderen geeigneten Ort, der ein wenig Sichtschutz gab. Die Waage für die Kleinkinder wurde in einen Baum gehängt und das Gewicht notiert, Schwangere wurden untersucht, um mögliche Komplikationen zu erkennen und die werdenden Mütter gegebenenfalls im Hospital aufzunehmen.

*

Mehrmals war mir von unserer Generalpriorin in Rom, Sr. Gertrud Link, angeboten worden, eine Facharztausbildung zu machen. In regelmäßigen Abständen kam sie zu Visitationen nach Afrika und führte persönliche Gespräche mit jeder Schwester und selbstverständlich auch mit der Priorin und den Oberen. Mitte der Siebzigerjahre sprach Mutter Gertrud mich direkt auf eine Facharztausbildung an.

»Sr. Raphaela, ich sehe, wie eingebunden und fleißig Sie sind. Für die Kranken in der Klinik haben Sie schon so viel Gutes getan. Sr. Regia sagte mir, Sie seien eine talentierte Chirurgin. Möchten Sie sich nicht in Deutschland zur Fachärztin ausbilden lassen?«

»Ja, eines Tages möchte ich das sicher gern, aber vorher würde ich lieber noch einige Zeit hier arbeiten und alle Bereiche der Medizin besser kennenlernen. Ich habe noch viel zu lernen, besonders im Bereich der Kinderkrankheiten, der Gynäkologie und der spezifischen Krankheiten von Männern.«

»Geben Sie mir Bescheid, wenn Sie sich entschieden haben. Dann wird die Kongregation die notwendigen Schritte in die Wege leiten«, sagte Mutter Gertrud.

Als es dann so weit war, entschied ich mich für die Gynäkologie, denn mir ging es vornehmlich um die Frauen. Sie zu unterstützen bekam oberste Priorität. In Tansania hatte ich wunderbare und starke Frauen kennengelernt, die leider allzu oft unter unzähligen Geburten und damit einhergehenden Beschwerden litten. Ihnen musste zumindest auf medizinischem Gebiet besser geholfen werden. Die Auflagen für eine Facharztausbildung erforderten eine genaue Planung, damit ich möglichst lange in Tansania bleiben konnte und nur die absolut notwendige Zeit in Deutschland verbringen musste. Neben einem klar definierten Operationskatalog waren drei Praxisjahre unter einem anerkannten Gynäkologen notwendig. Im Südwesten Tansanias praktizierte Sr. Dr. Christiane Spannheimer, eine ehemalige Oberärztin und Gynäkologin aus Würzburg. Ich fragte in Deutschland an, ob mir ein Jahr bei ihr für die Facharztausbildung anerkannt würde und ob alle durchgeführten Operationen für den Katalog verwertbar wären. Als die positive Antwort der Ärztekammer kam, ging ich 1977 nach Litembo, einer Bergregion, die auch die *Schweiz Afrikas* genannt wird. Das dortige Klima bekam mir ausgesprochen gut, im Vergleich zu Nyangao ließ es sich hier wunderbar durchatmen. Bei Sr. Christiane lernte ich viel Neues und sie ließ mich umfangreiche praktische Erfahrungen machen, für die man in Deutschland bereits Facharzt sein musste.

Sr. Dr. Ute Suffel vom Orden der *Barmherzigen Schwestern* aus Würzburg übernahm derweil in Nyangao meine Aufgaben und leitete in gewisser Weise die Klinik. Nach zwölf Monaten in Litembo flog ich zum ersten Mal nach mehreren Jahren wieder nach Deutschland.

Fachärztin werden – trotz aller Hindernisse (1978–1980)

Die vielen weißen Gesichter und die Hektik irritierten mich. Es dauerte eine Weile, bis ich mich halbwegs angekommen fühlte. Im Marienkrankenhaus in Stuttgart wartete nicht nur ein Platz für eine Facharztausbildung auf mich, sondern sogar eine bezahlte Vollzeitstelle.

Die Abläufe im Krankenhausalltag bedeuteten für mich eine extreme Umstellung. Während ich eigenständiges Entscheiden und Arbeiten gewohnt war, fand ich mich hier in der Rolle einer Assistenzärztin – unter vielen anderen – wieder und versuchte, mich in ein hochmodernes Krankenhaussystem einzufügen. Ständig musste ich nachfragen und auf Anordnungen warten.

In Afrika hatte ich Operationen durchgeführt, die im Marienkrankenhaus nur der Chefarzt machte. Hier war ich die Assistenzärztin Dr. Händler und musste auf deutsche Art funktionieren. Der Druck war enorm und mir fehlte Afrika. Die krasse Umstellung schlug mir auf die Gesundheit. Als mich ein depressiver Schub überkam, wie ich ihn in dieser Intensität seit Jahren nicht mehr erlebt hatte, dachte ich zunächst an einen Malaria-Anfall, weil diese Krankheit mit starken Stimmungsschwankungen und Schwermut einhergehen kann. Schließlich nahm ich mir Blut ab und fürchtete mich vor dem Ergebnis: Es war schlimmer denn je! Ich ging sofort zum Oberarzt und erzählte ihm von meiner Lebervorerkrankung. Mittlerweile waren fast acht Jahre vergangen, ohne dass ich jemals behandelt worden wäre und ohne dass mich Beschwerden ernsthaft aus der Bahn geworfen hätten.

»Ich kann doch jetzt nicht wegen Krankheit ausfallen, ich habe doch grad erst angefangen. Es tut mir so unglaublich leid. Jetzt haben Sie mir sogar eine bezahlte Stelle zur Verfügung gestellt, obwohl keine Planstelle frei ist«, sagte ich und war den Tränen nahe.

»Anders geht es nun mal nicht. Wenn Sie krank sind, Dr. Händler, dann müssen Sie sich schonen und behandeln lassen, um wieder gesund zu werden«, sagte der Oberarzt und ich war erleichtert über sein Verständnis.

Ich lag im Krankenbett und spürte, wie meine Psyche von Tag zu Tag labiler wurde. Es brauchte nicht viel, um mich zum Weinen zu bringen. Nachdem meine Leber punktiert war, offenbarte die Gewebeprobe eine erschütternde Diagnose: Leberzirrhose! Vor meinem inneren Auge lief ein Film ab, ich sah mich schon mit Aszites, einem dicken Wasserbauch, auf dem Sterbebett liegen. Schwarz auf weiß stand es auf dem Papier: Leberzirrhose! Das Wort wurde zu einem Albtraum für mich. Zehn Jahre nach meiner Infektion war die Medizin nun auch in der Lage, eine Gelbsucht genauer zu diagnostizieren. Ich musste mich bereits 1969 mit einer Hepatitis A und B infiziert haben, für die es auch jetzt keine spezifische Behandlung gab. Ich schonte mich, so weit ich konnte, und erfüllte meine Pflichten als angehende Facharztin, so gut es eben ging.

Auch wenn ich körperlich angeschlagen war, so erfüllte sich doch mein Traum: noch vor meinem 40. Geburtstag hatte ich meinen Facharztbrief in der Tasche. Sämtliche Kolleginnen und Kollegen waren natürlich jünger, aber sie waren ja auch nicht Jahre in *Urwaldkrankenhäusern* gewesen. Ende Februar 1980 feierte ich meinen Vierzigsten und war Gynäkologin. Ein sehr tiefes Ausatmen ging durch meinen Körper und durch meine Seele.

Und dann folgte das große Einkaufen! Mir standen zwei Jahresgehälter einer Assistenzärztin zur Verfügung. Mein Gehalt war monatlich auf das Konto der Missions-Benediktinerinnen überwiesen worden. Mehr als ein kleines Taschengeld hatte ich nie in den Händen gehabt. Ich konnte aus dem Vollen schöpfen und kaufte medizinische Geräte für Nyangao. Schon jetzt sah ich unser erstes Ultraschallgerät im St. Walburg's Hospital stehen und malte mir aus, wie hilfreich es für unsere Diagnosen war. Auf dem Einkaufszettel standen unzählige chirurgische Instrumente für den Operationssaal und natürlich ein OP-Tisch inklusive entsprechender Beleuchtung. Ich kaufte Sterilisationsgeräte und stöberte in Fachkatalogen. Was immer mir nützlich und praktikabel erschien, kam auf meine Liste.

Eines Tages wurde ein Container gepackt und es blieb trotzdem noch ausreichend Geld auf dem Konto für spätere Einkäufe. Ich träumte von einem Anbau oder sogar Neubau, aber noch hatte ich keinen blassen Schimmer, wie das in der Realität umsetzbar sein sollte.

Tansania (1980–1994)

Gesundheit für alle

Nach einem längeren Urlaub war ich wieder in Nyangao und leitete nun als Chefärztin das St. Walburg's Hospital. Sr. Regia musste sich aufgrund ihres schlechten Gesundheitszustands fast gänzlich aus der Klinik zurückziehen. Sie war nun im Konvent aktiv, wo sie die Küche unter sich hatte. Dort durften alle Bedürftigen gern an ihre Tür klopfen und wurden mit Zuwendung bedacht. An der schwierigen Situation im Krankenhaus hatte sich nicht viel geändert. Inzwischen waren jedoch die ersten tansanischen Ärzte in Dar-es-Salam ausgebildet worden, und ich versuchte, einige von ihnen anzuwerben. Es war kein leichtes Unterfangen, in Dar entsprechende Kontakte zu knüpfen und die Absolventen zu uns einzuladen. (Die Stadt wurde häufig nur »Dar« genannt oder gar mit »DSM« abgekürzt.) Wir waren doch nur ein *Buschkrankenhaus*, aber nun immerhin mit einer deutschen Fachärztin, von der man etwas lernen konnte. Ich ging sogar in Wohnheime und sprach angehende Ärzte an. Solche *Exkursionen* in die Hauptstadt musste ich mehrmals unternehmen, bis der eine oder andere Arzt gefunden war.

Einer dieser Ärzte war Moses, der Sohn eines sogenannten *Dresser*, eines Krankenpflegers, der von Sr. Thekla vor vielen Jahrzehnten ausgebildet worden war. Als *Dresser* hatte Moses' Vater gelernt, Wunden fachmännisch zu verbinden, *to dress wounds*. Moses' Schwester Lumen arbeitete ebenfalls als Krankenschwester und Hebamme im Krankenhaus, und auch ihre Mutter Maria war in unserem Krankenhaus geschult worden. Moses war der erste ausgebildete Arzt aus Nyangao und zu Recht sehr stolz darauf. Wir beide arbeiteten mehrere Jahre zusammen, zeitweise waren wir die einzigen ausgebildeten Mediziner vor Ort. Wir wechselten uns mit den Nachtdiensten und Sonntagsdiensten ab, wie es in einem Krankenhaus üblich ist. Eines Nachts wurde ich wegen eines Notfalls aus dem Bett geklingelt, obwohl ich keinen Dienst hatte. Moses war nicht aufzutreiben.

Als er am nächsten Tag pünktlich um acht Uhr zum Dienst erschien, platzte mir beinah der Kragen. Umso erstaunter war ich, als ich von ihm den Grund für sein Verschwinden erfuhr.

»Doktor Raphaela, ich leide unter inneren Unruhezuständen und höre Stimmen. Das ist schlimm. Ich musste zum *Mganga*.«

»Wie bitte?« Ich traute meinen Ohren kaum. Hier stand ein ausgebildeter Mediziner vor mir, der bei inneren Unruhezuständen an *Verwünschungen* glaubte und einen *Mganga*, einen traditionellen Heiler, aufsuchte. Dass er diese Besuche auch während seines Nachtdienstes unternahm, schien bei ihm keinerlei Schuldbewusstsein zu wecken.

»Moses, Verwünschungen und Besuche beim *Mganga* hin oder her, du kannst machen und glauben, was du willst, aber während deiner Dienstzeit musst du vor Ort sein«, ermahnte ich ihn.

»Aber Doktor Raphaela, du weißt nicht, wie schlimm es ist, wenn man mit Dämonen zu kämpfen hat. Das ist eine ernste Sache! Da musste ich zum *Mganga* und auf seinen Rat hören. Er hat verlangt, dass ich die ganze Nacht bei ihm bleibe.«

»Aber nicht während der Dienstzeit! Gott sei Dank war ich erreichbar, als der Notfall eintrat.«

Mich beschäftigte dieser Vorfall noch lange, weil er mir zeigte, dass selbst ein ausgebildeter Akademiker nicht automatisch den Glauben an Geister verliert.

*

Auf der Konferenz der Weltgesundheitsorganisation (WHO) 1978 in Alma Ata in Kasachstan war ein neues Konzept zur Gesundheitsversorgung entwickelt worden, das meine Arbeit maßgeblich veränderte. An der Konferenz hatten Delegierte aus über 130 Ländern teilgenommen und der Slogan *Health for All, Gesundheit für alle,* wurde begeistert aufgenommen und durch eine Deklaration in alle Welt verbreitet. Es dauerte einige Zeit, bis erste Maßnahmen der WHO in den Achtzigerjahren auch bei uns, in den abgelegenen Gebieten Afrikas, umgesetzt wurden. Eines Tages wurde ich durch die *African Medical and Research Foundation* (AMREF) zu einem Seminar nach Masasi eingeladen, einem kleinen Ort, den man von Nyangao aus bei guten Wetterbedingungen in wenigen Stunden erreichen kann. Das Interesse am Seminar war groß und viele wollten wissen, was es mit der neuen Initiative und dem Konzept der *Primary Health Care* (PHC) auf sich hatte. Außer mir waren nur noch ein oder zwei andere Europäer anwesend. Der Seminarleiter, Dr. Matomora, verstand es ausgezeichnet, uns für das neue Konzept zu begeistern: »*Die Menschen müssen selber Verantwortung übernehmen für ihre Gesundheit*«, sagte er und stellte uns sogleich den ersten Paragrafen der Deklaration vor:

»*Gesundheit, ein Zustand vollständigen körperlichen, seelischen und sozialen Wohlbefindens und nicht nur die Abwesenheit von Krankheit, ist ein fundamentales Menschenrecht. Das Erreichen des höchstmöglichen Niveaus von Gesundheit ist eines der wichtigsten sozialen Ziele weltweit, dessen Realisierung den Einsatz von vielen anderen sozialen und wirtschaftlichen Sektoren und nicht allein denen des Gesundheitswesens erfordert.*«

Noch konnte ich nicht ahnen, dass mit der Teilnahme an jenem Seminar die schönste Zeit meines Lebens mit meinem Lieblingsprojekt eingeläutet wurde: *Ein Hospital geht in die Dörfer!*

Das Konzept sah vor, in Zusammenarbeit mit Dorfvorstehern kleine Gesundheitsstationen zu errichten und Freiwillige auszubilden. Der Ansatz leuchtete mir sofort ein und begeisterte mich, denn schließlich kannte ich die täglichen Patientenströme, die mit den immer gleichen Problemen von weit her zu uns in die Klinik kamen. Ich meldete mich sofort bei Dr. Matomora, um mehr zu erfahren.

Es folgten mehrere ein- bis zweiwöchige Workshops in verschiedenen Teilen Tansanias, um das Konzept zu erläutern und Umsetzungen zu planen. Bei diesen Treffen war ich immer die einzige Nicht-Tansanierin, und jedes Mal fuhr ich mit der bangen Frage los, ob ich mich wohl in die Gemeinschaft der anderen Teilnehmer würde einfügen können. Die Unterkünfte und die Verpflegung waren sehr einfach, ganz so, wie es die Menschen in den allermeisten tansanischen Dörfern gewohnt sind, ohne Wasserversorgung und ohne Elektrizität. Anfangs quälten mich Bedenken, als Weiße und als Ordensfrau nicht akzeptiert zu werden, und so machte es mich umso glücklicher, als ich vorbehaltlos aufgenommen wurde. Man behandelte mich ganz genauso wie alle anderen, auch bei den *Feldversuchen* in den Dörfern, wo wir unser neues Wissen erprobten.

Das PHC-Konzept sprach mir in vielen Aspekten aus der Seele, manches hingegen war mir unbekannt und eröffnete mir neue Perspektiven. Ich brannte darauf, das neue Konzept der Basisgesundheitsversorgung durch unser Hospital umzusetzen. Ich stellte mir vor, wie wir problemlos bei den mobilen Mutter-Kind-Kliniken und den Dispensaries ansetzten. Eine der zentralen Botschaften des Programms an die Dorfbevölkerung lautete: *Ihr seid selber für eure Gesundheit verantwortlich!* Gleichzeitig mussten wir *Professionelle* unseren Beitrag leisten. *Wir bieten euch Schulungen an, wenn ihr die geeigneten Dorfhelfer für diese Schulungen auswählt,* lautete ein erster Programmpunkt, den wir in die Dörfer trugen.

Zunächst tauschte ich mich mit unserem Krankenpfleger Celestin und der Krankenschwester Salvina über die neuen Ideen aus. Sie waren ebenso begeistert wie ich, und gemeinsam wählten wir Dörfer aus, in denen wir mit der primären Gesundheitspflege ansetzen konnten.

Bald waren freiwillige Helfer gefunden, die wir in unserer Klinik schulten. Dabei ging es um Hygiene, Maßnahmen gegen die allgegenwärtige Malaria, Früherkennung bestimmter Krankheiten und Notfallversorgung bei Schlangenbissen, Unfällen und Ähnlichem. Der Bau von Latrinen war anfangs ein entscheidender Ansatzpunkt. Außerdem erklärten wir den Menschen, wie sich bestimmte Krankheiten vermeiden ließen. Immer wieder fuhren wir von Dorf zu Dorf, sprachen mit den Dorfvorstehern und bekamen im nächsten Schritt einen besseren Zugang zu den Dorfhebammen. Bald hatten wir eine Handvoll Teams geschult.

*

Sobald ich unseren Konvent und das Krankenhaus verließ, wickelte ich mir ein buntes Hüfttuch über mein graues Ordenskleid und fühlte mich dadurch weniger fremd, zumindest in Bezug auf die Kleidung. Unsere Teams gingen regelmäßig hinaus, aber nur samstags konnte ich sie begleiten, nachdem meine Visite an den Krankenbetten abgeschlossen war. Dann machte ich mich auf in eine andere Welt, in der ich zunächst einmal meine Uhr vergessen musste, auf die ich trotzdem wieder und wieder schaute. Ich war die Einzige, die dort draußen die Zeit mit der Uhr maß – bei allen anderen ging es nach dem Sonnensystem. Meistens waren wir zu den Treffen in den verschiedenen Dörfern verabredet, wenn die Sonne im Zenit stand, oder zumindest annähernd um diese Zeit. Das Warten machte niemandem etwas aus, nur mir, die ich mit westlicher Eile kam und meine Aufgaben zügig erledigen wollte. Aber ich lernte. Wenn alles besprochen, geplant und getan war, saßen wir im Kreis auf dem Boden und aßen gemeinsam aus einer großen Schüssel, was man im jeweiligen Dorf für uns gekocht hatte. In solchen Momenten war ich glücklich, denn da war ich eine von ihnen – auf derselben Ebene, unten auf dem Boden sitzend.

Damals dachte ich noch, es wäre das Beste, wenn alle Schwangeren zum Entbinden in die Klinik kämen, denn dort *draußen* lauerten zu viele Gefahren. Ich versuchte sogar, die werdenden Mütter anzulocken, indem die Entbindung kostenlos war und sie bei der Entlassung ein kleines Hilfspaket für das Neugeborene ausgehändigt bekamen. Doch dieser Plan ging nicht auf. Die meisten Frauen entbanden weiterhin zu Hause unter teilweise schwierigen Bedingungen. Unzählige Male mussten wir Frauen behandeln, die viel zu spät und mit schweren Komplikationen zu uns kamen, wenn sie es denn überhaupt noch rechtzeitig schafften. Wenn ich die Patientinnen fragte, wem sie sich in ihren Dörfern anvertrauten und wer ihnen normalerweise bei schweren Geburten zur Seite stand, dann war die Antwort immer dieselbe: eine von den *weisen* Frauen, die gleichzeitig Dorfhebammen waren.

»Wenn die Schwangeren nicht zu uns kommen – aus welchen Gründen auch immer –, dann müssen wir noch stärker zu ihnen in die Dörfer gehen oder zumindest müssen mehr Kenntnisse über

Schwangerenversorgung dorthin getragen werden. Wir sollten versuchen, die Dorfhebammen besser kennenzulernen und mit ihnen zusammenzuarbeiten«, schlug ich meinem Team bei nächster Gelegenheit vor, und Celestin und Salvina waren der gleichen Meinung. Gemeinsam entwickelten wir ein Konzept, das weit über das staatlich konzipierte PHC hinausging. Unser Ansatz basierte auf den jahrelangen Erfahrungen mit werdenden Müttern im Hospital und in den Dispensaries, den Arzneiausgaben und den mobilen Mutter-Kind-Kliniken. So entstand schließlich unser TBA-Programm, unser *Traditional-Birth-Assistants-Programme*.

Das St. Walburg's Hospital lud Dorfhebammen zu Fortbildungen ein! Und sie kamen tatsächlich. Es war beeindruckend, diese Frauen im Unterricht zu erleben. Sie waren mit Eifer bei der Sache und ich versuchte, möglichst häufig dabei zu sein, wenn mich nicht grad ein medizinischer Notfall davon abhielt. Die Frauen lernten, die Lage des Babys zu ertasten, Herztöne zu hören und nach Risikofaktoren zu forschen, die eine Klinikgeburt notwendig machten. Außerdem klärten wir über Hygienemaßnahmen auf. Dabei benutzten wir einfachste Mittel, um den Geburtsvorgang und mögliche Eingriffe bei Problemgeburten zu verdeutlichen. Nicht selten wurden Rollenspiele durchgeführt, bei denen Puppen und präparierte Pappkartons als Hilfsmittel der Anschaulichkeit dienten. Zum Abschluss solcher Treffen erhielt jede Teilnehmerin ein Geburtshilfeset mit einem hölzernen Stethoskop, einer Schere, Einmalhandschuhen, einer Plastikschürze, Bändchen zum Abbinden der Nabelschnur und anderen Hilfsmitteln. Bevor die Frauen zurück in ihre Dörfer mussten, gab es ein kleines Fest, bei dem wir zusammen aßen, sangen und tanzten, wie es in Tansania üblich ist.

St. Walburg's wächst

Unser Krankenhaus platzte aus allen Nähten. Die 75 Betten, die noch aus der Zeit Sr. Theklas stammten, waren fast durchgängig zu 150 Prozent oder mehr belegt. Der Platz reichte vorn und hinten nicht aus. Das winzige Geburtszimmer und das Labor in der Größe einer Abstellkammer waren drei Nummern zu klein. Seitdem die Asphaltstraße von der Küste über Nyangao bis nach Masasi gebaut worden war, kamen noch mehr Patienten zu uns. Es musste dringend etwas passieren, die Zustände waren nicht mehr tragbar.

In einer Prioratssitzung in Ndanda konfrontierte ich meine Mitschwestern und bei einer Sitzung der Diözese einige Verantwortliche mit der Realität.

»Entweder das Hospital wird dramatisch heruntergefahren, läuft irgendwann aus, wird geschlossen und wir schicken die Patienten nach Ndanda, das ja durch den Straßenausbau viel näher gekommen ist, oder wir bauen ein neues Krankenhaus«, sagte ich unverblümt und schaute in fragende Gesichter. Mehr als vage Pläne konnte ich ihnen auch nicht vorlegen.

»Das Gelände vor dem Krankenhaus ist nach meiner Einschätzung bestens geeignet für einen Neubau. Es ist weitgehend eben und gehört der Pfarrei. Land ist also genug vorhanden.«

»Und wer soll den Bau bezahlen?«, lautete die erste Frage.

»Das weiß ich auch nicht, und es wird sicher keine einfache Aufgabe sein, einen Geldgeber zu finden. Infrage kommt sicherlich Misereor, wer sonst? Die Regierung brauchen wir gar nicht erst zu fragen. Vom Gesundheitsministerium bekommen wir keinen Shilling. Eine Entscheidung können wir sicher hier und heute nicht treffen, aber eines ist klar: So kann es nicht weitergehen«, sagte ich.

Wir vereinbarten, dass ich entsprechende Kontakte zu potenziellen Geldgebern aufnehmen würde.

Es dauerte nicht lange, bis Misereor aus Deutschland mit einem Team zur *Begutachtung* kam. Das Fazit fiel eindeutig aus: Keinesfalls schließen, sondern einen Krankenhausneubau in Angriff nehmen. Für die Umsetzung war die Diözese zuständig. Für den ersten Bauabschnitt wurden uns Pläne eines deutschen Architekten vorgestellt. Die Diözese mischte kräftig mit, insbesondere Pater Witmar, der an beinah sämtlichen Bauten in der Gegend als Baumeister und Bauleiter beteiligt war. Ohnehin hatten benediktinische Mönche wunderbare Bauten errichtet, wie die Kirche in Ndanda und die Abtei. Robuste, zweckmäßige und schöne Gebäude. Mir machte es Freude, meine Wünsche einzubringen und das neue Krankenhaus für 220

Betten wachsen zu sehen. Dieses Projekt – in seinen verschiedenen Abschnitten – sollte uns über ein Jahrzehnt lang beschäftigen. Oft fehlte es an Baumaterial, sodass wir sogar Zement aus Deutschland ordern mussten, mal fehlte es an Stahl und meistens an Geld. Das wirtschaftliche und politische Auf und Ab im Land machte uns immer wieder einen Strich durch die Rechnung.

Wie gut, dass ich noch einen Großteil meines Gehaltes aus dem Marienkrankenhaus auf dem Konto hatte. Davon stattete ich in den Achtzigerjahren den ersten neuen Operationsraum aus.

Zur Eröffnung jedes einzelnen Bauabschnitts gab es ein großes Fest.

*

Wir brauchten dringend weitere Ärzte. Als ich auf die *Arbeitsgemeinschaft für Entwicklungshilfe*, die AGEH, aufmerksam wurde, machte ich mir Hoffnung. Dabei handelt es sich um den Personaldienst der deutschen Katholiken für Entwicklungszusammenarbeit. Die AGEH bereitet Ärzte zwar kostenlos auf ihren Einsatz im Ausland vor, zahlt aber keine Löhne. Woher sollten wir das Geld für einen deutschen Arzt nehmen? Anfangs sprang Misereor ein, aber es gab immer wieder Probleme mit der Finanzierung. Immerhin bekamen wir eine gewisse Unterstützung und zeitlich befristet arbeitende Ärzte und einmal sogar eine Laborantin. AGEH-Verträge laufen zumeist über drei Jahre und schließen Ehepartner und Kinder mit ein.

In den folgenden Jahren geriet vieles in Bewegung, und so entwickelte sich sogar eine Zusammenarbeit mit einer evangelischen Freikirche aus dem Wuppertaler Raum, die in Mbesa ein Hospital betrieb. Der Ort in Südtansania war wesentlich abgelegener als Nyangao. Mitarbeiter aus Mbesa fragten an, ob ihre Ärzte nicht bei mir hospitieren könnten. Trotz der damals noch weitverbreiteten Schranken zwischen den Konfessionen war ich gern bereit dazu. Daraus entwickelte sich eine gute Zusammenarbeit, die bis heute anhält.

Aber erst als der *Deutsche Entwicklungsdienst*, der DED, bei uns anfragte, ob wir nicht junge deutsche Ärzte zum Hospitieren in unser Krankenhaus aufnehmen könnten, kam frischer Wind herein. Um ausländische Ärzte einsetzen zu können, mussten wir zumindest eine gewisse Infrastruktur bereithalten und bauten daher zwei einfache Arzthäuser, die über Wasser und Strom verfügten. Ein kleiner Luxus! Der DED hatte gegenüber der AGEH den entscheidenden Vorteil, dass die Löhne durch ein deutsches Ministerium finanziert wurden. Ärzte, die über den DED kamen, blieben mindestens zwei Jahre und brachten ihre Familien mit. Leider gab es von Seiten des Entwicklungsdienstes, zumindest zu Beginn unserer Zusammenarbeit, starke Vorbehalte gegen ein katholisches Krankenhaus. Die Mitarbeiter schienen sich eher mit dem sozialistischen Vorhaben des Staatspräsidenten Nyerere zu identifizieren. Es war zunächst ein eher angespanntes Verhältnis. Für mich stand die Versorgung unserer Patienten an allererster Stelle und ich war froh, wenn wir ausreichend Medikamente und sonstiges medizinisches Material zur Verfügung hatten – zum überwiegenden Teil aus kirchlichen Spenden finanziert. Gleichzeitig bedauerte ich den gravierenden Mangel in den staatlichen Hospitälern. Mir ging es nie darum, *katholische* Ärzte über den DED anzuwerben, aber es war mir wichtig, dass sie sich wenigstens mit einem katholischen Krankenhaus identifizieren konnten. Ich war heilfroh, als sich das Verhältnis später normalisierte und unser Krankenhaus viel besser mit dem DED zusammenarbeiten konnte.

Leider handelte es sich bei diesen Ärzten zumeist um junge und unerfahrene Kräfte, die nicht mal einen Kaiserschnitt vornehmen konnten, was eine unserer wichtigsten Operationen war. Ein relevanter Anteil tansanischer Frauen litt unter einem verengten Becken, was entsprechend häufig Komplikationen bei Geburten verursachte. Ich vermutete den Grund dafür im ständigen Tragen von schweren Lasten, was Mädchen hier schon in jungen Jahren machten. In Kombination mit mangelhafter Ernährung und daraus resultierenden weicheren Knochen konnte das durchaus die Becken der Frauen einknicken lassen und zu Verengungen führen. Ein wahrer Teufelskreis. Durch das neue Personal vom DED erfuhr ich nun auch detaillierter, wie es in tansanischen Distrikt-Krankenhäusern zuging, und war entsetzt über die noch schlechtere Versorgungslage. Tansania hatte in vieler Hinsicht gravierende Probleme, die seit der Unabhängigkeit von Großbritannien 1961 bewältigt werden mussten.

*

Je mehr ich mich mit dem Basisgesundheitskonzept und den Menschen außerhalb des Hospitals befasste, desto mehr veränderte sich meine Sicht auf das Krankenhaus und auf unser Leben als weiße Missionarinnen. Ich sah die Welt nicht mehr nur aus der Perspektive einer Missionsärztin, die innerhalb ihrer Mauern aktiv ist und zu der die Menschen in großer Not an die Türschwelle kommen, weil sie wissen, dass ihnen dort mit aller Kraft und allen Mitteln geholfen wird. Ich versuchte, das Krankenhaus und unser Kloster mit den Augen der Bevölkerung, also von außen her, zu betrachten. Immer besser begriff ich, was es die Menschen kostete, überhaupt zu uns zu kommen, wie schwierig das alles war, die weiten Wege, die entkräfteten Körper, die kleinen Kinder. Wie sollten sie es verstehen können, wenn wir immer wieder mit ihnen schimpften: *Warum kommt ihr denn erst in letzter Minute zu uns ins Hospital, erst dann, wenn es zu spät ist?*

Wie schwer musste es für diese Menschen am Abend sein, wenn sie unsere hell erleuchteten Räume sahen, während sie selbst in der dunklen tropischen Nacht nur Kerosinfunzeln besaßen. Nach dem Basisgesundheitskonzept der WHO bestand eines der globalen Ziele in der Versorgung aller Menschen mit sauberem Trinkwasser. Doch wie weit waren wir in Tansania davon entfernt! Angesichts der vielen schweren Erkrankungen durch verunreinigtes Wasser schien dies ein ferner Traum zu sein. Wir im Kloster und Hospital hingegen mussten nur den Wasserhahn aufdrehen. Und wir hatten auch immer genug zu essen und mussten uns nie die bangen Fragen stellen: Gibt es heute Mehl? Haben wir noch Öl?

Gelegentlich überkam mich beim gemeinsamen Essen im Refektorium ein schlechtes Gewissen, dabei wusste ich doch genau, dass alle Schwestern Tag für Tag und oft auch Nacht für Nacht hart arbeiteten und gut ernährt sein mussten, um den Leuten wirksam zu helfen. Aber nichtsdestotrotz fiel es mir schwer, die Armut der anderen zu ertragen, während wir selbst genug Wasser, Essen und Strom hatten. Ich fühlte mich hilflos, auch wenn nie ein Tansanier zu mir kam und über die Ungleichheit klagte.

Nach und nach kam die Umsetzung der neuen Ideen voran und wir sahen erste Erfolge, insbesondere in der Mutter-Kind-Gesundheitsvorsorge. Wir führten systematische Untersuchungen ein, bei denen das Gewicht der Kleinkinder auf farbig markierten Blättern festgehalten wurde. So war im Nu ersichtlich, ob sich die ermittelte Kiloangabe entsprechend zum Alter im grünen oder schon im roten, also gefährlichen Farbfeld befand. Aufgrund dieser *Road-to-Health*-Karten, die von der WHO gestiftet waren, konnte schnell reagiert werden und die Mütter und Kinder wurden bei Bedarf im Krankenhaus aufgenommen. Diese Karten steckten in Plastikhüllen und wurden in den meisten Fällen gewissenhaft von den Müttern verwaltet. Im Hospital führten unsere Gesundheitshelfer neben dem Aufpäppeln der Kleinen vor allem eine Ernährungsberatung mit Kochhinweisen für die Mütter durch. Impfkampagnen brachten weitere Erfolge. Mama Salvina, wie alle sie nannten, hatte sich inzwischen zu einer professionellen Ernährungsberaterin entwickelt. Bald gab es kaum noch eine werdende Mutter, die nicht mindestens einmal vor der Geburt in Kontakt mit einem Gesundheitshelfer gestanden hatte.

In mir keimten ein neues Verständnis und eine neue Liebe auf zu den Menschen an der Basis der tansanischen Gesellschaft mit ihren vielen Freuden und Leiden. Eine Erfahrung fehlte mir jedoch noch, um noch tiefer einzutauchen in die andere Kultur und um mich selbst zu testen: Einmal als einzige Europäerin fernab von unserem Konvent das normale Leben der Menschen »da draußen« zu teilen.

Unterm Sternenhimmel

Dieses Vorhaben forderte mich auf eine ungewohnte Art heraus und ich überlegte, wo und bei wem ich diese Erfahrung machen könnte. Und dann war es plötzlich klar, Subira Alto, die traditionelle

Dorfhebamme in Chiwerere, wird die Richtige sein! Sie wird sich auf so etwas einlassen können. Ich hatte Subira Alto als starke und selbstbewusste Frau kennengelernt, die seit vielen Jahren anderen Frauen in ihrer schweren Stunde beistand. In unseren Fortbildungsseminaren, den *Traditional Birth Assistants Seminars,* war sie eine lebhafte und kluge Teilnehmerin gewesen. Ihr Dorf lag etwa 15 Kilometer von Nyangao entfernt, eine Strecke, die von den Bewohnern immer zu Fuß über einen Trampelpfad zurückgelegt wurde. Unterwegs musste man sogar einen Fluss durchqueren. Motorisiert kam man nur mit einem Geländewagen dorthin, was unser Pfarrer regelmäßig tat, um das Dorf zu besuchen. Ja, das ist ein guter Plan, ging es mir durch den Kopf. So schnell wie möglich wollte ich mein Vorhaben umsetzen.

»Subira, kannst du mir einen Wunsch erfüllen?«, fragte ich die Hebamme, sobald ich sie in Nyangao sah.

»Ja, was wünschst du dir denn?«

»Ich möchte so gerne einmal bei dir in der Hütte übernachten und einen ganzen Tag mit dir verbringen.«

»Was sagst du da? Aber warum denn das? Du wirst es nicht können und es wird dir auch nicht gefallen. Ich wohne in einer einfachen Hütte mit nur einem Raum.«

»Das ist es ja, was ich kennenlernen möchte. Nun bin ich schon so lange in Nyangao und habe noch nie in Chiwerere oder einem anderen Ort hier in der Nähe einen ganzen Tag verbracht und in einer Hütte übernachtet. Ich möchte sehen, wie ihr lebt, du und deine Nachbarn, und was ihr am Abend macht.«

Subira lachte, aber schließlich stimmte sie zu. Einige Tage später brachte mich der Pfarrer nach Chiwerere und ließ mich dort allein zurück. Einige Kinder kamen angelaufen, als sie das Auto wegfahren und mich allein im aufgewirbelten Staub stehen sahen. »*Mama Daktari, Mama Daktari!*«, riefen sie und ich erkannte einige der Gesichter wieder.

Sie brachten mich zu Subira, die gerade auf dem Acker neben ihrer Hütte Mais pflanzte. Die Hebamme kam lachend auf mich zu.

»Du hast wohl nicht geglaubt, dass ich komme?«, fragte ich sie und reichte ihr im nächsten Moment mein Geschenk.

»*Asante*, danke, wie wunderbar, Dr. Raphaela«, sagte Subira und schaute in den kleinen Sack mit dem Kilo Zucker, eine Kostbarkeit, mit der man hier jedem eine große Freude machen kann.

Subiras Hütte bestand aus einem mit Lehm verputzten Gerüst dünner Stämme und Äste, das Dach war mit getrocknetem Schilfgras gedeckt. Sie bat mich hinein, damit ich meine Tasche loswurde. An vielen Stellen konnte man durch die Wände schauen, und bei einem Blick nach oben ließ sich hier und da auch ein Stück des Himmels sehen. Ich schaute mich ein wenig um. In einer Ecke stand ein Bett, nicht viel mehr als ein schlichter Holzrahmen, der mit geflochtenen Schnüren bespannt war. Als ich fragend einige Holzstangen musterte, half Subira mir weiter.

»Die sind für die Hühner in der Nacht. Wenn man die Tiere draußen lässt, werden sie geklaut.«

In einer anderen Ecke standen Wasserkrüge und Eimer, daneben eine kleine Holzkiste mit Kleidung und ein halber Sack Mehl. Weitere Habseligkeiten besaß sie nicht.

»Woher bekommst du dein Wasser?«, fragte ich.

»Das wirst du gleich sehen. Begleite mich zum Fluss, dann weißt du, wie wir es hier mit dem Wasser machen. Aber einen gefüllten Eimer kannst du sicherlich nicht tragen, oder! Das habe ich noch nie bei einer Weißen gesehen.«

Das sah sie vollkommen richtig. Während ich es noch nie versucht hatte, balancieren hier schon die kleinen Mädchen volle Wassereimer auf dem Kopf. Bis zur Wasserstelle waren wir mindestens 20 Minuten unterwegs und wurden von Kindern begleitet, die neugierig waren, was diese *Mama Daktari*, diese Frau Doktor, aus dem Hospital hier machte. Dann endlich erreichten wir den Fluss, wo Frauen am Ufer Wäsche wuschen oder Wasser in ihre Eimer schöpften. Fast alle kannten mich und grüßten schon von Weitem. Sie lachten und winkten, und es schien ihnen eine große Freude zu sein, mich hier zu sehen. Mit meinem Besuch an diesem entlegenen Ort konnte wirklich keine rechnen. Die Frauen dankten mir, dass wir die Hebammen ausgebildet hatten. Subira scherzte mit ihnen und war stolz, mich als Gast bei sich zu haben.

Während ich mich mit einigen Frauen unterhielt, lud Subira gewandt und mit Eleganz einen fast randvollen Eimer auf ihren

Kopf. Sie blieb noch einen Moment in der Hocke, um mit ihrem Schöpfgefäß einen letzten Schwall Wasser nachzugießen. Dann stand sie kerzengerade vor mir, die schwere Last auf dem Kopf, ohne sie festzuhalten, und ging leichten Schrittes voran. In diesem Milieu kam ich mir ungelenk, beinah hilflos und vollkommen abhängig vor. Ich würde kaum den Weg zurück zur Hütte finden und hatte sogar Mühe, mit Subira Schritt zu halten, obwohl sie keine junge Frau mehr war, sondern Mutter dreier erwachsener Kinder, die schon aus dem Haus waren. Ihr schien der Eimer auf ihrem Kopf nichts auszumachen, und so redete sie die ganze Zeit munter drauf los, ohne außer Atem zu geraten. Wir sprachen Swahili miteinander. Nur noch selten wurde in Chiwerere die Stammessprache der Wamwera gesprochen. Während ich ihren Worten lauschte, versuchte ich, nah an ihrer Seite zu bleiben und nicht zu stolpern.

»Früher war ich Christin und mit einem Christen verheiratet«, legte Subira los. »Er ist der Vater meiner Kinder, aber schon lange tot. Als ich eine ganze Weile Witwe war, hat Musa mich gefragt, ob ich nicht seine vierte Frau werden möchte. Du weißt schon, er ist Moslem und darf vier Frauen heiraten. Musa hat mir viel versprochen, aus seinem Mund kamen schöne Worte. Und dann habe ich irgendwann eingewilligt. Seitdem trage ich den muslimischen Namen Subira. Musa gab mir Felder, die ich mit einer Hacke bewirtschaften muss. Er hat mir auch mit der Hütte geholfen. Nun ja, er hat viel versprochen. Die drei anderen Frauen wohnen alle in verschiedenen Dörfern. Wenn er zu mir kommt, will er gut essen und mit mir schlafen, aber vor allem will er was vom Ertrag der Felder. Aber Hilfe gibt er mir keine. Ach, weißt du, es ist alles nicht so rosig, wie ich es mir vorgestellt hatte. Ich überlege schon, ob ich überhaupt bei ihm bleiben soll, oder was ich sonst machen kann.«

Als wir Subiras Hütte erreichten, erwarteten uns schon eine Reihe Kinder, die nach Schulschluss dort spielten. Subira bereitete zum Mittagessen ein Ei für mich, eine besondere Köstlichkeit. Aber wie sollte ich allein ein Ei essen inmitten all der Kinder? Und so teilte ich es in winzige Stückchen, damit jeder etwas davon abbekam.

Die Kinder waren noch in ihren blau-weißen Schuluniformen. Na ja, so weiß waren die Blusen nicht mehr, nachdem sie oft im

Fluss gewaschen worden waren. Einige der Kinder trugen Plastiksandalen, doch die meisten gingen barfuß. Der Kauf einer Schuluniform stellt für manche Eltern eine große finanzielle Belastung dar, auch wenn es sich umgerechnet nur um wenige Pfennige handelt. Das Gleiche trifft für eine Behandlung im Krankenhaus zu. Wir berechneten damals für einen 14-tägigen Aufenthalt ungefähr 50 Pfennig, aber wer dieses Geld nicht aufbringen konnte, wurde trotzdem behandelt.

Ich fragte die Kinder, was sie in der Schule gelernt hätten. Aufgeregt plapperten sie durcheinander und wollten mir gern alles erzählen. Subira ging derweil zurück aufs Maisfeld.

Am Abend bereitete sie die Feuerstelle vor, legte trockene Zweige zwischen drei Steine, aus denen der Herd bestand, und entzündete sie. Sobald die Flammen hochschlugen, setzte sie den Topf auf die Steine und rührte *ugali* an, den üblichen Maispapp mit ein wenig Grüngemüse, je nachdem, was die Natur gerade hergab. Eiweißhaltige Nahrung und Abwechslung im Speiseplan waren auch bei Subira selten. Zum Trinken goss sie Flusswasser in ihren Becher.

»Subira, du weißt doch, dass das Wasser aus dem Fluss nicht sauber ist. Davon kann man krank werden, wenn es nicht abgekocht ist.«

Subira lächelte milde.

»Natürlich weiß ich das. Für dich gibt es abgekochtes Wasser, keine Sorge. Aber schau dich doch um. Wenn du hier selber kochen müsstest und alle Arbeiten allein machtest, na, da frage ich dich, wie lange du das Wasser wohl abkochen würdest? Überleg' doch mal, du musst ja erst das Feuerholz suchen, oft von weit her auf dem Kopf hertragen, dann die Feuerstelle bereiten, das Wasser aufsetzen und mit Zweigen nachfeuern, bis es endlich kocht. Bald hast du kein Holz mehr, aber du musst noch deinen Maispapp kochen. Ich habe mehr als genug Arbeit mit meinem *ugali*, auf den ich nicht verzichten kann. Ihr habt immer gut reden von sauberem Trinkwasser, aber es ist wirklich nicht zu schaffen, das Flusswasser immer abzukochen, unmöglich, egal welche Krankheiten darin lauern«, sagte Subira und klang wie eine der gelehrigen Schülerinnen in unseren Seminaren.

»Ich habe mir Wasser mitgebracht«, sagte ich und holte meine Flasche aus der Tasche. Kaum hatten wir unseren *ugali* gegessen, da wurde es Nacht, ganz und gar dunkle Nacht. Subira zündete eine kleine Kerosinlampe an, und einige Nachbarn kamen herüber und setzten sich zu uns ans Feuer unter den tropischen Sternenhimmel: Millionen von Sternen, das Kreuz des Südens. Nirgendwo ein störendes Geräusch, nirgendwo sonst ein Licht. So saßen die Menschen schon vor Jahrhunderten abends um das Feuer, geborgen in Gemeinschaft und im Vertrauen auf diesen großen Gott, der das alles geschaffen hat. Wir redeten von den Ereignissen des Tages, von der Hoffnung auf Ernte und über die Kinder.

Als es Zeit zum Schlafengehen wurde, stand mir noch ein Gang zur Toilette bevor, und ich hatte keine Ahnung, wie ich damit fertig werden sollte. Subira verstand sofort, nahm die Kerosinlampe und führte mich hinter die Hütte zu einem offenen Verschlag. Darin gab es auf einer Seite ein Loch für die Notdurft und auf der anderen Seite festgestampften Lehm. Subira reichte mir einen Krug mit Wasser, und so wusch ich Hände und Gesicht mit dem kostbaren Nass, alles unter dem Funkeln eines überwältigenden Sternenhimmels. Auch das war nun geschafft.

»Du schläfst im Bett und ich auf dem Boden«, bestimmte Subira und duldete keine Widerrede. Auf meine Einwände hin, schüttelte sie nur den Kopf.

»Ein Gast auf dem Boden!? Wo gibt es denn so was?«, sagte sie und legte für sich ein Tuch auf der Erde aus.

Die Hühner waren auch müde und nahmen mit dem Hahn ihre Schlafposition auf den Stangen ein. Na ja, viel geschlafen habe ich in jener Nacht nicht, aber das konnte ich ja im Kloster nachholen.

Als ich am Morgen aufstand, war Subira schon verschwunden. Das Feuer brannte, als ich aus der Hütte kam, und Tee stand bereit. Heute war es etwas ganz Besonderes – denn es gab Zucker dazu.

Es dauerte nicht mehr lange, bis der Land Rover kam, um mich abzuholen.

»*Asante sana, Subira. Mungu akubariki, akuonyeshe njia zako.*
Vielen Dank, Subira. Gott segne dich, Er zeige dir deinen Weg.«

*

Wenn ich im Kloster von meinen Erfahrungen, Beobachtungen und Gedanken berichtete und unseren *Reichtum* mit der *Armut* der Bevölkerung verglich, dann spürte ich, wie ungern man mich anhörte. Die Schwestern warfen mir später vor, die Meetings in den Dörfern nur besucht zu haben, um vom Gemeinschaftsleben wegzulaufen. Dabei war ich auch an den Samstagen zum Gebet der Vesper immer pünktlich zu Hause gewesen. Nie wurde ich gefragt, was wir denn da draußen wirklich machten. Und auch an meiner Arbeit im Krankenhaus nahmen nur jene Schwestern Anteil, die ebenfalls dort arbeiteten, wie unsere amerikanische Sr. Andrea, die in die Verwaltung eingestiegen war. Bei der Mittagshore und beim Mittagessen konnte ich während der Woche nie dabei sein. Zu der Zeit war ich entweder im OP oder mit ambulanten Patienten beschäftigt. Frühestens um 15 Uhr verschwand ich durch die Hintertür meines Sprechzimmers und fuhr schnell zum Konvent, wo das Essen für mich bereitstand. Meistens duschte ich noch kurz, ruhte mich für zehn Minuten aus, sprang in den alten Käfer und raste zurück. Meine Hintertür war ein wahrer Segen. Ich hatte sie extra einbauen lassen, um nach sieben Stunden Arbeit nicht an unzähligen Wartenden vorbeigehen zu müssen, die alle Hilfe brauchten. In meinem neuen Sprechzimmer gab es zwei weitere Türen, eine für den Eingang und eine für den Ausgang, damit die Patienten sich bei dem Ansturm nicht zu sehr in die Quere kamen. Ich versuchte alles, um rechtzeitig zur Vesper um 18 Uhr in der Kapelle zu sein, was aber meistens nicht möglich war.

Eine schlimme Diagnose: Unheilbar

Während mich unser Projekt *Ein Hospital geht in die Dörfer* und der Ausbau unserer Klinik glücklich machten, litt ich weiterhin unter gesundheitlichen Problemen. Phasen körperlicher Stärke und Unbeschwertheit wechselten sich mit Rückschlägen ab. Ich war ungeheuer müde und konnte zeitweise keine Nachtdienste übernehmen oder arbeitete sogar nur halbtags, um mich zu schonen. Immer wieder litt ich unter depressiven Schüben, lag in meinem Bett oder im Liegestuhl auf der Veranda und schaute auf die Mangobäume. Immerhin war ich schmerzfrei. Manchmal redete ich bei den gemeinsamen Mahlzeiten im Refektorium kaum ein Wort mit den anderen Schwestern, weil mir einfach nicht danach zumute war. Ich war keine gute Gesellschaft. Ich las viel, und manchmal nahm ich mir wieder die Briefe meiner Eltern und Schwestern vor, auch wenn sie schon vor Monaten eingetroffen waren. Mein Vater hatte Krebs und quälte sich auf seinem Krankenbett zu Hause in Nottuln. Annette kümmerte sich rührend um ihn und auch um unsere Mutter, die zwar gesund, aber doch sehr leidend war. Meine jüngere Schwester war in Iserlohn verheiratet und hatte drei Kinder. Sie pendelte ständig zwischen unserem Heimatort und ihrem Zuhause hin und her. Ich konnte mich ganz und gar auf meine Schwester verlassen und war dankbar dafür, dass sie mich auf dem Laufenden hielt. Die Konstitutionen unseres Ordens hatten sich dahingehend verändert, dass es nun möglich war, an das Sterbebett engster Angehöriger zu reisen. Telefonisch waren wir damals in Nyangao aus dem Ausland nicht erreichbar und Briefe waren noch immer bis zu drei Wochen unterwegs. Und so erfuhr ich auch erst mit einiger Verspätung vom Tod meines Vaters.

In der Pfarrkirche wurde ein Requiem, eine Heilige Messe, für meinen verstorbenen Vater gehalten, an dem meine Mitschwestern, alle Mitarbeiter des Spitals und viele andere Menschen teilnahmen. Bei meinem letzten Besuch in Deutschland hatte ich mich von meinem Vater verabschiedet, der damals schon vom Tod gezeichnet war. Aber die Realität des Todes ist dann doch eine andere Sache und ich trauerte. In meine Gebete schloss ich immer wieder den Wunsch ein, Gott möge mir Kraft geben, die mir allzu oft fehlte. Es verging kein Tag, an dem ich nicht an meine kaputte Leber dachte und daran zweifelte, jemals wieder gesund zu werden. Häufig betete ich den Psalm 27,1:

Der Herr ist mein Licht und mein Heil:
Vor wem sollte ich mich fürchten?
Der Herr ist die Kraft meines Lebens:
Vor wem sollte mir bangen?

Inmitten all der Ängste meines Lebens, wenn ich verzagen will, dann sage ich mir den Vers vor: *Mein Licht, mein Heil, meine Kraft,*

meine Lebenskraft. Wenn mein Herz verzagen will, bleibt mir doch noch die Hoffnung, denn der Psalm endet mit den Worten:
Harre auf den Herrn, und sei stark
Hab festen Mut und hoffe auf den Herrn.
Ich habe wieder die Kraft, ein Stück des Weges weiterzugehen.

*

1985 konnte ich wieder nach Deutschland reisen. Nach Besuchen bei meiner verwitweten Mutter, meiner Schwester Annette und ihrer Familie sowie anderen Angehörigen, suchte ich sobald wie möglich einen Leberspezialisten auf. Ich war 45 Jahre alt. Ich legte ihm meine Befunde vor und hoffte auf neue Erkenntnisse der modernen Medizin. Als der Facharzt mir das Resultat seiner Untersuchungen und Überlegungen präsentierte, riss es mir förmlich den Boden unter den Füßen weg.

»Also, liebe Schwester, wenn Sie eine in Deutschland praktizierende Ärztin wären, dann käme für Sie nur eine vorzeitige Berentung infrage. Etwas anderes können Sie bei Ihrem Krankheitsbild wirklich nicht erwarten. Ich kann Ihnen kein Angebot zu einer Behandlung machen, eine spezielle Therapie gibt es für Sie nicht.«

*

Während ich längst wieder im St. Walburg's Hospital praktizierte, dachte ich nur gelegentlich an meine *unheilbare* Krankheit, denn ich hatte mehr als genug *Ablenkung.* In jenem Jahr zeigte mein Rundbrief zur Adventzeit nur wenig Erfreuliches, sodass ich mir bei manchen Sätzen mehrmals überlegte, wie sie wohl aufgenommen werden würden.

Meine lieben Freunde!
Noch keine zwei Wochen bin ich wieder hier im Hospital seit meiner Europareise – und doch liegt schon alles ganz weit hinter mir! Als ich in Daressalam aus dem Flugzeug stieg und in die schwüle Hitze eintauchte, war ich gleich wieder daheim. Am Flughafen

gab es auch sofort wieder die »alten« Gespräche: keine Seife, kein Stoff, kein Mehl, kein Verbandsmaterial.

Alle Diskussionen um Friedenspolitik und alternativen Lebensstil waren vom Tisch gefegt – es geht hier nur um das Überleben von einem Tag zum anderen! Im Spital wurde ich von allen freudig zurückerwartet, und das gab mir viel Auftrieb, wieder einmal neu anzufangen. Viele der Angestellten klagten, daß die Schwierigkeiten noch größer geworden seien in den zwei Monaten meines Krankenurlaubs. Momentan werden die Felder zum Pflanzen vorbereitet, und die Ernte ist noch weit, aber die Vorräte des letzten Jahres sind fast überall aufgebraucht. (…) Das Spital ist noch voller geworden, beängstigende Fülle! Zum Teil kommen die Patienten tagelang in Fußmärschen, weil kein Bus fährt, an mehreren Regierungshospitälern vorbei, weil sie Vertrauen zu uns haben. So operierte ich kürzlich einen Mann mit Leistenbruch, der fünf Tage Fußmarsch hinter sich hatte. Er erzählte es mir beiläufig während der Operation. Er mußte natürlich den Weg zurückgehen, war aber auch schon sechs Wochen vorher da gewesen, um sich einen Termin geben zu lassen! Er klagte keineswegs, sondern war froh, daß er endlich zur Operation kam.

Ich schätze, daß die Kindersterblichkeit im Busch wieder teilweise auf 50% gestiegen ist. Vor zwei Tagen sagte mir eine Frau auf meine Frage nach den Geburten: »Ja, zwölf, aber nur zwei leben.« Heute eine andere: »Drei leben, sechs habe ich begraben.« Heute behandelte ich eine Frau, die 15 Schwangerschaften hinter sich hatte, sechs lebende Kinder sind da. Die Frau macht keinen alten Eindruck – sie weiß natürlich nicht, wann sie geboren ist –, aber sie ist sehr, sehr müde. In der vorletzten Nacht wurde eine Frau fünf Stunden auf dem Fahrrad transportiert mit starker Blutung wegen Fehlgeburt. Völlig erschöpft erreichte sie uns im Morgengrauen – und wir schrien gleich nach einer Bluttransfusion. In der letzten Woche machte ich einen Kaiserschnitt, den dritten bei einer Fünftgebärenden. Mutter und Kind geht es gut. Aber alle Verwandten haben sie im Stich gelassen, weil sie wieder eine Operation brauchte. Zweimal hatte sie es schon daheim probiert, jedes Mal gebar sie ein totes Kind. Nun wollte man sie nicht ins Spital lassen. Da ich ja nun besonders Frauen behandele, kommen mir spontan diese Beispiele in den Sinn, wenn ich sagen will: bei den Krankheiten der Armut sind besonders Kinder und Frauen betroffen. Zwar begünstigt auch das tropische Klima die Verbreitung einer Reihe von Krankheiten, aber ursächlich ist die soziale und wirtschaftliche Situation beteiligt, die ihren Ausdruck findet in fehlenden Nahrungsmitteln, schlechten Wohnverhältnissen, verunreinigtem Wasser, fehlenden Einrichtungen für Abwasser- und Müllbeseitigung, fehlenden Impfungen.

Was wird werden? Eine neue Konzeption für das Land ohne Bodenschätze sehen wir nicht. Wir versuchen zu helfen, wo es geht, an diesem kleinen Fleckchen Erde. Etwa 18000 Menschen kommen monatlich zur Behandlung. In Dr. B., einem deutschen Arzt, bekamen wir einen weiteren guten Mitarbeiter. Der Hospitalbau in seinem ersten Bauabschnitt geht voran. Es wird aber alles aus Deutschland importiert, sogar der Zement, jeder Wasserhahn und Lichtschalter ohnehin. Wir hoffen, daß Ambulanz, Röntgen, Labor, Apotheke und Verwaltung Mitte nächsten Jahres bezugsfertig sind.

Dank all der Hilfe aus der Heimat brauchten wir auch in diesem Jahr keinen Menschen fortzuschicken, weil es etwa an notwendigen Medikamenten, Instrumenten usw. gefehlt hätte. Und wenn es auch noch so voll ist – wir nehmen jeden auf, der Hilfe braucht. Irgendwo ist immer noch Platz – das hoffen wir ja auch von Gott zu hören in seiner Einladung zum großen Festmahl am Ende der Zeiten!

Daß wir dann alle dabei sein können in brüderlicher Gleichheit und Freude am Leben aus Nord und Süd, Arm und Reich – das wünschen wir uns doch alle, ohne die Sorge: »Was sollen wir essen? Wie sollen wir überleben?« Diese Verheißung wünsche ich Ihnen in Dankbarkeit tief ins Herz hinein zu Weihnachten und zum Beginn des Neuen Jahres, das schwer auf vielen lastet.

Allen dankbar verbunden grüßt aus Sand und Hitze
Ihre Sr. Raphaela OSB

Hoffnung und eine neue Freundin

Eines Tages las ich in einer Fachzeitschrift einen Artikel über eine neue Therapieform bei Leberkrankheiten mit Interferon. Die Universitätsklinik Mainz machte Versuche, die Therapie klang vielversprechend. Ich war wie elektrisiert und nahm sofort Kontakt zur Klinik auf. Mein *Fall* interessierte den verantwortlichen Mediziner, und er schrieb mir, dass er mich als Testpatientin aufnehmen wolle. Meine Hoffnung auf Heilung wuchs, und so reiste ich so schnell wie möglich nach Mainz.

Zunächst wurde mein Blut untersucht, und weder der Chefarzt noch ich trauten unseren Augen: Ich hatte vollkommen normale Werte! Ich war gesund! Es gab keine Indikation mehr. Ich hatte alle Antikörper im Blut und konnte damit das Hepatitis-B-Virus unschädlich machen. Auch wenn es für mich als Medizinerin eine naturwissenschaftliche Erklärung dafür gab, weil ich nachvollziehen konnte, dass selbst zehn Jahre nach der Erstinfektion Antikörper gebildet werden können, so glaubte ich trotzdem an die Kraft des Gebetes. So viele hatten für mich gebetet, meine Familie, meine Mitschwestern, meine Freunde und Kollegen im Hospital. Es hatte geholfen.

Mit neuer Schaffenskraft machte ich mich auf den Rückweg zu meinem Hospital. Doch es war eine extrem schwere Zeit für Tansania, die alle Lebens- und Arbeitsbereiche beeinträchtigte. Die Versuche, eine sozialistische Gesellschaft aufzubauen, waren in weiten Teilen gescheitert.

*

Lisa Nicola kannte ich als engagierte Spendensammlerin für unser Krankenhaus. Sie gehörte einem katholischen Frauenverband an, der das St. Walburg's Hospital seit vielen Jahren unterstützte. Außerdem war sie aktiv in der Düsseldorfer Pfarrgemeinde St. Antonius. 1983 hatte sie meinen ersten Dankesbrief bekommen, nachdem sie uns zehn Pakete mit Verbandsmaterial und anderen medizinischen Hilfsmitteln geschickt hatte. Trotz der vielen Arbeit im Hospital war es mir stets ein großes Bedürfnis, mich rasch an die

Schreibmaschine zu setzen und unseren Spendern zu danken und die Lage zu schildern. In jenem Jahr gab es nur wenig Positives zu berichten, und so war mein erster Brief an Lisa Nicola entsprechend traurig. Ich konnte mir nicht ausmalen, wie sie die Zeilen aufnehmen würde, denn persönlich begegnet waren wir uns noch nicht.

Liebe Frau Nicola,
ja, Ihre Gruppe hat offensichtlich sehr gut gearbeitet! Zehn Pakete kamen vor einer Woche hier an, die übrigen sicher mit der nächsten Schiffssendung. Ganz herzlich danke ich Ihnen allen! Alles ist sehr gut brauchbar, alles an Verbandsmaterial, Spritzen usw. Die kurz aufgeführten Listen mit Inhaltsangabe sind mir sehr lieb, dann hat man einen schnellen Überblick und kann besser einräumen. Mit Tansania geht es kontinuierlich abwärts ... das heißt z. B., daß es fast überall in den größten Regierungshospitälern an notwendigem Verbandsmaterial fehlt. Gestern nahm ich eine Frau auf aus Mtwara, 150 km entfernt, aus einem uns übergeordneten Hospital. Erst hatte ich sie mit Bauchhöhlenschwangerschaft operiert; da die Wunde noch nicht ganz primär verheilt war und wir ja ständig überbelegt sind (letzten Monat durchschnittliche Bettenbelegung 170 %), schickte ich sie heim auf ihren Wunsch! Sie sollte sich in Mtwara jeden zweiten Tag verbinden lassen. Nun kam sie also gestern wieder: Es wird dort nicht gemacht! Dazu gibt es nun gar keinen Bus mehr von dort, da es keinen Treibstoff gibt. Der Verkehr ist seit einer Woche fast vollständig lahmgelegt. Es gibt auch derzeit kein Petroleum mehr für die Lampen in den Hütten, natürlich auch keine Kerzen. So ist es ab 18.30 Uhr stockfinster in den Hütten, Feuer haben sie nur draußen.»Wie im Grab«, sagte jemand vor ein paar Tagen. Salz gibt es nicht, Zucker etwas. Wenigstens immer Malaria! Dank also für Ihre wirksame Hilfe!
Dank für das Gebet – denn ohne das haben wir trotz aller materieller Hilfe nicht die Kraft zum Durchhalten. Im Juni kamen über 18 000 ambulante Patienten!
Ihnen allen Gottes Segen und liebe Grüße! Fürs Weitermachen sind wir dankbar!
Ihre Sr. Raphaela Händler OSB

Ohne Spenden aus Deutschland war der Betrieb unseres Hospitals zum Scheitern verurteilt. Wir verfügten über kein festes Budget und jegliche Zukunftspläne mussten vage bleiben. Umso wichtiger waren verlässliche Spender wie die Pfarrgemeinde St. Antonius und die Arbeit von Menschen wie Lisa Nicola. Sie hatte eine Patenschaftsaktion der Gemeinde mit unserem Krankenhaus angeregt, die uns viel Segen brachte. Die Gemeinde und Lisa Nicola wurden regelmäßig von mir unterrichtet.

*

1988 brach Lisa Nicola zu ihrer ersten großen Reise auf. Nie zuvor war sie über Europa hinausgekommen und hatte wohl selbst nicht damit gerechnet, eines Tages unsere unterentwickelte Region im Süden Tansanias kennenzulernen. Sie war kaum 24 Stunden zuvor in Deutschland ins Flugzeug gestiegen, ein neuer Anreiserekord! Als Lisa und ich uns zum ersten Mal in Afrika begegneten, waren wir beide Ende vierzig und führten sehr unterschiedliche Leben. Wir begrüßten uns freundlich und ich dankte noch einmal persönlich für die vielen Spenden, die im Laufe der letzten Jahre auch durch ihr Engagement im St. Walburg's Hospital angekommen waren. Während ich ihr schilderte, wie wertvoll jede einzelne Lieferung war, wusste Lisa kaum, wohin sie zuerst schauen sollte. *Endlich in Afrika!*, schien sie sagen zu wollen. Es war der Blick eines Neuankömmlings, der mir inzwischen vertraut war. Überwältigt von Hitze, Sauerstoffmangel und Farbenpracht.

»Darf ich gleich das Krankenhaus sehen?«, fragte Lisa, nachdem sie sich mit einem großen Schluck Wasser erfrischt hatte. Ich erklärte ihr, dass sie im Konvent bedenkenlos das Wasser trinken könne, aber ansonsten vorsichtig sein müsse. Außerdem ließ ich sie wissen, wie wichtig der Schutz gegen Moskitos war. Die Fliegengittertüren und ihr Moskitonetz müssten immer gewissenhaft geschlossen sein.

»Ins Hospital können wir später immer noch. Vielleicht möchtest du dir nach der Reise lieber die Beine vertreten. Lass uns doch ein Stückchen gehen. Wenn du möchtest, zeige ich dir bei einem Spaziergang das Dorf.«

»Wunderbar.«

Lisa ging staunend neben mir her. Der Schweiß lief ihr die Stirn hinunter. Immer wieder wischte sie mit einem Taschentuch über ihr Gesicht, nahm ihre Brille ab und strich ihre kräftigen Locken zurück.

Wie immer waren viele Menschen auf der Straße oder saßen vor ihren Hütten, die allermeisten kannten mich und wollten mit mir schwatzen. Manch einer zeigte mir eine verheilte Wunde oder eine Operationsnarbe, die von einem meiner Eingriffe stammte. Dabei wurde viel gescherzt und gelacht. Lisa schaute in die Gesichter der Einheimischen, auf die bunten Tücher der Frauen, die riesigen Kokospalmen, die winzigen Hütten mit den Palmstrohdächern und die staubige Straße. Sie konnte sich nicht sattsehen.

»Unglaublich«, sagte sie und lächelte. »Ich kann es wirklich kaum glauben, dass ich gestern noch in Düsseldorf war, und nun spazieren wir durch dieses einfache Dorf. Ich fühle mich wie in einer anderen Welt, in einer anderen Zeit, beinah urzeitlich. Es ist wunderbar. Einen schöneren Spaziergang kann man sich am ersten Tag in Afrika nicht wünschen.«

Ich nickte und versuchte, mich an meinen ersten Tag zu erinnern. Am Straßenverkehr hatte sich seitdem nicht viel geändert, Elektrizität gab es noch immer nicht und Telefone ohnehin nicht. Nur auf vereinzelten Hütten war das Palmstroh durch Wellblech ersetzt worden, was eine kostspielige Neuerung war. Das Leben fand weitgehend im Freien und nicht in den dunklen Hütten statt. Die meisten Menschen gingen barfuß, Frauen trugen Lasten auf ihren Köpfen, andere stampften Mais. Es war nicht viel anders als vor 19 Jahren. Ich nahm ein Kind auf den Arm, eines von den Frühgeborenen, das überlebt hatte, keine Selbstverständlichkeit bei den schwierigen Lebensbedingungen.

»Was sagt die Mutter?«, fragte Lisa mich.

»Sie versichert mir, dass sie den Maisbrei mit Keimlingen anreichert, wie sie es von unseren Gesundheitsteams gelernt hat. Auch wenn die Natur hier üppig erscheint, ist das Nahrungsangebot eher einseitig. Wir versuchen, den Speiseplan abwechslungsreicher und nahrhafter zu gestalten. Momentan experimentieren wir mit Sonnenblumensamen, aber der Boden ist hier viel zu elend. Schwache

Kinder haben nur geringe Überlebenschancen. Wenn ein weiteres Geschwisterchen kommt, beginnt die kritische Phase der Vernachlässigung.«

»Ich habe viele Fotos aus dem St. Walburg's Hospital gesehen und mir alle Informationen besorgt, die ich bekommen konnte. Deine jährlichen Briefe haben dafür gesorgt, dass ich eine gute Vorstellung bekam. Das war meine Art der Reisevorbereitung. Ich habe auch schreckliche Fotos von Leprakranken gesehen.«

»Die Lepra ist Gott sei Dank weitgehend besiegt, aber es gibt genügend andere Probleme. Hier, schau mal, aus dieser Pflanze, sie heißt Rosella, lässt sich ein nahrhafter Sirup machen. Das war bis vor Kurzem weitgehend unbekannt. Sie wächst fast überall, aber die Menschen hatten keine Ahnung, was in ihr steckt«, sagte ich und zeigte auf ein Gewächs am Wegesrand.

Wir gingen über den kleinen Markt von Nyangao, wo das Angebot an Obst und Gemüse überschaubar war. Lisa schaute neugierig auf dick geflochtene Zöpfe aus Tabak.

»Das ist Schnupftabak«, sagte ich und demonstrierte ihr den Gebrauch. Die Umstehenden lachten und feixten sich was. Eine tabakschnupfende *Mama Daktari* bekamen sie auch nicht jeden Tag zu sehen.

Lisa amüsierte sich, und als wir Celestin trafen, lud er uns gleich zu seiner Familie ein, wo die Besucherin ihren ersten *ugali* bekam. Der Maisbrei schien ihr zu schmecken. Lisa wollte am liebsten alles wissen und sog jedes Detail in sich auf. Sie grüßte die Menschen, und bis zum Ende unseres Spaziergangs kannte sie einige Worte Swahili.

Sie blieb vier Wochen in Nyangao und half uns im Hospital. Jeden Morgen ging sie mit mir vom Schwesternhaus zur Klinik, nahm am Morgengebet teil und wurde von den Angestellten willkommen geheißen. *Karibu!* Ihre Hilfe war ebenfalls sehr willkommen, denn gerade waren große Kisten mit Hilfsgütern aus Deutschland angekommen. Eine Menge Arbeit, wie Lisa mir erzählte, wenn wir wieder gemeinsam zum Konvent gingen oder den Wagen nahmen. Was nicht alles geschickt worden war: Verbandsmaterial, Medikamente, Decken, Labormaterial, Bettwäsche, Nähmaschinen und Kleidung aller Art. Sr. Pia war für die Krankenhausapotheke zuständig und hatte die meiste Arbeit mit den Hilfssendungen. Manches war leider nicht für den Gebrauch in Tansania geeignet. Wann immer es möglich war, wurde umfunktioniert, wie etwa bei Spitzendeckchen und bestickten und gestärkten Leinentüchern aus Spendensammlungen.

Lisa war an allem interessiert und es war mir eine willkommene Abwechslung, mit ihr zu plaudern. Wir hatten vollkommen unterschiedliche Leben geführt. Während ihre vier Kinder nun langsam erwachsen waren und ihr Mann als Schuldirektor tätig war, nahm sie sich zum ersten Mal in ihrem Leben Zeit für eigene Interessen.

Ich war ein wenig traurig, als sie wieder abreiste, aber wir verabredeten ein Wiedersehen in Tansania, sobald es ihr wieder möglich war.

Neue Ärzte in Nyangao

Wir brauchten dringend weitere Ärzte und ich war froh, dass immer häufiger junge tansanische Mediziner zu uns kamen. In Dar-es-Salam konnte ich einen jungen tansanischen Arzt anwerben, der gerade sein Staatsexamen abgelegt hatte. Dr. Paul gehörte dem Volk der Chagga aus dem Norden des Landes an. Von allen tansanischen Kollegen, die je bei uns arbeiteten, war er der fähigste Mediziner. Es war eine Freude, mit ihm zusammenzuarbeiten, und ich förderte ihn, so gut ich konnte. Viel später, als ich schon nicht mehr in Nyangao war, wurde er selbst Frauenarzt. Ihm gegenüber fühlte ich mich wie eine Mutter und stand ihm auch bei privaten Problemen bei. Es dauerte nicht lange, bis er sich mir anvertraute. In gewisser Weise hatten wir einige Gemeinsamkeiten. Da er nicht aus dem Süden Tansanias stammte, war er hier ein Fremder, nicht anders als ich und die deutschen Ärzte und Schwestern im Krankenhaus. In seiner Heimat, im Norden Tansanias, war er nach den dortigen Traditionen mit einer Frau verlobt, die er in absehbarer Zeit heiraten sollte. Die beiden hatten sich seit Langem nicht mehr gesehen, in Nyangao war seine Verlobte noch nie gewesen. Eines Tages war Dr. Paul sehr aufgeregt und wollte mich dringend unter vier Augen sprechen.

»Doktor Raphaela, es ist etwas passiert. Ich muss nach Hause fahren. Meine Verlobte, wie soll ich es erklären, sie hat einen anderen Mann«, sagte Dr. Paul mit Tränen in den Augen.

»Woher weißt du das?«

»Sie ist schwanger.«

Der Arzt sah extrem mitgenommen aus und ich konnte nicht einschätzen, was die geplatzte Verbindung ihm bedeutete. Die Tatsache, dass er mich in diese private Angelegenheit einweihte, war ohnehin ein wenig ungewöhnlich.

»Das tut mir wirklich leid«, sagte ich.

Wir tauschten uns weiterhin gelegentlich aus und Dr. Paul war erleichtert, seine Sorgen und seine Schmach mit mir zu teilen. Und dann fuhr er nach Hause, wo die Verlobung nach den gegebenen Stammesriten, dem Schlachten einer Ziege und im Beisein beider Clans gelöst wurde. Ich war erstaunt, wie traditionell die Angelegenheit dort im weit entfernten Norden doch gehandhabt wurde. Dr. Paul trauerte seiner ehemaligen Verlobten nach, in die er sehr verliebt gewesen sein muss. Aber er war ein lebenslustiger Mann und allseits beliebt. Ich war erfreut, wie eng er sich unserem Hospital verbunden fühlte und dass er bei uns bleiben wollte. Er war eine wichtige Kraft in unserem Team.

Nach einer Trauerphase verliebte er sich erneut, dieses Mal in eine Krankenschwester aus dem St. Walburg's Hospital, die aus dem Süden stammte. Eine Verbindung zu einem Chagga war ungewöhnlich und kein Mensch glaubte an ernst gemeinte Absichten des Arztes. Seine Familie würde solch eine Verbindung wohl kaum akzeptieren, denn Chaggas fühlten sich den Menschen aus dem Süden weit überlegen. Im Hospital munkelte man, dass der Doktor wohl nur an sein Vergnügen dachte. Als die Krankenschwester Jane zu ihm in das Mitarbeiterhaus zog, musste ich mich einschalten. Wie konnte ich als Chefärztin und Ordensfrau meine Augen vor dieser *wilden Ehe* verschließen? Ich bat ihn zu mir, um eine Lösung zu finden.

»Dr. Paul, entweder ihr heiratet, oder Jane muss ausziehen. Etwas anderes kann ich unter den gegebenen Umständen nicht dulden. Eine Sonderstellung kann ich euch in unseren eigenen Häusern nicht einräumen«, sagte ich schließlich zu ihm.

»Mit einer Heirat ist es nicht so einfach, wie du dir sicher denken kannst. Unsere Familien werden es nicht dulden. Jane kommt aus einer streng katholischen Familie, es ist enorm schwierig. Wir lieben uns, aber was sollen wir machen? Die Traditionen sind streng und unsere Eltern konservativ. Ein Chagga aus dem Norden mit einer Frau aus dem Süden. Das wird bei uns nicht gern gesehen.«

»Kann ich irgendetwas tun?«, wollte ich wissen.

»*Asante*, danke, aber ich wüsste nicht, was.«

Wir trafen uns gelegentlich in meinem Sprechzimmer, und einmal fuhren wir sogar an die Quelle des Ndanda-Bachs, um uns in Ruhe zu unterhalten. Dr. Paul war verzweifelt. Er liebte Jane, aber offenbar gab es keine Lösung. Sehr rasch nach unserem ersten Gespräch war sie bei ihm ausgezogen. Ich war froh, als es später tatsächlich zu einer Hochzeit kam.

*

Bevor der Tag im Hospital und besonders im OP-Trakt begann, versammelten wir uns jeden Morgen um acht Uhr zu einem kurzen gemeinsamen Gebet. Daran nahmen auch nichtchristliche Kolleginnen und Kollegen teil. Eines Tages, wir gingen wie gewohnt in den OP-Raum, strahlte mich einer der tansanischen Pfleger an.

»Dr. Raphaela, herzlichen Glückwunsch zum Weltmeistertitel!«

»Wie bitte?«

»Gestern ist Deutschland Fußballweltmeister geworden, in Italien, gegen Argentinien mit 1:0.«

»Hat Tansania auch mitgespielt?«, wollte ich wissen und alle lachten und plapperten durcheinander. Die Nachricht kannte selbstverständlich schon fast jeder. Das wiedervereinte Deutschland war am 8. Juli 1990 Fußballweltmeister geworden.

*

In unserem Hospital traf Anfang der Neunzigerjahre ein junger deutscher Chirurg ein, alle nannten ihn nur »Dr. Ingo«. Er kam mit einem Dreijahresvertrag der katholischen Arbeitsgemeinschaft für Entwicklungshilfe. Zunächst waren wir froh, einen weiteren Mediziner in unserem überfüllten Hospital zu haben. Ehrgeizig, wie Dr. Ingo war, wollte er deutsche Standards in unserem Operationssaal einführen. Es war sicherlich richtig, die Hygiene zu verbessern – aber *deutsche Standards*, das konnte nicht funktionieren und war zum Scheitern verurteilt. Dr. Ingo führte für *sein Team* einen strengen OP-Plan ein, der den Mitarbeitern kaum eine Verschnaufpause gönnte. Selbst bei kleinen Verspätungen oder wenn das Instrumentarium nicht zu einhundert Prozent parat lag, meckerte er schnell herum. So dauerte es nicht lange, bis er Schwierigkeiten mit unseren tansanischen Mitarbeitern bekam. Die Probleme verschärften sich, als deutlich wurde, dass Dr. Ingo darauf aus war, möglichst viel zu operieren. Die Patienten fürchteten sich vor ihm, und schon bald ging das Gerücht um, es könne einem das Bein amputiert werden, wenn man in Dr. Ingos Hände fiel. Mich belastete diese Situation und es war keine leichte Aufgabe, verloren gegangenes Vertrauen zurückzugewinnen.

Die Lage wurde nicht besser, als ein älterer deutscher Gynäkologe hinzukam, der »Dr. Guido« genannt wurde. Er war beim Deutschen Entwicklungsdienst unter Vertrag. In seinem Idealismus, den *armen* Afrikanern zu helfen, hatte er seine Praxis aufgegeben sowie Haus und Reitpferde verkauft, um sein restliches Leben den Bedürftigen zu *schenken*. Doch die Realität sah anders aus als sein Idealismus. Die Menschen waren zwar dankbar für jede Hilfe, aber sie wollten ihr Heil nicht von einem großen Wohltäter geschenkt bekommen. Nicht nur einmal betonte er, alles für sie *geopfert* zu haben. Auch Dr. Guido bekam Schwierigkeiten mit unseren tansanischen Mitarbeitern und in der Folge auch mit mir. Ich sah es so: Sein Idealismus fußte auf einem rassistischen Weltbild, bei dem der Weiße hoch oben steht und der Schwarze ganz unten mit empfangenden offenen Händen, wie das »Nicknegerlein« an der deutschen Weihnachtskrippe. Nach einigen Monaten in Afrika war Dr. Guido zutiefst enttäuscht von den *Schwarzen*. Offenbar erwartete er den großen Dank nicht erst im Himmelreich, sondern schon auf Erden.

Immer wieder suchte ich das Gespräch mit den beiden deutschen Ärzten, aber es änderte sich kaum etwas. Ich war die Chefärztin, was sie in keiner Weise anzweifelten, und in ebendieser Funktion trug ich den beiden Kollegen die Kritik und die Empfindlichkeiten der tansanischen Mitarbeiter vor, wobei mir vieles berechtigt erschien, was ich auch ganz offen sagte. Solche Gespräche war ich nicht gewohnt, da es bisher mit keinen anderen deutschen Kollegen vergleichbare Schwierigkeiten gegeben hatte. Bei einigen Arztfamilien war ich regelmäßig privat zu Besuch, ich kannte die Kinder und man traf sich sonntags in der Kirche. Es gab nie Schwierigkeiten. Doch jetzt spitzte sich die Lage zu. Dr. Ingo und Dr. Guido hatten das Gefühl, ich würde die tansanische Belegschaft in Schutz nehmen, was in gewisser Weise auch stimmte, und nicht auf der Seite der Deutschen stehen. Wie sollte unser Kollegium auch mit Dr. Ingos OP-Tempo Schritt halten? Sie mussten alles vorbereiten, während der OP assistieren und dann wieder alles sterilisieren, um die nächste OP vorzubereiten. In unserem Hospital verfügten wir über keine Zentralsterilisation, alles wurde von denselben Mitarbeitern erledigt. Irgendwann brauchten diese mal eine Pause. Und sie hatten genug von *überflüssigen* Operationen, denn das waren manche Eingriffe in ihren Augen. Die Situation wurde noch dadurch verschärft, dass die Deutschen bessere Unterkünfte als die Tansanier bewohnten. Auch diese Kritik der Tansanier konnte ich nachvollziehen, aber ich war machtlos dagegen. Deutsche Ärzte konnten wir nur anwerben, wenn wir ein Mindestmaß an Komfort boten, insbesondere wenn Familienangehörige mitreisten.

Wir fanden keinen Ausweg aus der angespannten Lage.

Auf Reisen mit Lisa Nicola

Jeder Missions-Benediktinerin steht Urlaub zur Verfügung, aber je nach Priorat fallen die Regelungen unterschiedlich aus. Damals durften wir drei Wochen pro Jahr und alle vier Jahre einen Heimaturlaub von drei Monaten nehmen. Nachdem Lisa zum ersten Mal in Tansania gewesen war, standen wir in regelmäßigem Kontakt miteinander und schrieben uns private Briefe. Wie es schien, war ihr Leben durch den Aufenthalt in Nyangao auf den Kopf gestellt worden. Sie verabschiedete sich von ihrem Hausfrau-und-Mutter-

Dasein und begann, für die *action medeor* in Tönisvorst bei Krefeld, nahe ihrem Heimatort, zu arbeiten. Unser Hospital wurde seit Jahren überwiegend von dieser Hilfsorganisation mit Medikamenten beliefert. Sie war ein Segen für uns und viele andere Gesundheitsstationen sowie Krankenhäuser in den armen Ländern dieser Welt. Action medeor hatte sich von einer kleinen Initiative mit ehrenamtlichen Mitarbeitern zu einer hervorragend organisierten und lebensrettenden Einrichtung entwickelt.

Als Lisa mich fragte, ob ich nicht Lust hätte, gemeinsam mit ihr durch Tansania zu reisen und dabei auch Visitationen bei zahlreichen Hilfeempfängern von action medeor durchzuführen, war ich gern dabei. Bisher hatte ich nur selten *Urlaubsreisen* in Tansania unternommen. Immerhin war ich in den Siebzigerjahren mit Sr. Regia in die Usambara-Berge gefahren und gelegentlich hatten wir kurze Ausflüge unternommen. Durch meine Teilnahme an verschiedenen Workshops, Fortbildungen und Visitationen von Hospitälern kannte ich zwar wesentlich mehr Regionen des Landes als die allermeisten Mitschwestern, doch eine *Touristin* war ich kaum jemals gewesen. Lisas Pläne machten mich neugierig, und auch ich dachte an Orte, die ich gern einmal besuchen wollte, und machte Vorschläge.

Wir trafen uns in Dar-es-Salam und bummelten schon am Tag nach Lisas Ankunft gemeinsam über den Fischmarkt. Es war wunderbar, als Privatperson und Urlauberin unterwegs zu sein. Wir wohnten zwar in einer kirchlichen Einrichtung, denn Geld wollte ich möglichst keins ausgeben, aber die meiste Zeit des Tages waren wir auf Erkundungstour. Für mich war es das Normalste von der Welt, kein Geld zu haben. Ich konnte durchaus Geld für private Zwecke ausgeben, aber ich musste es anschließend abrechnen. Davon habe ich so gut wie nie Gebrauch gemacht. Wofür sollte ich schon Geld ausgeben? Mahlzeiten, Kleidung, Seife und alles Notwendige gab es im Konvent. Ich kann mich kaum daran erinnern, jemals etwas *Unnötiges* für mich gekauft zu haben. Ich war es überhaupt nicht gewohnt, Geld für private und in meinen Augen *überflüssige* Dinge zu verwenden. Ich war mit dem zufrieden, was ich bekam. Während einer Urlaubsreise stellt sich die Lage natürlich etwas anders dar, aber zum Glück war das Reisen in Tansania ausgesprochen günstig. Meine Reisekasse war überschaubar.

Meine Freundin musste sich erst an die Hitze gewöhnen, und so gingen wir unseren ersten Bummel über den Fischmarkt langsam an und bewunderten das exotische Warenangebot an den Verkaufsständen.

»Wie heißt dieser Fisch?«, fragte ich einen der Fischverkäufer. Das seltsame Exemplar, das da auf seinem Tisch lag, hatte ich noch nie gesehen. Er nannte mir einen Namen, der fremdartig klang und den ich gleich wieder vergaß.

»Wollen Sie den Fisch kaufen? Ich mache einen guten Preis!«, lockte uns der Händler.

»Nein, wir sind auf Reisen. Was sollen wir da mit einem Fisch?«

»Wissen Sie überhaupt, wie man einen Fisch ausnimmt und zubereitet?«, wollte er wissen.

»Nein, davon habe ich keine Ahnung. Ich weiß nur, wie man Menschen aufschneidet, operiert und wieder zunäht«, sagte ich scherzhaft. Geistesgegenwärtig zog der Fischer seine Schlüsse und lachte aus vollem Hals.

»Dann sind Sie wohl eine *Mama Daktari*.«

»Ganz genau.«

Nun stimmten auch andere in sein Lachen ein und Lisa brannte auf eine Übersetzung. Dieses unbeschwerte und laute Lachen ist typisch für Tansania. Wenn man die Menschen zum Lachen bringen kann, dann hat man viel gewonnen.

»Was habt ihr gesagt, und worüber habt ihr gelacht?«, wollte Lisa wissen.

»Über Blödsinn.«

Wir nahmen die Fähre auf die Insel Sansibar, wo wir beim Bischof von Sansibar eingeladen waren, weil Lisa diesen Kontakt durch action medeor hatte. Der Bischof wohnte in einem alten und traditionellen Araberhaus, das offenbar nie verändert worden war. Der Zahn der Zeit nagte an dem beeindruckenden Gemäuer aus Korallenstein. Auf dem flachen Dach waren Gewürznelken zum Trocknen ausgelegt. Zu gern standen Lisa und ich auf diesem Dach und schauten über die historische Altstadt mit dem berühmten Viertel *Stone Town*. Die Häuser waren vor über 100 Jahren aus Korallenstein gebaut worden. Hier lebten fast ausschließlich Muslime, und die Altstadt war gänzlich arabisch geprägt. Die engen Gassen – in einer davon befand sich auch die Old Dispensary, die Alte Apotheke –, der Markt und der Hafen waren ganz nach unserem Geschmack. Erst Jahre nach unserem Besuch wurde die Stadt zum UNESCO-Weltkulturerbe ernannt und herausgeputzt.

Ich war froh, dass Lisa auch eine Kontaktadresse auf der Nachbarinsel Pemba hatte, wo wir beim einzigen Pfarrer der Insel unterkamen. Deutsche hatten hier ein Krankenhaus gebaut, aber die Stromversorgung war so unzuverlässig, dass die meisten Geräte nie benutzt wurden. Pemba war noch ursprünglicher als Sansibar. Überall roch es nach Nelken, wofür die Insel berühmt ist. Das exotische Gewürz wächst auf Nelkenplantagen und wird in alle Welt exportiert. Der Pfarrer setzte uns eines Nachmittags an einem einsamen Strand ab, der zweifellos dem Paradies entsprungen sein musste. Es war einfach zauberhaft und ich ärgerte mich, meine Taucherbrille und den Schnorchel nicht dabei zu haben. Die Insel ist 70 Kilometer lang und von zahlreichen Korallenbänken gesäumt. Vor der Küste beobachteten wir Fischer, aber als sie an Land kamen, entpuppte sich ihr vermeintlicher Fang als eine Ansammlung seltsamer praller Würste. Seegurken, wie die Fischer uns sagten, geerntet für den Export nach Hongkong. In Asien gelten sie als Delikatesse. Die Fischer von Pemba schätzten nur ihren Verkaufspreis.

Die Insel ist dem Festland weit vorgelagert, und man hatte uns davor gewarnt, in eine der Dhows, der traditionellen Segelschiffe aus Holz, zu steigen. Angeblich seien die Schiffsführer immer betrunken, die Maschine unzuverlässig und die See unberechenbar und rau. Zudem war das Wasser hier ungewöhnlich tief und strömungsstark. Wir taten es trotzdem. Wie gut, dass Lisa noch zwei Reisetabletten in ihrer Apotheke fand. Im Gegensatz zu den anderen Passagieren in dem offenen Boot, in dem uns als Sitzgelegenheit für die Überfahrt Autoreifen dienten, wurden wir weder grün noch mussten wir uns erbrechen. Stundenlang sahen wir kein Land, und als es bereits zu dämmern begann, wurde uns ein wenig mulmig. Doch dann tauchten die Lichter von Tanga auf.

Wir hatten keine Ahnung, wohin wir uns in dieser fremden Stadt wenden könnten. Zwei weiße Frauen bei Einbruch der Dunkelheit! Während wir ratlos im Hafen standen, hörte ich jemand meinen Namen rufen.

»Doktor Raphaela, Doktor Raphaela, wie schön, dich zu sehen«, rief ein Mann von Weitem und winkte.

Nur vage erinnerte ich das Gesicht. Wir waren mindestens 800 Kilometer von Nyangao entfernt. Welcher Einheimische konnte mich hier kennen?

»Was machst du hier?«, fragte er, nachdem er Lisa und mich begrüßt hatte.

»Weißt du nicht mehr, du hast mich operiert. Ganz wunderbar. Mir geht es gut«, sprudelte es aus ihm hervor.

»Ja, das freut mich«, sagte ich und die Erinnerungen kamen zurück. Josef arbeitete als Lastwagenfahrer.

»Kann ich euch in die Stadt mitnehmen?«, fragte Josef.

Er setzte uns bei einem Konvent anglikanischer Schwestern ab. Dort bekamen wir ein Abendessen, aber wir konnten nicht im Konvent übernachten, weil sie keinen Platz für uns hatten. Und so klingelten wir am Abend um neun Uhr – eine nachtschlafende Zeit in einer tansanischen Kleinstadt – bei irischen Patres und baten sie um Einlass. Er wurde uns ohne jegliche Begeisterung gewährt. Nach einem erstaunlich üppigen Frühstück in diesem bescheidenen Kloster – der Toast war auf die Sekunde richtig – verabschiedeten wir uns und zogen weiter.

Bald nahmen wir Kurs in Richtung Norden zu den Massai. Dort kümmerte sich eine weiße Tierärztin seit Jahren als Vertraute um die wertvollen Rinder des Stammes. Sie konnte ihr Glück kaum fassen, als Lisa sich als Mitarbeiterin von action medeor vorstellte. Hier bekamen wir tiefe Einblicke in das karge Leben der Massai, wo aufgrund des Wassermangels schon einmal der Urin der Rinder zum Waschen herhalten musste. In einer primitiven Hütte aus Zweigen und Kuhdung war Lisa selig über besondere Fotomotive: Die Frau des Hauses lagerte ihren Tee in einer der typischen Medikamentendosen aus braunem Plastik mit Schraubverschluss. Die bunten Ketten der Frau, das rötlich bemalte Gesicht und der farbenfrohe Umhang bildeten einen starken Kontrast zu der lebensfeindlichen Umgebung.

Uns wurden viele Türen geöffnet, wenn Lisa das Zauberwort action medeor aussprach. Meistens war meine Freundin der erste persönliche Kontakt zur deutschen Hilfsorganisation. Und wenn sie bei besonders bedürftigen Stationen einen ihrer Medikamentenbögen als Gutschein aushändigte, kannte die Freude keine Grenzen. Üblicherweise muss ein Besteller auf dem Bogen eintragen, wer für ihn bezahlt. Das kann ein privater Spender sein, eine Kirchengemeinde oder der tragende Orden. Lisa und ich fanden Mitfahrgelegenheiten und ergänzten uns mit unseren Kontakten, Interessen und Vorlieben. Als wir den Ngorongoro-Krater und verschiedene Reservate besuchten und Natur und Tierwelt bestaunten, überkam uns die Demut vor der Schöpfung stärker als jemals zuvor. Beim Abschied stand fest, dass dies nicht unsere letzte gemeinsame Reise gewesen sein sollte.

*

Im Folgejahr verbrachte unsere amerikanische Sr. Andrea drei Wochen bei Lisa zu Hause in Deutschland. Sr. Andrea leitete inzwischen die Administration des Krankenhauses, was bei mindestens drei permanent anwesenden Ärzten und insgesamt an die 200 Mitarbeitern eine gewaltige Aufgabe war. Ich hatte mir in den Kopf gesetzt, so schnell wie möglich Computer anzuschaffen und auf EDV umzustellen. Lisas jüngster Sohn Matthias war mit seinen 19 Jahren schon ein begnadeter Experte und so ging Sr. Andrea zu ihm in die Schulung nach Düsseldorf. Lisa war nicht nur eine engagierte Aktivistin und Spendeneintreiberin, sondern auch eine großzügige Gastgeberin. Der Schulungsplan ging auf, denn Sr. Andrea war eine gelehrige Schülerin.

Nachdem Matthias sein Abitur in der Tasche hatte, kam er für mehrere Monate nach Nyangao und kümmerte sich um die EDV im St. Walburg's Hospital. Lange Jahre waren wir Vorreiter der modernen Technik. An den Wochenenden fuhr Matthias gern nach Mtwara und ging Schnorcheln. Er war kaum aus dem Wasser zu bekommen. Ich freute mich darüber, wie sehr ein junger Mann, der sich vornehmlich für Computer interessierte und nicht besonders redselig war, von der Schönheit der Natur begeistert war. Und noch mehr freute mich sein unkomplizierter Umgang mit den Schwestern und Mitarbeitern in der Pfarrei. Alle nannten ihn nur noch *Matthias Computer* und Lisa hieß von da an *Mama Matthias*.

Lisa kam immer häufiger nach Tansania und bald arbeitete sie gemeinsam mit Pater Martin Trieb an einem Film über unser Hospital und das PHC-Projekt. Es waren aufwendige Dreharbeiten und ebenso aufwendige Schnitt- und Tonarbeiten bei der Rückkehr nach Deutschland. Es dauerte beinah zwei Jahre, bis der Film *Ein Hospital geht in die Dörfer* fertiggestellt war und vielerorts gezeigt wurde.

Zum Advent 1990 formulierte ich einen besonders ausführlichen Rundbrief. Die Liste der Spender war lang und machte mich froh. Meine Briefe gingen an jeden, der uns Geld gespendet hatte, egal, ob es sich um 20 Mark oder um Tausende für Baukosten oder anderes handelte. Mich berührten ganz besonders jene Spender, die sich diese Zahlung eigentlich nicht leisten konnten: arme Familien, Schulkinder und Rentner mit kleiner Pension, die wirklich auf etwas verzichten mussten, um Geld für das St. Walburg's Hospital zu spenden. Jeder Brief wurde in einen Umschlag gesteckt, von Hand beschriftet, mit einer tansanischen Briefmarke frankiert und auf den Weg geschickt. Das hat sich bis heute nicht geändert, auch wenn wir schon lange per Internet vernetzt sind. Viele Empfänger reichten diese Briefe weiter und neue Spender kamen hinzu. Wenn ich die Spenderliste aus unserem Mutterhaus in Tutzing einsah, dann freute ich mich über vertraute Namen, ganz besonders über meine engen und weiteren Familienangehörigen. Manche der Spender waren einst meine Lehrerinnen und Lehrer gewesen, dann gab es ehemalige Mitschülerinnen oder gar Kolleginnen und Kollegen aus Kliniken, in denen ich ausgebildet worden war. Allen war ich gleichermaßen dankbar. 1990 war ein Jahr mit vielen Schwierigkeiten – aber in welchem Jahr war das nicht so?

Liebe Freunde und Verwandte,
heute wurden die schriftlichen und mündlichen Aufnahmeprüfungen für Nursing Assistants (Schwesternhelfer/-innen) mit der Auswahl der Kandidaten beendet. Jedes Mal ist das eine schwere

Wahl, denn den 24 Plätzen stehen jeweils mehr als 200 Bewerber gegenüber – Jugend, die Ausbildung und Zukunft sucht. So mancher hat schon dies und das versucht, viele der Mädchen haben eine oder zwei Haushaltungsschulen für je zwei Jahre besucht und doch keine Arbeit gefunden. Das ist eine Not der Jugend, die wohl für beide Kontinente gleich ist. So landen viele auf der Straße; in die alte verfallende Tradition der Dörfer wollen sie sich nicht mehr einfügen; Städte gaukeln ihnen Reichtum und sog. moderne Errungenschaften vor. Viele Alte sind traurig, daß sie die Führung über die Jugend verloren haben und sind zugleich ratlos …

Viele von Euch haben gehört von der großen Flut- und Erdrutschkatastrophe, die sich hier am 4./5. April ereignete. Manches ist seitdem zum Wiederaufbau geschehen – aber sehr viel bleibt noch zu tun. Bis jetzt haben wir noch keinen Telefonanschluß – natürlich keine Priorität, wenn viele immer noch kein festes Dach über dem Kopf haben und der erste Regen schon gefallen ist, aber immerhin symptomatisch dafür, in welcher Geschwindigkeit hier manches abgeht! Die Straßen bzw. Brücken sind nun passierbar, wenn auch noch nicht fertiggestellt, aber es wird mal wieder daran gearbeitet. Die Regierung hatte den betroffenen Menschen Nahrungsmittel (Mais und Bohnen) bis April 1991 versprochen. Jetzt ist aber schon nichts mehr da – und wie gleich zu Anfang, ist die Caritas in den Diözesen Lindi und Mtwara überaus aktiv, um zu helfen. Im Hospital haben wir immer noch durch den Ausfall unseres Wasserkraftwerkes zu leiden, das total zerstört wurde. Ohne Maschinen sind wir dabei, den Damm in besserer Ausführung wiederaufzubauen. Nächstes Jahr soll eine neue Turbine von Deutschland kommen. Der Dieselgenerator macht uns weiterhin viel Kopfzerbrechen, wenn die Stromstärke so schwankt, daß die Lichter fast erlöschen. So haben auch die Mehrzahl unserer Angestellten keinen Strom in den hospitaleigenen Häusern und auch kein Wasser, denn das Wasser wird mit demselben Generator aus unserem Tiefbrunnen gepumpt. Als wir nach der Flutkatastrophe einige Wochen auf Ersatzteile aus Deutschland für den Generator warten mußten, lernten wir die Hilfe des Stromes mehr schätzen als durch die besten Theorien. Es hieß nämlich: Sterilisieren im Freien auf Holzkohleöfchen, kein Röntgen, nur noch wichtigstes Operieren, keine Infusionsherstellung, nachts mit Sturmlaternen arbeiten. Auch heute noch gibt es von Mitternacht bis um fünf Uhr morgens keinen Strom, um Diesel zu sparen und die Lebenszeit des Generators zu verlängern. Aber ein neuer Generator muß angeschafft werden! Kostenpunkt 60000 DM!! Nach Rücksprache mit den entsprechenden Leuten haben wir nun in dieser Woche einen Generator mit 100 kW in Deutschland bestellt – und ich sagte zuversichtlich, daß ich für die ganze Bezahlung aufkomme. Er hat ja einige Wochen Lieferfrist – und die Pfarrei St. Antonius in Düsseldorf hat bereits den Grundstein für die Sammlung gelegt. Ich bin optimistisch, daß wir alle zusammen das Geld aufbringen. Dann reicht es schließlich noch für das Generatorhäuschen – wer weiß? Zum Schluß möchte ich jedem einzelnen von ganzem Herzen danken für die vielfältige Hilfe, die wir wieder das ganze Jahr hindurch erfahren haben, besonders in den schweren Monaten April und Mai. Ich kann nur immer wieder erneut sagen: ohne die geistige und materielle Hilfe aus der Heimat wäre unser Einsatz hier nicht möglich.

Dank, Dank, Dank!

Jesus, unser menschgewordener Gott, möge jeden einzelnen segnen und mit seiner ganzen Liebe erfüllen – so daß es in jedem Herzen Weihnachten wird das ganze Jahr hindurch.

In der Hoffnung, viele in Deutschland 1991 zu treffen, grüße ich dankbar und herzlich

Sr. Raphaela Händler

*

Im Jahr 1992 nutzte ich die Gelegenheit, an einer Fortbildung in Kenia teilzunehmen. Dort existiert das renommierte *Maryknoll Institute*, und ich belegte einen Kurs zum Thema *African Christian Theology*. Ich lernte einiges dazu, aber ich wollte nicht an einer Prüfung teilnehmen. Mit 52 Jahren hatte ich wirklich kein Interesse mehr daran, geprüft zu werden. Doch mir blieb nichts anderes übrig, und schließlich bekam ich sogar ein Zeugnis ausgehändigt. Mir gefällt meine Beurteilung durch Pater Michael C. Kirwen noch

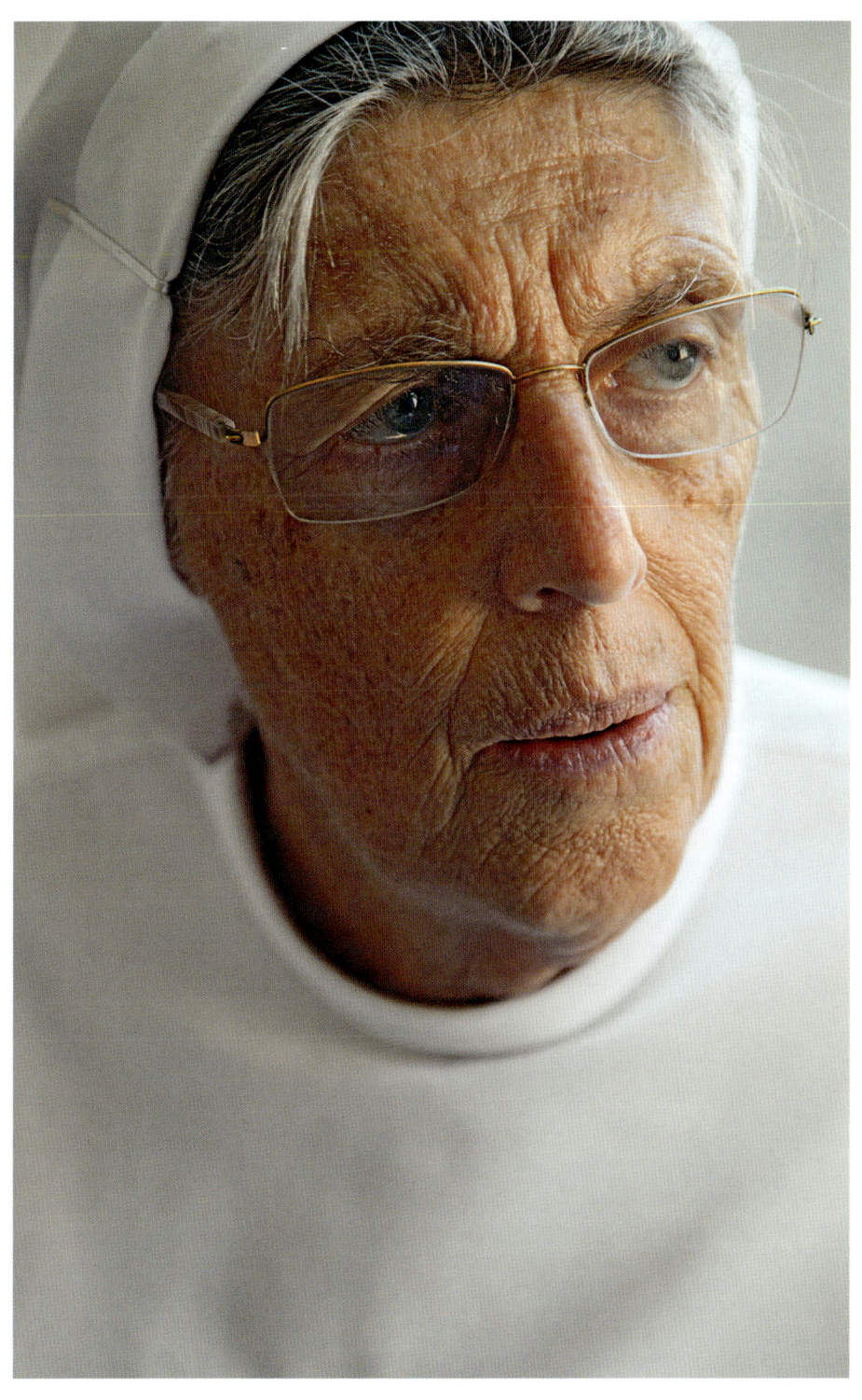

Sr. Raphaela Händler im Jahr 2011 in Ndanda (Tansania)

Christa, Ursula und Annette Händler, die drei
Geschwister (im Garten in Nottuln, ca. 1943)

Von links nach rechts: Annette,
Christa, Ursula; im Hintergrund: Vater
Wilhelm Händler (Nottuln, ca. 1952)

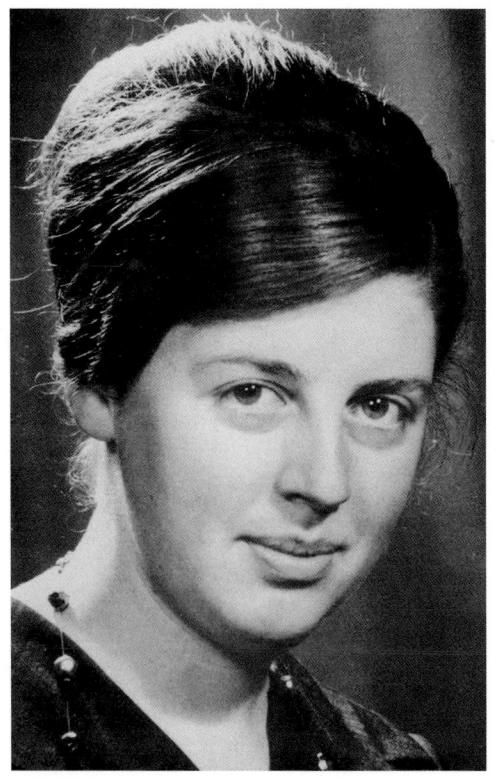

Vor dem Eintritt ins Kloster
(Weihnachten 1961)

Einkleidung als Braut, auf dem Arm
das Ordenskleid (7.9.1963)

Erste Profess, mit Mutter Anni Händler an
der Klosterpforte in Bernried (8.9.1964)

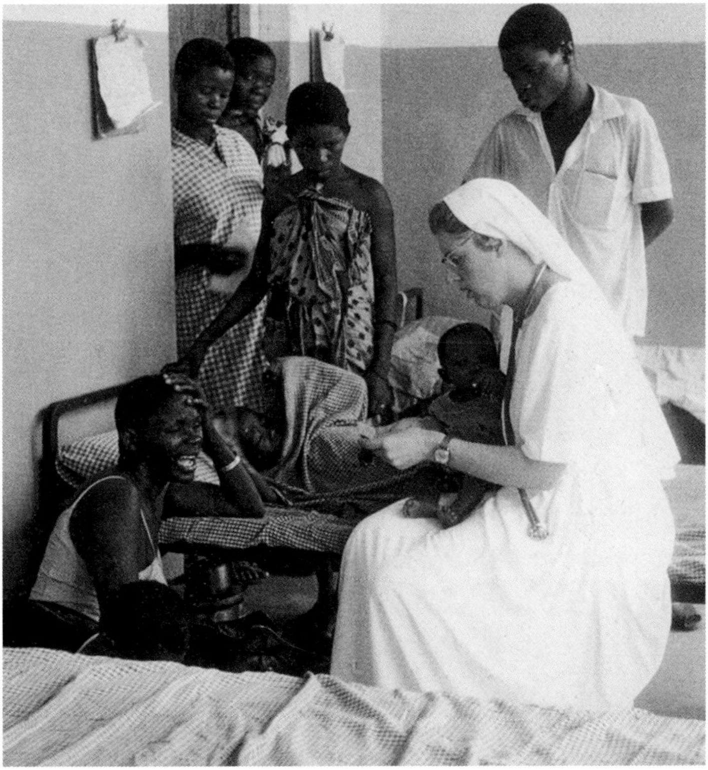

Mit Kranken im
St. Walburg's
Hospital
(Nyangao,
Tansania, 1969)

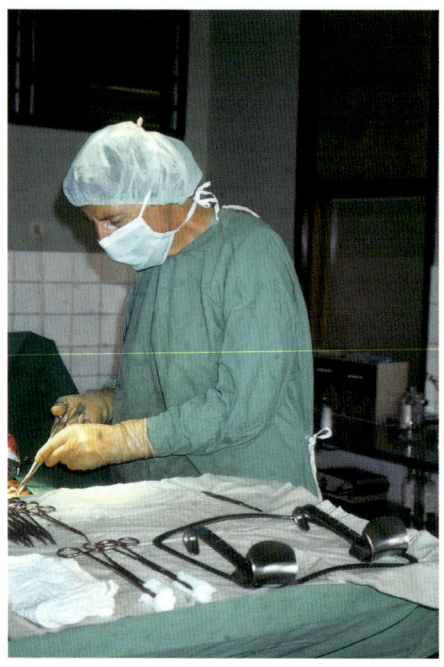

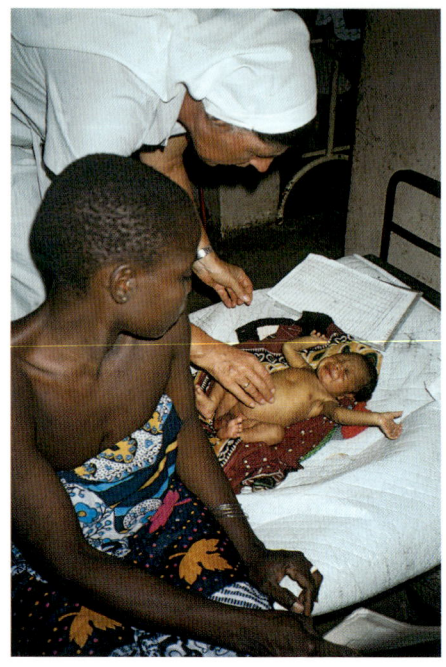

Beim Operieren im neuen Operationssaal
(Nyangao, 1992)

Auf der Kinderstation im alten Hospital
(Nyangao, 1988)

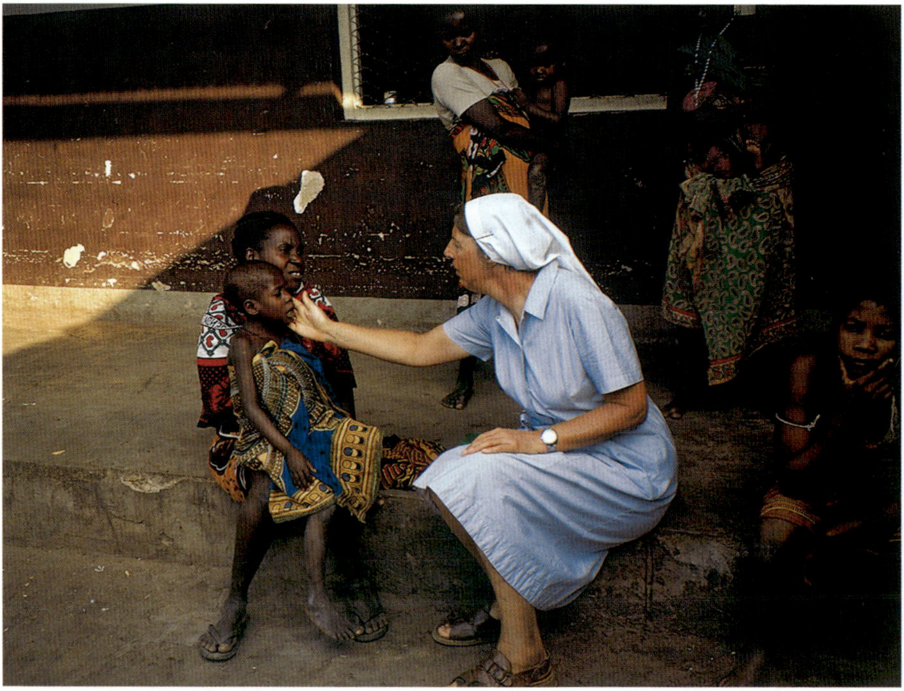

Ein kleiner Patient braucht Trost (im alten Hospital, Nyangao, 1988)

Immer wieder
ein Segen – Pakete
mit Medikamenten
von action medeor
(Windhoek,
Namibia, 1999)

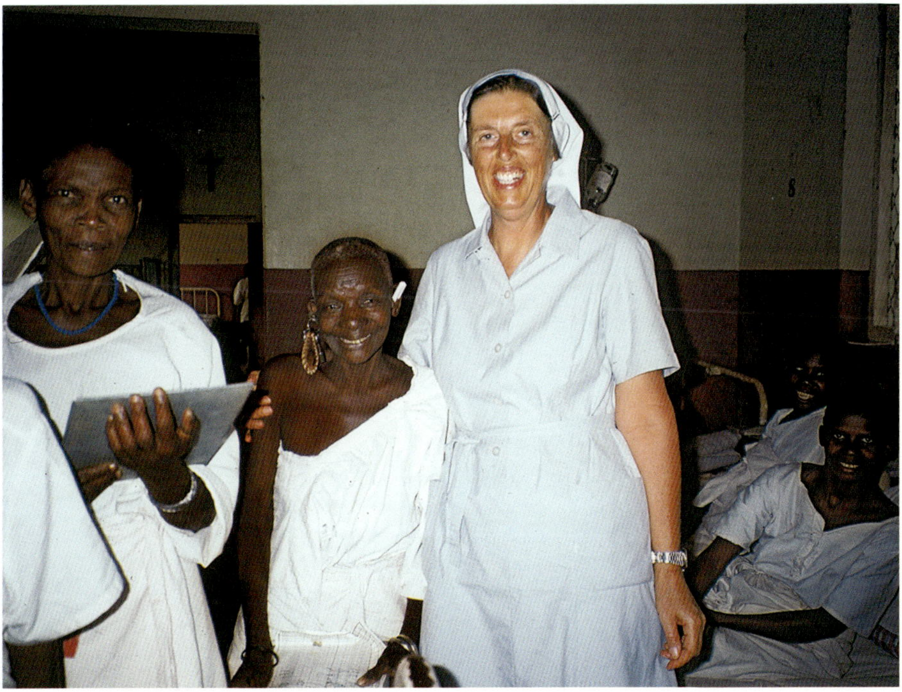

Auf der Frauenstation im alten Hospital (Nyangao, 1988)

Vor der Hütte eines traditionellen Heilers und seiner Familie (Tansania, 1992)

Ein traditioneller Heiler erklärt seine Behandlung (Tansania, 1992)

Im Dorf Chiwerere, links: die Hebamme Subira Alto (Tansania, 1990)

In Shambyu am Kavango: mit Freiwilligen von Catholic Aids Action unterwegs zum Besuch bei einem Aidskranken (Namibia, 2003)

In Keetmanshoop:
Mit einem aidskranken
Kind auf dem Arm.
Unser Erkennungszeichen:
das rote CAA-T-Shirt
(Namibia, 2003)

Ziegenprojekt in Tansania: Auch korrektes Melken will gelernt sein (1992)

Auf der Versammlung der Mitglieder eines CAA-Teams in Keetmanshoop (2003)

Meeting mit einem Health Team in Okatana (Ovamboland, Namibia, 2001)

Auf Tour in Namibia,
im Hintergrund die
Spitzkoppe (1999)

Umringt von Schülerinnen der Aquinas Secondary School in Mtwara (Tansania, 2009)

Im Mwena Kindergarten (Tansania, 2009)

In der Nähe von Mtwara am Indischen Ozean (Tansania, 2011)

In Chiwerere mit Subira Alto (Tansania, 2012)

Auf der Gala *Ein Herz für Kinder*, mit George Clooney (Berlin, 2008)

Auf der Gala *Ein Herz für Kinder*, mit Thomas Gottschalk (Berlin, 2005)

Bei Papst Benedikt XVI. im Vatikan, mit Präsident Klaus Krämer von missio (2011)

Mit Friede Springer nach der Gala *Ein Herz für Kinder* (Berlin, 2005)

Ein Ehrenherz bei der Gala *Ein Herz für Kinder*, mit Laudatorin Helen Mirren
(Berlin, 2011)

heute, auch wenn ich 20 Jahre danach noch immer über den letzten Satz schmunzeln muss:

»You showed a substantial openness to Africans and ability to communicate with them ... I think the program gave you some new insights and approaches to African life and reality: the beginning of becoming an Africanist ...You are living proof that Doctors can be inculturated.«

Die Teilnahme am Kurs machte mich euphorisch, denn was ich schon lange von meinem Verstand her wusste, was aber noch nicht gänzlich in mein Herz gedrungen war, spürte ich hier: Die Kulturen sind verschieden, aber keine ist einer anderen überlegen.

In dieser euphorischen Stimmung kam ich zurück nach Nyangao und erzählte gleich der ersten deutschen Schwester von meinen Erfahrungen. Doch ich kam kaum dazu auszureden, denn ich musste mir anhören, dass ich mich irren würde. Schließlich hatten wir doch unsere Dichter und Denker, einen Goethe, einen Schiller und andere. Mir verschlug es zunächst die Sprache, aber dieses kurze Gespräch ging mir nicht mehr aus dem Kopf, denn schon bald kamen mir ähnliche Ansichten von anderen Deutschen zu Ohren. In mir sträubte sich alles gegen ein Weltbild, das die eine Kultur als etwas Besseres ansieht als die andere. Umso mehr freute ich mich über junge Deutsche, die zu uns kamen und sich problemlos mit den Einheimischen verstanden und sich fraglos mit ihnen auf eine Stufe stellten.

Aids – Der Anfang der Pandemie

Unser Labor hatte sich enorm vergrößert. Inzwischen stellten wir fünf Standardinfusionen selbst her. Mit einer eigenen Aufbereitungsanlage konnten unsere ausgebildeten Mitarbeiter keimfreies Wasser gewinnen und täglich 250 Flaschen mit Infusionen herstellen. Das Glas, die speziellen Verschlüsse und sämtliche Ingredienzen, wie Glukose, Dextrose, Kochsalz und Elektrolytlösungen, wurden weiterhin überwiegend aus Deutschland importiert, nur der entscheidende Gewichtsfaktor für die Frachtkosten – das Wasser – kam aus Tansania. Mit der produzierten Menge ließen sich sogar noch zwei weitere Krankenhäuser versorgen. Alles in allem war dies ein entscheidender Schritt auf dem Weg zu einer selbstständigen medizinischen Versorgung. Unsere Infusionen kosteten weniger als ein Fünftel der Importware. Im St. Walburg's Hospital waren wir stolz darauf, so viele Patienten optimal zu versorgen. Sr. Pia war zuständig für die Krankenhausapotheke und hatte alle Hände voll zu tun, die großen Mengen an Vorräten zu bestellen und zu verwalten. Weniger als ein Zehntel der benötigten Arzneien konnten wir in Tansania bekommen. Fast alles kam von action medeor aus Deutschland.

*

Es hatte Ende der Achtzigerjahre begonnen. Zunächst tauchten Gerüchte über eine *neue Krankheit* auf. Niemand wusste etwas Genaues. Krankheiten gab es hier zuhauf, und so versetzten uns die ersten Informationen, die der eine oder andere in Dar-es-Salam vom *Hörensagen* aufgeschnappt hatte, nicht in Unruhe. Erst als einer unserer Krankenpfleger von einer Fortbildung zurückkam, erhielten wir erste interessante Informationen, die sich jedoch weniger auf den Krankheitsverlauf, sondern mehr auf die Übertragung bezogen.

»Die Pfarrer werden froh sein«, sagte der Krankenpfleger mit einem gewissen Witz und alle hörten ihm aufmerksam zu. »Die Leute müssen treu in der Ehe sein, weil die Krankheit durch Sex übertragen wird. In Tansania gibt es das aber noch nicht, eher in Uganda und Ruanda.«

Als eine Frau eingeliefert wurde, dürr wie ein Gerippe, rätselten wir: Was hatte sie nur? Was war mit ihr passiert? Gemeinsam überlegten wir und kamen auf keine passende Diagnose. Die Frau stammte zwar aus Nyangao, hatte aber in der letzten Zeit in der Hauptstadt gelebt. Wenig später starb sie, und ihre Angehörigen fanden eine handgeschriebene Liste, auf der die Frau alle Namen ihrer Sexualpartner festgehalten hatte. Es war ihr offenbar ein Bedürfnis gewesen, diese Liste nach ihrem Tod an die Öffentlichkeit zu bringen. Es waren an die 30 Namen, und bald machte das Gerücht von der *neuen Krankheit* die Runde. Die Frau hätte sie aus Dar-es-Salam mitgebracht.

Mir und meinem Team wurde angst und bange. Ich war verantwortlich für das Hospital und wer konnte schon wissen, was infizierte Patienten nicht schon alles eingeschleppt hatten. Wir hatten keine Ahnung, ob und wie diese Krankheit übertragen wurde. Immer wieder landeten Patienten bei uns, die ohne Diagnose starben. Wir wussten einfach nicht, woran sie litten. Und da halfen auch die modernen Geräte nicht, die ich aus Deutschland mitgebracht hatte.

Bei uns war es üblich, dass Patienten, die operiert wurden, jemanden mitbrachten, der Blut spendete. Bei einer Gebärmutterentfernung musste eine Menge Blut als Reserve vorhanden sein. Da Blut als Hort des Lebens angesehen wird, war es nie einfach, Spender zu finden. Nicht benötigtes Blut ging selbstverständlich in unsere kleine Blutbank.

Die Gerüchte wurden zur Gewissheit. Bald hatte die neue Krankheit einen Namen. AIDS – *Acquired Immune Deficiency Syndrome, erworbenes Immundefektsyndrom,* UKIMWI auf Swahili.

Die Übertragungswege waren nicht sofort hinlänglich bekannt, doch wusste man, dass Blutübertragungen eine Hauptursache waren. Ungeduldig wartete ich immer auf die neue Ausgabe meines *Deutschen Ärzteblatts,* das mit einigen Wochen Verspätung bei mir eintraf.

Bald gab es neue Erkenntnisse und auch die ersten Teste auf das HI-Virus, das Humane Immundefizienz-Virus, die durch ein Projekt von Misereor ins Land kamen. Sie waren ausschließlich für die Blutbanken katholischer Krankenhäuser gedacht, nicht zum Testen von Patienten. Aufgrund der geringen Haltbarkeit der Teste verwendeten wir einige dann doch dafür. Lieber sinnvoll nutzen, als wegwerfen, lautete die Devise. Doch was war bei einem positiven Testergebnis zu tun? Die offizielle Politik des tansanischen Gesundheitsministeriums sah vor, die Testpersonen – in diesen Fällen Blutspender – nicht darüber zu unterrichten, denn es gab keinen zweiten Kontrolltest für Blutproben. Nach einem positiven Ergebnis wurden die Blutproben entsorgt.

Das brachte uns in große Konflikte: Einer unserer Pfarreimitarbeiter, ein beliebter und für alle handwerklichen sowie technischen Probleme talentierter Mann, den jeder im Ort kannte, kam zum Blutspenden für sein eigenes Kind zu uns ins Hospital. Als das Labor mir sein positives Ergebnis mitteilte, hatte ich sofort seine Frau vor Augen. Es war allgemein bekannt, dass er kein treuer Ehemann war, und ich machte mir große Sorgen, welche Frauen er womöglich schon angesteckt hatte. Was sollte ich unternehmen? Es stieg eine gewisse Panik in mir auf. Keiner wusste so genau, was die neue Krankheit bedeutete und was hier eigentlich vor sich ging.

Schließlich suchte ich das Gespräch mit dem Pfarreimitarbeiter und erzählte ihm von dem Ergebnis. Das war zu jenem Zeitpunkt ein klares Todesurteil. Er war fassungslos und vollkommen überfordert mit der Situation.

»Du musst es deiner Frau sagen«, riet ich ihm.

»Das kann ich nicht.«

»Sollen wir es zusammen versuchen?«

Er nickte nur. Auch seine Frau ließ sich testen und war positiv.

Nach und nach waren wir besser informiert über die Ursachen und Ausbreitungswege der Krankheit. Erste Statistiken aus anderen afrikanischen Ländern tauchten auf, die wir jedoch nicht ohne Weiteres auf Tansania übertragen konnten. Wir konnten nur Rückschlüsse aus dem Pool der Blutspender ziehen und fragten uns ständig, wie hoch die Durchseuchung wohl tatsächlich war und wie wir uns schützen konnten. Manche Kollegen verlangten, dass jeder Patient vor einer Operation getestet wurde, um sich selbst besser schützen zu können, denn schließlich waren wir ständig mit Blut in Kontakt. Ein deutscher Arztkollege, der mit Frau und Kindern in Nyangao war, hatte enorme Furcht vor einer Ansteckung und wusste sich kaum noch zu helfen.

»Meiner Meinung nach ist es eine falsche Einstellung, die Patienten zu testen, damit wir uns selbst besser schützen. Wir müssen *immer* in der Annahme behandeln, dass *alle* Patienten infiziert sind, denn sonst werden wir uns nie ausreichend schützen. Bei Hepatitis ist es doch nichts anderes. Ich rate als zusätzliche Schutzmaßnahme zu doppelten Handschuhen«, sagte ich.

Noch immer gab es bei uns keine dünnen Einmalhandschuhe, sondern nur re-sterilisierte Handschuhe. Die waren zwar wesentlich robuster, wurden jedoch mit jeder Anwendung poröser. Manchen Kollegen merkte man die zunehmende Nervosität deutlich an. »Wir müssen die Leute informieren! Sie müssen sich schützen«, sagte ich und ahnte nicht, wie naiv meine Vorstellung war.

Niemand wollte darüber reden, niemand wollte von unseren Mitarbeitern aufgesucht werden, damit die Nachbarn ja nicht denken würden, man hätte etwas mit der *neuen Krankheit* zu tun. Der Name durfte niemals ausgesprochen werden. In Bezug auf HIV/ Aids war alles tabu.

In einem meiner Adventsbriefe versuchte ich, die Spender über die Lage *aufzuklären*.

Liebe Freunde, Verwandte und Bekannte!

Im letztjährigen Adventsbrief bat ich um einen Strom des Lichtes und der Liebe – und tatsächlich fließt dieser Strom täglich bei uns! Dafür möchte ich vor allem anderen von Herzen danken! Im Klartext heißt das: durch die Hilfsaktion konnten wir einen 100-kW-Generator kaufen für 60000.– DM, in einem schönen, roten, lärmdämpfenden Gehäuse. Bis er stand, gab es allerdings noch etliche Frustrationen – denn wir sind nun mal in Afrika, wo nicht alles so klappt wie andernorts!

Dazu kommt nun das Gespenst von AIDS! Z. B. kürzlich ein 17-jähriges Mädchen, entband am Termin ein Kindchen mit 1 kg Geburtsgewicht, das bald verstarb. Sie lebt bei ihrem Freund in Daressalam, kam zur Geburt nach Hause, in unser Dorf. Sie hatte nie daran gedacht, daß sie infiziert sein könnte. In Daressalam sind 10 % der Schwangeren HIV-positiv, ein Drittel auf den internen Stationen. Inzwischen hat sich bei uns die Zahl der positiven Teste bei den Blutspendern mehr als verdoppelt: von 2 % auf 4,5 %. Das heißt: unter 1000 Menschen muß man mit 45 Infizierten rechnen. Wir sahen nun schon gut 180 Patienten im Spital. Da wir nur sehr begrenzte Testmengen zur Verfügung haben, muß man mit höheren Zahlen rechnen. Ich versuche, unseren Mitarbeitern immer wieder deutlich zu machen, daß sie sich nur dann vor Ansteckung schützen können, wenn sie davon ausgehen, daß jeder Patient infiziert ist. Was werde ich in einem Jahr zu diesem Thema schreiben? Offiziell heißt es von der Regierung, daß alle Hospitäler genügend Teste bekommen, um alle Blutspender zu untersuchen – d. h. in der Praxis, daß wir zweimal 100 Teste bekamen. Das reicht uns etwa für zwei Monate – auch bei unserer sehr restriktiven Anwendung von Bluttransfusionen. Das meiste Blut geht an Kleinkinder mit lebensbedrohender Anämie und Malaria. Wir sind Misereor dankbar, daß wir für die nächsten vier Jahre unsere Teste sichergestellt haben. Ein Test kostet das 90-Fache des Gesundheitsbudgets des Landes pro Kopf!

Während meines Heimaturlaubs in diesem Jahr durfte ich sehr viel Liebe und Hilfe erfahren. Das war eine große, positive Erfahrung für mich. Leider konnte ich nicht alle besuchen, denen ich es versprochen hatte. Hoffentlich habe ich dadurch niemanden verletzt! In Gedanken und im Gebet sind mir alle nahe. Zum Weihnachtsfest erbitte ich allen eine immer tiefere Menschwerdung durch die Verinnerlichung der Menschwerdung Gottes und für das Neue Jahr Gottes beständiges Geleit!

Mit Dank für alle Hilfe und allen guten Wünschen
Ihre Sr. Raphaela

Drei Wochen nach diesem Brief feierten wir das Weihnachtsfest. In jenem Jahr warteten die Menschen auf den überfälligen und erlösenden Regen, und so hatten wir nur einen großen Weihnachtswunsch: Regen! Für die Bauern, die so sehr warteten auf dieses Nass für ihre Felder und unentwegt die ewig junge Frage stellten: *Wann sollen wir in diesem Jahr pflanzen, wann säen?* Für uns alle wünschten wir Regen, denn gemeinsam litten wir unter der feuchten Hitze, von der uns nur ein Wolkenbruch erlösen konnte.

Mein Weihnachten versetzte mich über Tage in eine besondere Stimmung. Am 23. Dezember unternahm ich stets bei den Patienten eine Weihnachtsvisite mit einer kleinen Bescherung. Obwohl das Krankenhaus überfüllt war, zählte ich dieses Mal nur drei Christen. Ihnen schenkte ich zusätzlich zu den kleinen Aufmerksamkeiten, die jeder bekam, eine Bibel, ein wenig Zucker und ein Stück Seife.

Wir Schwestern feierten den Heiligabend in der Pfarrkirche, wo eine Weihnachtskrippe aufgestellt war. Aus dem Hospital »lieferte« ich für diesen Anlass immer ein Neugeborenes als *Jesuskind*. Es war ein schönes Bild. Pater Polykarp Uehlein, ein Missions-Benediktiner aus Münsterschwarzach, der bereits seit den Sechzigerjahren in der Abtei von Ndanda lebte, hatte den modernen Betonbau vor Jahren ausgemalt. Es überwog die Farbe Rot. Seine ungewöhnliche Gestaltung hatte der Künstler nie kommentiert, aber mir gefällt die Kirche bis heute beim Gebet jedes Mal aufs Neue. Hier steht der Altar nicht in der Mitte, sondern gleichwertig neben dem Ambo. Dadurch erscheinen das Wort Gottes und die Eucharistie gleichwertig. Das Kreuz ist lang und schmal, Christus, weit unten angeschlagen, neigt sich vor zur Gemeinde, zu uns. Das ungewöhnliche Altarbild, mit der grafischen Gestaltung aus spitz zulaufenden Flächen in Rottönen, zeigt in meinen Augen das *Zelten* Gottes unter uns Menschen. *Er weilt unter uns!*

Nach dem weihnachtlichen Gottesdienst nahm ich den Kirchenchor mit ins St. Walburg's Hospital, wo wir auf allen Stationen sangen. Diesen Teil des Festes mochte ich besonders gern und ich fühlte mich ganz nah bei den Menschen, bei den Kranken und Bedürftigen.

*

Nachdem die Dorfhebammen so erfolgreich geschult worden waren und ihre Arbeit von den Frauen in den Dörfern wertgeschätzt wurde, nahmen eines Tages *wagangas,* traditionelle Heiler, Kontakt zu unserem Gesundheitshelfer Celestin auf und baten um Fortbildungen. Ich war überrascht, aber nicht abgeneigt, mit ihnen zu arbeiten. Ein erster Workshop fand außerhalb des Krankenhauses statt, und wir nahmen das Thema HIV/Aids ins Programm und unterrichteten die Heiler über die Übertragung des Virus durch Blut und Sex. Da sie bei ihren rituellen Behandlungen durchaus mit Hauteinritzungen arbeiteten, war eine strenge Hygiene besonders wichtig. Der Kurs lief besser und unkomplizierter, als ich erwartet hatte.

In der Folge suchten einzelne *wagangas* Kontakt zur Klinik und überwiesen Patienten an mich.

Nach und nach lernte ich immer mehr Heiler kennen und war sogar bei einigen ihrer Zeremonien und Behandlungen dabei. Manche von ihnen lud ich in die Klinik ein, um unseren Behandlungsansatz genauer vorzustellen. Es waren Männer in auffallender Kleidung und mit bestickten Hüten darunter, manche trugen gar Zepter – die Insignien ihrer herausragenden Stellung. Nicht wenige Medizinmänner betrieben in entfernten Gegenden selbst kleine Buschkrankenhäuser mit stationärer Behandlung, insbesondere für Patienten mit psychischen Erkrankungen.

In unserem Labor zeigte ich ihnen das Mikroskop, unser Röntgengerät und andere Medizintechnik. Sie waren ausgesprochen interessiert, und ihr erstes Fazit war für mich mindestens so spannend wie ihr erster Blick durch ein Mikroskop.

»Dieses Konzept der Medizin gilt für dich, *Mama Daktari*, aber nicht für uns. Wir müssen herausfinden, welcher *Jini*, welcher Geist, hinter den Krankheiten steckt«, sagte einer der Männer, als sie in meinem Sprechzimmer saßen. Die anderen nickten einmütig. Ich konnte mir ausmalen, was sie damit meinten, denn in den Dörfern hatte ich ein anderes Verständnis von Krankheit kennengelernt. Danach glaubten viele Menschen an dämonische Geister und die Kraft verstorbener und lebender Verwandter und Neider. Ihnen traute man es durchaus zu, Verwünschungen und Flüche aussenden zu können, die schlimmstenfalls seelische und körperliche Beschwerden und Krankheiten zur Folge hatten. Viele Menschen glaubten fest daran und versuchten, sich gegen das *Üble*, gegen die *Jinis,* zu wappnen. Amuletten, Arzneien aus Kräutern oder geheimnisvollen Texten und Koranversen wurden wirkungsvolle Heilkräfte zugeschrieben. Diese Heilmethoden als Scharlatanerie abzutun, hilft weder den Kranken noch dem Verhältnis von westlicher zu traditioneller Medizin.

*

Misereor beteiligte sich an einem Schulprojekt in der Region Lindi, damit den Jugendlichen einmal pro Woche eine Stunde Aufklärung über HIV/Aids erteilt werden konnte. Da die staatlichen Lehrer dabei nicht mitzogen, schulten Celestin und ich Katecheten, die fast überall unterrichteten. Sie bekamen eine kleine Entlohnung für diesen Unterricht, und ich hoffte inständig, dass sie die Inhalte verständlich vermittelten, damit die sexuell aktiv werdende Altersgruppe sich genau überlegte, auf welches Risiko sie traf. Wir planten zusätzlich ein *Home-Based Programme*: Besuch der Kranken zu Hause in ihren Hütten. Doch dafür war das Stigma noch zu groß. Besuche waren schlicht und einfach nicht erwünscht. Keiner sollte erfahren: In dieser Hütte gibt es jemanden mit der neuen Krankheit!

Lebensmüde

In den 14 Jahren, die ich als Chefärztin in Nyangao tätig war, entwickelte sich das St. Walburg's Hospital zu einem Zufluchtsort medizinischer Hilfe für eine Million Menschen im Süden Tansanias. Hand in Hand arbeitete das Krankenhaus mit dem Basisgesundheitsdienst daran, den Teufelskreis von Armut, Unwissenheit, Krankheit, Schicksalsergebenheit und Elend zu durchbrechen und Krankheiten schon von vornherein zu verhindern. Vieles war gelungen, und mein Team und ich waren stolz darauf. Für mich war es die bisher schönste und wertvollste Aufgabe meines Lebens: Hin zu den Menschen, ihre Initiative wecken und ihnen die Eigenverantwortung für ihre Gesundheit zurückgeben. Bei der oft fatalistischen Mentalität vieler Afrikaner wird dies immer eine Herausforderung bleiben. Ich bin davon überzeugt, dass man solche Aufgaben auf Dauer nur durchhält, wenn man eine große Liebe zu den Menschen hat und sie durch den Glauben an sich selbst ermutigt und dazu befähigt, die Hoffnung nicht aufzugeben.

Meine Welt brach zusammen, nicht lange, nachdem ich vom Krefelder Symposium *Gesundheit schafft Entwicklung* aus Deutschland zurück nach Nyangao gekommen war. Das deutsche Medikamentenhilfswerk action medeor, der Veranstalter des Symposiums, hatte mich als Referentin zum Thema *Basisgesundheitsversorgung in Tansania* eingeladen. Zurück in Tansania stürzte ich mich wieder in die Arbeit und freute mich, wie wunderbar mein Team im Hospital bei der Sache war. Im Konvent jedoch hatte sich die Stimmung gewandelt, ohne dass ich wusste, was genau die Veränderung ausmachte. Doch dann musste ich nach 14 Jahren in Nyangao unvermittelt einen Satz hören, der mich wie ein Schlag in die Magengrube traf.

»Welch eine Schande, dass das Krankenhaus so eine Chefin hat!« Diese unfassbaren Worte kamen ausgerechnet von einer Mitschwester, die selbst sehr lange als Ärztin in einem tansanischen Krankenhaus tätig gewesen war. Es folgten Anklagen, gegen die ich mich nicht zur Wehr setzen konnte und die mich am Boden zerstörten. Anstatt der Schwester *an die Gurgel* zu gehen und Aufklärung zu verlangen, brach ich unter Tränen zusammen.

Ich wusste kaum, wie mir geschah, alles drehte sich und meine Tränen flossen in Strömen.

Die Ereignisse überschlugen sich: Dr. Ingo und Dr. Guido hatten offenbar versucht, den Spieß umzudrehen, und mich beim Ortsbischof in Lindi und bei meinen Oberen angeklagt. Ich traute meinen Ohren nicht, als ich vor beide Seiten zitiert wurde. Die Anschuldigung lautete: Dr. Raphaela Händler steht auf der Seite der Tansanier und nicht auf der Seite der Deutschen! Ich war fassungslos. Und noch unbegreiflicher war mir, dass sowohl der tansanische Bischof wie auch meine deutschen Oberen die Klage der Ärzte als berechtigt ansahen und mich beschuldigten! Bischof Bruno Ngonyani war einige Jahre jünger als ich, ein kleiner und stämmiger Mann, der stets ein großes Interesse an unserem Krankenhaus gezeigt hatte, auch wenn die Diözese nie über die Mittel verfügte, uns finanziell zu unterstützen. Auch der Bischof selbst hatte einen einfachen Lebensstil zu führen, vom tansanischen Staat kam keinerlei Unterstützung. Er war ein Mann des Südens und musste doch mit den Belangen der einfachen Menschen dieser armen Region vertraut sein. Ich konnte nicht nachvollziehen, wie blind er und meine Oberen aus dem Orden gegenüber einem Rassismus waren, der meiner Meinung nach eindeutig abgelehnt werden musste. Es konnte hier doch nicht um ein *für* oder *wider* tansanische oder deutsche Kollegen gehen! Mir fehlten die Worte und ich war kaum in der Lage, mich zu *verteidigen*. Man klagte mich regelrecht an.

Ich versuchte, mich damit zu trösten, wenigstens auf der Seite der *Armen und Kleinen* zu stehen, für die wir gekommen waren. Mit den *Reichen und Großen* fand ich keine gemeinsame Diskussionsgrundlage. In meinem Konvent trat niemand für mich ein.

Ich suchte Rat bei Kolleginnen und Kollegen, bei Pfarreimitarbeitern und Vertrauten. Aber was sollte ich ihnen sagen? Ich wusste doch selbst kaum, woher plötzlich diese große Ablehnung kam, und war einzig auf Mutmaßungen angewiesen. Meine Vertrauten außerhalb des Konvents waren gleichermaßen erstaunt und schüttelten den Kopf über die absurden Anschuldigungen.

Ein ziviler deutscher Mitarbeiter sagte etwas, über das ich noch lange nachdachte:»Ihr im Kloster habt keine Erfahrung mit Konfliktbewältigung, bei euch wird alles unter den Teppich gekehrt. Aber das ist doch nur ein fauler Friede.«

Während ich außerhalb meines Konvents Unterstützung fand, suchte ich sie innerhalb des Konvents zumeist vergeblich. Ich wurde immer hilfloser und war wie gelähmt. Es war von *Schande* die Rede und ich war unfähig zu fragen, worin diese Schande überhaupt bestehen sollte.

Was war nur los? Was warf man mir vor? Seltsamerweise traute ich mich nicht, der Sache auf den Grund zu gehen. Ich konnte mich mühelos als Chefärztin eines Hospitals behaupten, ich hatte vieles aufgebaut und mich gegen zahlreiche Widrigkeiten durchgesetzt, aber gegenüber meinen Mitschwestern, und vor allem gegenüber meinen Oberen, war ich hilflos. Ich benahm mich wie eine *kleine Schwester* und räumte ihnen große Macht über mich ein. Im Alter von 54 Jahren, als gestandene Ärztin konnte ich meiner Priorin gegenüber nichts weiter als Gehorsam zeigen. Wer war ich denn schon, dass ich mich gegen sie zur Wehr setzen konnte? Ich hockte da und weinte. Alles um mich herum war nur noch Dunkelheit, in der ich keinerlei Ausweg mehr sah. *Mein Krankenhaus, mein Kind,* für das ich alles gegeben hatte! Die Tränen wollten nicht versiegen, und ich war des Lebens müde. Oft dachte ich, der einzige Ausweg wäre Selbstmord. Noch nie in meinem Leben hatte ich solche Gedanken gehabt. Gab es denn nicht ein ganz kleines Licht am Ende des Tunnels? Wo war mein Glaube, dass Jesus immer bei mir ist, auch in dunkler Schlucht?

Dann traf ich einen Entschluss: Ich werde gehen, so bald wie möglich!

Ich schrieb einen Brief an meine Priorin, die im 45 Kilometer entfernten Ndanda war. Sie kannte den guten Ruf unseres Krankenhauses in allen Details. In dem Brief teilte ich ihr meine Entscheidung mit, von meiner Position als Chefärztin zu resignieren und das Land zu verlassen. Und ich schrieb ihr auch, dass dieser Entschluss felsenfest stand und unwiderruflich war. Ich musste weg. Mir fehlten die Luft zum Atmen und die Kraft zum Handeln. Ungeduldig wartete ich auf eine Antwort.

Eine derartige *Kündigung* ist bei uns im Orden absolut unüblich. Unsere Priorin fand meinen Brief einige Tage später auf ihrem Schreibtisch und lud mich vor.

»Bringen wir alles vor den Herrn im Tabernakel«, lautete ihr Kommentar, womit nichts anderes gemeint war, als dass wir kein weiteres Wort mehr über die *Angelegenheit* wechseln mussten, sondern still und leise zum Gebet in die Kapelle gingen. Wir vertrauten es dem Herrn Jesus Christus an, der schon alles recht machen wird.

»Ja, das werden wir tun«, sagte ich. Damit blieb der unbekannte *Kern* des Problems vollkommen ausgeblendet.

»Und wie stellen Sie sich das vor, Sr. Raphaela? Wohin wollen Sie gehen? Sie schreiben, Sie wollen das Land verlassen«, sagte sie.

»Schicken Sie mich in ein Sabbatjahr. Ich möchte einen Kurs am Institute of St. Anselm in England belegen.« Diesen Tipp hatte ich von einem geistlichen Vertrauten aus der Pfarrei. Dort würde man Verständnis für meine Lage haben und mich stärken können.

Die Erleichterung über diesen Lösungsvorschlag war den Schwestern deutlich anzumerken, und so gaben sie mir gerne ihre Erlaubnis. Für Nyangao bedeutete dies mindestens ein ganzes Jahr ohne mich. Und wer wusste schon, was danach kam?

Der mehrmonatige Kurs für Führungskräfte der katholischen Kirche in England fing schon Ende September 1994 an, und so musste alles sehr schnell gehen.

Es gab kein klärendes Abschlussgespräch und niemand sagte mir, worin eigentlich mein *Vergehen* bestand. In meiner Verfassung wollte ich auch nichts mehr hören, sondern nur noch ganz weit weg von Nyangao.

Irgendwo tief im Herzen wusste ich: Wenn ich dieses Desaster irgendwie durcharbeiten kann, dann wird etwas Gutes daraus werden. Aber bis dahin war es noch ein weiter und tränenreicher Weg. Mein Herz schmerzte, weil ich ausgerechnet von den Meinen verworfen wurde. Aber das war ja auch das Schicksal Jesu gewesen. Seine eigene Familie hatte ihn für verrückt erklärt und wollte ihn mit Gewalt an seinem Tun hindern. Während Jesus von Anhängern umringt war, die ihm zuhörten, schämten die Seinen sich für ihn. Jesus hatte das alles durchmachen müssen. Bei Markus 3,21 heißt es: *Und als es die Seinen hörten, machten sie sich auf und wollten ihn festhalten; denn sie sprachen: Er ist von Sinnen.* Wer sich auf die Nachfolge Jesu einlässt, muss damit rechnen, nicht verstanden und angefeindet zu werden.

Bevor ich abreiste, organisierte mein Hospitalteam in aller Eile ein Abschiedsfest für mich. Gerne denke ich an diese schöne Feier zurück, die so kreativ von den Mitarbeitern des Spitals gestaltet war. Ich sollte eine Abschiedsrede halten und ergriff als Ordensfrau das Wort.

»In all den vielen Jahren mit euch in Nyangao wollte ich in der Dunkelheit des Lebens Zeugnis abgeben von Jesus Christus«, sagte ich und freute mich, wie gut diese Worte aufgenommen wurden. »Zeugnis vom umfassenden Heilen Gottes an uns wollte ich geben, wie es mein Name ausdrückt, Rapha-el.« Zu jenem Zeitpunkt benötigte ich das Heilen Gottes in Jesus Christus mehr denn je. Und ich konnte nur hoffen, dass mein Sein weiterhin heilend war für andere. Hier sprach nicht Dr. Händler, die *nur* als Ärztin nach Afrika gekommen war, sondern ich als Christin im Sinne von *Heilet die Menschen und verkündet: das Reich Gottes ist nahe.* Die Begegnung mit Jesus Christus gab es nicht nur vor 2000 Jahren, sondern das muss Kirche heute, das müssen wir als Zeugen, als Getaufte als Anspruch an uns annehmen. Und so ging ich auch nicht als Dr. Händler, sondern als Christin. Mein Hospitalteam zeigte mir, dass sie verstanden hatten, was ich in all den Jahren wollte. Es war ein schwerer Abschied. Ich bekam eine Kanga geschenkt, die ich auch 20 Jahre später noch gern in die Hand nehme. Sie gehört zu meinen wenigen *Besitztümern* und tut mir gut.

Bevor ich ging, schrieb ich noch einen Brief an unsere Partnergemeinde St. Antonius, denn wir konnten im August 1994 unsere zehnjährige Partnerschaft feiern.

Liebe Schwestern und Brüder in unserer Partnergemeinde St. Antonius!

»Alles, was ich alleine machen muß, ist schwer. Wenn ich es zusammen mit anderen tue, wird es leicht – sogar die schwere Arbeit des Mehlmahlens.«

Das ist die Aussage einer afrikanischen Frau, meiner Freundin Subira Alto, der ich beim Mahlen geholfen hatte. Es dauerte nicht lange, da hatte ich starke Rückenschmerzen: kniend muß man tief gebeugt mit einem glatten Stein das Korn zerreiben. Wie verschieden ist diese afrikanische Reaktion von der europäischen, individualistischen! Wir machen vieles lieber allein, so wie wir es wollen, dann brauchen wir uns auch nicht über andere zu ärgern. Partnerschaft zwischen zwei Völkern, Gemeinden, bedeutet Austausch verschiedener Erfahrungen in großer Hochachtung vor der anderen Kultur. Je länger ich hier bin, desto mehr meine ich, daß ich die afrikanische Mentalität letztlich nicht verstehe. Die Kulturen sind so sehr verschieden. Als ganz gefährlich sehe ich es an, wenn man, vom Unterbewussten bestimmt, davon ausgeht, daß die eigene Kultur die bessere, höherstehende ist. Das ist sicher oft Wurzel der Kommunikationsschwierigkeiten, das Verletzendste beim Kolonialismus. Diese Verwundungen sind hier immer noch nicht vergessen. Sie, die Christen von St. Antonius, haben sich anders entschieden. Trotz dieses fernen Krankenhauses in Nyangao, Tanzania, haben Sie sich auf eine Partnerschaft eingelassen. Ich hoffe, daß Sie in diesen zehn Jahren etwas gelernt haben für Ihr eigenes Leben von der Lebensfreude, der Lebensbejahung unserer afrikanischen Mitarbeiter und Patienten. Sie können von Herzen lachen und ihr karges Mahl teilen, auch wenn es ihnen schlecht geht, keine Vorräte mehr für morgen da sind. Gastfreundschaft ist ein so hoher kultureller Wert, daß nicht nach dem Morgen gefragt wird. Wenn wir nur mehr in dieser Gegenwart und Offenheit leben könnten, nicht so viel ängstliches Sorgen, wie Jesus uns in der Bergpredigt sagt. Auf ganz beglückende Weise habe ich das diese Woche wieder erfahren dürfen, als ich zu Gast war bei dieser Subira. Ohne Frage stellte sie mir selbst ihr eigenes Bett zur Verfügung. Von ganzem Herzen nahm sie mich in ihre arme Hütte auf: ja, ganz in ihr Leben und in ihr Herz. Es gab wahrlich nichts mehr, was sie noch mit mir hätte teilen können. Ich empfing das als ganz großes und kostbares Geschenk!

Wir sind hier in diesen zehn Jahren so sehr bereichert worden durch Ihr großzügiges Teilen von materiellen Gütern: Geld, Bettwäsche, Waschmittel, Kerzen. Weiterhin ist St. Antonius hier unser größter Helfer. Es ist Tatsache, daß wir nicht wissen, wie wir hier weiterarbeiten könnten, ohne Ihre Hilfe. Wir sehen hier im Land keine andere Möglichkeit, finanzielle Unterstützung zu bekommen, als durch die minimalen Beiträge der Patienten und von der Regierung. Letzteres wird mit der neuen Politik noch weiter reduziert werden. Wegen der Inflation wird auch der Beitrag der Patienten immer geringer. Wie sollen wir bei der voranschreitenden Verelendung die Beiträge erhöhen? Jetzt bezahlt ein Erwachsener für zwei Wochen Behandlung noch 0,70 DM. Dafür kann man hier 4 Eier kaufen. Aber die meisten essen ja keine; weil das Geld nicht da ist. So konnten wir im letzten Jahr von dem Geld, das hier eingenommen wurde, nicht einmal die Löhne unserer afrikanischen Mitarbeiter bezahlen. Ganz zu schweigen von irgendeinem Medikament oder einem Laborreagenz. Die finanzielle Zukunft ist eine unserer großen Sorgen. Wir möchten so gerne, daß das Spital als christliches mit gutem medizinischem Niveau bestehen bleibt. Aber wie ist es auf die Dauer finanziell zu halten? Sie sind unsere ganz große Zuversicht. Zehn Jahre – das ist eine lange Zeit, dann kann man auf Treue rechnen, auch für die nächsten zehn Jahre. Da wird sich das Spital ja leider nicht überflüssig machen!

In unserer Gegend, die überwiegend islamitisch ist, sehen wir in dem Spital auch einen ganz wichtigen Faktor der Verkündigung. Umso mehr jetzt, da zunehmend fundamentalistische Kreise an die Macht kommen und gerne einen islamischen Staat errichten möchten. Partnerschaft zwischen Christen ist natürlich mehr als finanzielles Teilen. Ich denke, wir haben all die Jahre auch unseren Glauben geteilt und füreinander gebetet. Ich weiß, wie viele Probleme und wie viel Armut es bei Ihnen gibt. Und das ist auch von unserer Seite immer hineingenommen in unser Gebet, in unser benediktinisches Chorgebet, in die hl. Messe. So dankend grüße ich Sie von ganzem Herzen. Schenke uns Gott Wachsen in der Partnerschaft, gemeinsam auf Ihn zu. Sr. Raphaela Händler

Es wurde Zeit für mich, zu gehen. In Mtwara schwamm ich noch einmal im Indischen Ozean und verabschiedete mich beim Schnorcheln von den schönen Tropenfischen.

Bald war ich wieder in Deutschland, umgeben von vorwiegend weißen Gesichtern und der Hektik auf den Straßen. Woher das Trinkwasser kam, war hier kein Problem.

Sabbatjahr und innere Stärkung

Es dauerte noch sehr lange, bis ich nicht mehr zitterte, wenn ein Brief der Priorin kam, bis ich wirklich allen vergeben konnte von Herzen. Ich glaube, ohne Hilfe hätte ich das nicht geschafft. Dieser innerliche Reifeprozess war vollendet, als ich jeder Schwester, die am Konflikt beteiligt gewesen war, einen Brief schrieb, der dann auch wirklich auf die Post getragen wurde. Einige antworteten ...

Der Psalm 130,1–7 begleitete mich während meines Sabbatjahres in besonderer Weise: *Aus der Tiefe rufe ich, Herr, zu dir, höre meine Stimme! Denn beim Herrn ist die Huld, bei ihm Erlösung in Fülle.*

In meiner tiefen Trauer habe ich oft geschrien: »Ist da niemand, der mich hört?« Immer wieder schrie ich es hinaus, bis ich es zu spüren glaubte: Da ist ein Du. Und irgendwo ist vielleicht auch Erlösung in Fülle. Ich glaubte ganz fest daran, aber noch war es ein Glaube in tiefer Dunkelheit, eher eine Ahnung von Fülle als eine Gewissheit.

Und so viel Segen ist daraus geworden. Vor allem danke ich Gott für die große innere Freiheit, die ich gewann. Wie bewundere ich diese Freiheit bei Jesus, die immer wieder in den Evangelien durchscheint.

Er wusste, dass er der geliebte Sohn des Vaters war. Ich aber musste eine Zeit des Zweifelns an der Liebe der anderen durchleiden. War ich überhaupt jemals geliebt worden? Hatte meine Mutter diese Worte jemals ausgesprochen?

Niemals im Leben würde ich anderen Menschen wieder so viel Macht über mich einräumen. Die Nabelschnur zu *meinem Kind*, dem Krankenhaus, wurde endlich durchschnitten. Und siehe da, es ging weiter, und heute bin ich wieder so sehr gewünscht dort und bin eingeladen, wieder ganz nach Nyangao zu kommen.

*

Ich war noch in England, als unsere damalige Generalpriorin Mutter Irene Dabalus mich nach Rom rief.

»Sr. Raphaela, bitte kommen Sie nach dem Seminar in St. Anselm doch zu mir, damit wir gemeinsam überlegen, welche Aufgaben Sie nach Ihrem Sabbatjahr übernehmen können«, sagte sie am Telefon. Noch während sie sprach, spürte ich meine eigene innere Ruhe. Es war bemerkenswert, dass mir nicht sofort vor Angst das Herz klopfte, wo doch die Generalpriorin am Telefon war. Zu jenem Zeitpunkt – nach einigen Monaten und wunderbar heilenden und stärkenden Gesprächen im Institut – wusste ich, wo ich innerlich stand. Kein Brief und kein Anruf konnten mich mehr in Unruhe versetzen. Nicht ein Sekunde fragte ich mich, was Rom wohl *Schlimmes* von mir wollte, nein, im Gegenteil, ich war bereit zu jedem Gespräch.

Als ich in Rom eintraf, erwarteten Mutter Irene und ihre Vikarin Sr. Maria Ignatius mich bereits. Letztere war erst vor Kurzem von einer Visite aus Tansania zurückgekommen, wo sie versucht hatte, etwas Genaueres über den Konflikt zwischen mir und den anderen Schwestern herauszubekommen.

»Bitte legen Sie uns noch einmal Ihre Version der Geschichte dar«, bat mich die Vikarin, wobei mir trotz aller gewonnenen Stärke wieder sofort die Tränen kamen. Zu schmerzhaft war der Abschied gewesen und zu sehr fehlten mir die lieb gewonnenen Menschen in Nyangao. Sobald ich an *mein* Hospital dachte, überwältigten mich die Emotionen. Viel erzählen konnte ich ihr eigentlich nicht. Die Zuspitzung der Lage war und blieb mir ein Rätsel.

»Sr. Raphaela, ich habe mich dort sehr bemüht zu erfahren, was Ihnen vorgeworfen wird, aber es ist absolut nichts dabei herausgekommen. Es gibt keine konkreten Anschuldigungen, nichts, gar nichts«, sagte die Vikarin.

»Was soll man mir denn auch vorwerfen? Ich bin mir keiner gravierenden Fehler bewusst.«

»Möchten Sie nach dem Sabbatjahr zurück nach Tansania?«, fragte mich Mutter Irene.

»Nein.«

Die beiden schauten mich an, als hätten sie diese Antwort erwartet.

»Es bleiben mir noch einige Monate Zeit, bis mein Sabbatjahr abläuft, und ich habe mich für einen Kurs auf den Philippinen angemeldet, *Intercultural Course on Women and Society*. Er dauert einige Wochen. Was danach kommt, weiß ich nicht.«

»Der Kurs ist eine gute Wahl. Ich kenne das Institut. Es freut mich für Sie«, sagte Mutter Irene, die selbst von den Philippinen stammt und mit den dortigen Schwestern vertraut ist.

Und dann machte unsere Generalpriorin mir ausgesprochen großzügige Angebote für meine Zukunft, von denen ich einige jedoch sofort ablehnte. Weder wollte ich nach China, noch konnte ich mir vorstellen, ein neues Krankenhaus in Angola aufzubauen, wo ein Großteil des Landes vermint war und der Bürgerkrieg wütete.

»Und wie wäre es mit Namibia? Dort wird eine Koordinatorin für die landesweite Gesundheitsversorgung gesucht. Die katholische Kirche betreibt dort zahlreiche Krankenhäuser in enger Zusammenarbeit mit der Regierung. Angesiedelt ist das Projekt in Windhoek, in der Nähe unseres Prioratshauses. Es ist allerdings keine Arbeit, bei der Sie weiterhin als Medizinerin praktizieren würden. Es geht um reines Management.«

»Das Praktizieren fehlt mir seltsamerweise nicht so sehr, wie ich es erwartet hätte. Das Planen und Koordinieren von medizinischen

Projekten reizt mich schon, aber ich kann mich nicht sofort entscheiden. Außerdem wundere ich mich, dass eine Europäerin den Job in Namibia machen soll. Das Land ist doch nun unabhängig. Können die Menschen dort es nicht selbst viel besser machen?«

»Offenbar nicht. Eine schnelle Entscheidung ist jedoch nicht notwendig. Derzeit macht eine Niederländerin den Job. Sie können sich auf den Philippinen alles in Ruhe überlegen. Es hat wirklich Zeit. Vertrauen Sie auf Gottes Willen, so wie auch ich es tue. Bisher haben sich – Gott sei Dank – immer die passenden Worte und die passenden Taten gefunden. Auf vieles wäre ich mit meinem eigenen Verstand und meinen Möglichkeiten sicher nicht gekommen, aber der Herr hat mir in den kritischen Augenblicken die richtigen Worte eingegeben und mich das Rechte tun lassen. Diese Erfahrung ließ meinen inneren Frieden und das Vertrauen jedes Mal wachsen. So sage ich Ihnen, liebe Sr. Raphaela: *Sorgen Sie sich nicht. Gott hat Seine Wege, dabei zu sein.*«

Ich war beeindruckt von dieser Ruhe und Großzügigkeit, insbesondere vor dem Hintergrund der Gehorsamsvorstellung in einem Orden. Es ging jetzt keineswegs darum, in Passivität der *Mutter* zu folgen, nein, ich musste auf Gottes Stimme horchen und Mutter Irene würde mir bei Bedarf beistehen.

So konnte ich beruhigt nach Asien fahren und an einem wunderbaren Seminar teilnehmen.

*

Gleichzeitig nutzte ich meine Kontakte zu afrikanischen Ärzten, die über die Situation in Namibia besser informiert waren als ich. Auf unterschiedlichste Art und Weise sammelte ich Informationen über die möglichen Aufgaben einer Gesundheitskoordinatorin. Zur selben Zeit hatte in Windhoek eine neue Priorin ihren Dienst aufgenommen, die ich schon lange kannte und schätzte. Sie war ebenfalls Ärztin, und so nahm ich alsbald Kontakt zu ihr auf.

»Sr. Raphaela, ich würde mich sehr freuen, wenn du zu uns nach Windhoek kämst. Wir könnten wunderbar zusammenarbeiten und uns ergänzen. Die Aufgabe der Gesundheitskoordinatorin ist abwechslungsreich. Die Stelle ist bei der Bischofskonferenz angesiedelt, wie du weißt. Der Erzbischof von Windhoek und sein Vikar sind aufgeschlossene Männer«, sagte die Priorin, als wir einmal miteinander telefonierten. Wenn sie es in Windhoek aushielt, sagte ich mir, dann wird es wohl auch für mich in Ordnung sein. Ich hatte viele negative Geschichten über den Rassismus im ehemaligen *Deutsch-Südwest* gehört und war keinesfalls erpicht auf eine Umgebung, in der die Spuren dieser Vergangenheit noch spürbar waren. Die Priorin beruhigte mich.

Noch auf den Philippinen machte ich eine persönliche Pro- und Kontra-Liste und entschied mich schließlich für die Stelle in Namibia. Im Hinterkopf hatte ich auch die Vorstellung, vielleicht ab und an doch noch operieren zu können und meine Spezialkenntnisse einzusetzen. In den letzten Jahren war ich zu einer Spezialistin für vesikovaginale Fisteln geworden, und wenn die Frauen in Namibia gleichermaßen von diesen Qualen betroffen waren, wie die in Tansania, dann wollte ich ihnen gern helfen. Alle anderen üblichen Operationen konnten andere Gynäkologen dann sicher mindestens ebenso gut ausführen wie ich.

Zurück in Deutschland wartete ich auf mein Visum für Namibia. Täglich hielt ich in Tutzing an der Pforte Ausschau nach einem entsprechenden Brief von der Botschaft, aber der Prozess zog sich monatelang hin. Irgendwann war ich es leid, untätig herumzusitzen, und suchte einen Vorwand, um ein letztes Mal nach Tansania zu fliegen. Der unbearbeitete Konflikt in Nyangao ließ mir keine Ruhe. Offiziell begründete ich mein Erscheinen in Tansania damit, dass ich mein Zimmer im Konvent und mein Sprechzimmer im Hospital ausräumen wollte. Doch der eigentliche Grund war der Wunsch, mich selbst und die dortigen Mitschwestern mit der Situation zu konfrontieren.

Aber es brachte nichts. Das große Schweigen setzte sich fort. Ich schaute im Krankenhaus vorbei und wurde freudig begrüßt. Man erzählte mir von zunehmenden Zahlen von an Aids Erkrankten. Das Schulprojekt mit den Katecheten war nach meinem Abflug leider eingeschlafen.

Ich besuchte Subira Alto und die anderen Frauen in den abgelegenen Dörfern. Als ich vor Ort war, strömten sie sofort herbei und klagten mir ihr Leid.

»Mama Raphaela, seitdem du fortgegangen bist, gibt es keine Kurse mehr für Hebammen. Keiner kümmert sich um uns.«

»Dann kümmert euch selber«, sagte ich.

»Wie denn?«

Ich stellte eine der Frauen in die Mitte und sagte ihr, sie solle mit nach vorn gebeugtem Rücken dort stehen bleiben.

»Was siehst du nun?«, fragte ich sie.

»Nichts als den dreckigen Boden«, sagte sie.

»Nun richte dich langsam auf, ja, so – stehe ganz gerade und schaue herum –, ja, so geht es. Und was siehst du jetzt?«

»Ich sehe das Licht und alle anderen Frauen«, antwortete sie strahlend.

Ich las ihnen dann die Heilung einer gekrümmten Frau vor, wie sie beim Evangelisten Lukas, 13,10–13 beschrieben ist.

»Jesus will euch als starke Frauen, die aufrecht stehen vor allen und die in dieser Haltung Gott preisen und anderen Frauen helfen. Lasst euch von niemandem kleinmachen. Ihr müsst eure Interessen selber in die Hand nehmen. Schließt euch zusammen, fordert Unterstützung ein!«

Mit vielen Wünschen für die Frauen von Nyangao verabschiedete ich mich schließlich von diesem Ort. Ich dachte, es sei für immer.

*

Es blieben mir noch zwei Tage in Dar-es-Salam und es gab interessante Neuigkeiten für mich. Mein geschätzter Kollege Dr. Paul war kurz nach meiner Abreise nach England vor einem Jahr aus seinem Dienst als Arzt im St. Walburg's Hospital entlassen worden. Er arbeitete nun an der Universität von Dar-es-Salam und lebte mit seiner Frau Jane und den beiden Kindern in der Großstadt. Bevor ich meinen Weiterflug antrat, stattete ich ihm und seiner Familie einen Besuch ab. Dabei fiel ich aus allen Wolken.

»Es tut mir so leid für dich, dass du aufgrund falscher Anschuldigungen nun nicht mehr in Nyangao bist. Du fehlst dort so sehr«, sagte Dr. Paul zu mir.

»Welche Anschuldigungen meinst du?«

»Unsere angebliche Affäre, was denn sonst?«

»Affäre? Welche Affäre?«

»Du weißt es nicht einmal? Man hat dir nichts gesagt?«, fragte mich Dr. Paul.

»Was? Wie?«, stotterte ich, und plötzlich wurde mir alles klar. Wenn ich das geahnt hätte! Ich fühlte mich beschmutzt, ohne sagen zu können, warum. Was mochten die Menschen in Nyangao von mir denken? Wer mochte diesen unglaublichen Anschuldigungen wohl Glauben schenken?

Erst nachdem ich das Land verlassen hatte und mich einer befreundeten Benediktinerin aus einem anderen Orden anvertraute, wusste ich, was zu tun war.

»Solch eine Anschuldigung darfst du nicht auf sich beruhen lassen!«, riet sie mir mit Bestimmtheit. »Nicht nur deinetwegen, sondern auch wegen des tansanischen Doktors. Es reicht nun wirklich nicht aus, diesen Konflikt vor den Herrn im Tabernakel zu bringen. Das muss offen auf den Tisch!«, sagte sie.

Wenig später hatte ich erneut Gelegenheit zu einem persönlichen Gespräch mit unserer Generalpriorin Mutter Irene und folgte diesem Rat.

»Ich möchte klargestellt haben, dass der Vorwurf einer sexuellen Beziehung zwischen mir und Dr. Paul jeder Grundlage entbehrt. Das möchte ich schriftlich haben. Eine umfassende Erklärung, dass es ein solches Verhältnis nie gegeben hat und sämtliche Anschuldigungen aus der Luft gegriffen sind. Dr. Paul ist schon genug Unrecht geschehen. Man hat ihm gekündigt, obwohl er einer der besten Ärzte im Hospital war. Diese Angelegenheit soll nicht einfach unter den Teppich gekehrt werden, jetzt, wo ich endlich weiß, welche Gerüchte ihm und mir das Leben so schwer gemacht haben«, sagte ich.

»Normalerweise tragen wir so etwas schweigend aus«, sagte die Generalpriorin.

»Es geht hier um die Ehre von Dr. Paul, die in den Schmutz gezogen wurde. Ich bestehe darauf. Er und ich müssen es schriftlich haben«, insistierte ich.

Viele Wochen später bekam ich ein Fax – ich war längst in Namibia –, das nicht zu meiner vollen Befriedigung ausfiel. Immerhin war das Dokument, das mich von jeder Anschuldigung freisprach, von der Priorin in Ndanda und von der Generalpriorin in Rom unterzeichnet. Doch leider enthielt es kein Wort der Entschuldigung für Dr. Paul. Dabei war es für ihn genauso wichtig wie für mich.

Namibia (1996–2005)

Ein anderes Afrika entdecken

Ich kam in ein *neues* Land, was für mich sogar in dreifacher Hinsicht zutraf: weil es meine erste Reise in den Südwesten des afrikanischen Kontinents war, weil ich hier eine neue Aufgabe übernahm und weil das Land selbst *neu* war. Erst sechs Jahre zuvor, am 21. März 1990, hatte es nach einem langen Befreiungskampf die Unabhängigkeit vom südafrikanischen Apartheidregime erlangt. Noch in derselben Märznacht bestimmte die Regierung einen Wechsel von Afrikaans als offizieller Landessprache zu Englisch, aber mit der Verbreitung der neuen offiziellen Sprache stand man auch Jahre später in weiten Teilen des Landes noch am Anfang.

Ich war dem Ruf der Bischofskonferenz in Namibia gefolgt, um die Koordination der katholischen Krankenhäuser im ganzen Land zu übernehmen. Die katholische Kirche in Namibia feierte in jenem Jahr ihr hundertjähriges Jubiläum. Von Anfang an hatte sie dabei den Auftrag *Heilet die Menschen und verkündet: das Reich Gottes ist nahe,* wie bei Lukas 9,2 geschrieben, durch den Dienst an den Kranken wahrgenommen.

Ich war die alleinige Koordinatorin und bezog ein kleines Büro, in dem es nichts weiter gab als einen Tisch, einen Stuhl, ein Regal, eine Schreibmaschine und ein Telefon. Zunächst musste ich mich mit vielen Leuten bekannt machen, das gesellschaftliche und politische System kennenlernen und die katholischen Gesundheitseinrichtungen besuchen.

Mit meinem Umzug nach Namibia wurde ich Mitglied unseres Priorates Windhoek und wohnte im Prioratshaus, mitten in der Innenstadt, in direkter Nachbarschaft zur Kathedrale und zum Römisch-Katholischen Krankenhaus. Ich wurde sehr nett willkommen geheißen, am Flughafen erwarteten mich einige Schwestern und die Priorin, und mein Zimmer war mit Blumen geschmückt. Im Konvent lebten zwei Dutzend Schwestern, fast ausnahmslos Deutsche, und so sprach man selbstverständlich fast ausschließlich Deutsch. Wenigstens war das Offizium kürzlich auf Englisch umgestellt worden. Die Küche, das Mobiliar, das gesamte Ambiente war deutsch. Wir hätten genauso gut in Deutschland sein können. Ich war ein wenig irritiert, denn schließlich lebten wir doch in Afrika.

Noch beunruhigender war die Tatsache, dass die amtierende Priorin, meine gute Bekannte und eine modern eingestellte Medizinerin, von ihrem Posten resignierte. Sie hatte es nur ein Jahr in Windhoek ausgehalten. Das waren keine guten Startbedingungen für mich. Vierzehn Tage nach meiner Ankunft sollte es schon keine Priorin mehr geben. Nun gut, ich beruhigte mich mit der Tatsache, dass meine Stelle einer Gesundheitskoordinatorin anspruchsvoll und interessant zu sein schien und ich viel im ganzen Land unterwegs sein würde.

Mit dieser Einstellung erkundete ich bereits gleich nach meiner Ankunft – es folgten zufällig gleich mehrere Feiertage aufeinander – die Stadt und die nähere Umgebung. Ins Schlepptau nahm ich die amerikanische Sr. Celine, die seit einigen Monaten in Windhoek war und noch immer nicht viel gesehen hatte. Von den deutschen Schwestern kam leider keine auf die Idee, uns Neulinge ein wenig herumzuführen.

Mein Büro konnte ich nur mit dem Auto erreichen, was mich anfangs vor die größte Herausforderung von allen stellte: Autofahren! Bei uns im Busch, in Tansania, hatte es doch keine Ampeln, keinen Kreisverkehr und im Grunde genommen nur einige wenige Verkehrsregeln gegeben. In Windhoek war alles anders. Wie gut, dass Sr. Angela mir anfangs dabei half. Mehrmals fuhr sie gemeinsam mit mir die Strecke vom Konvent zum sechs Kilometer entfernten Büro im Gebäude der Bischofskonferenz. Schweißausbrüche und zittrige Hände gehörten monatelang zu diesen Fahrten. Ich versuchte, mich – so gut es eben ging – auf den Verkehr zu konzentrieren und mich nicht ablenken zu lassen. Mit meinen Gedanken war ich oft schon im Büro, aber bei der Hauptstadt Namibias handelte es sich um eine moderne Stadt mit 200 000 Einwohnern. In manchen Vierteln war sie noch immer überraschend deutsch. Es gab unzählige deutsche Straßenbezeichnungen, die von der Schubert-, Wagner- und Brahms Street bis zur Bismarck-, Luderitz- und Lessing Street reichten. Außerdem – wilhelminische Gebäude, deutsche Restaurants, deutsches Brot und auch eine deutschsprachige Tageszeitung. Die Hauptstraße hieß jetzt »Independence Avenue«, aber manch einer nannte sie noch immer »Kaiserstraße«. Die Spuren der deutschen Kolonialzeit zeigten sich, wo immer man nach ihnen suchte, auch wenn dieser Teil der namibischen Geschichte schon nach dem Ersten Weltkrieg vorbei gewesen war.

Mein Büro befand sich in *Klein-Windhoek,* wo neben der Bischofskonferenz auch das Priesterseminar angesiedelt war.

Ich war heilfroh über meine holländische Vorgängerin, Toos van Helvort, die mich gut einführte und mir alle katholischen Gesundheitseinrichtungen des Landes zeigte. Sie nahm sich drei Wochen Zeit für mich, bevor ihr Arbeitsvertrag endete.

Zu meinem Aufgabengebiet zählten vier Distrikt-Krankenhäuser, die über das gesamte große Namibia verteilt waren. Eines lag über 700 Kilometer von Windhoek entfernt im Ovamboland im Nordwesten, zwei andere befanden sich in 800 und 900 Kilometern Entfernung in der Region Kavango im Nordosten und wieder ein anderes im Afrikaans sprechenden Süden. Hinzu kamen fünf *Health Centers,* kleine Krankenhäuser ohne ständig anwesende Ärzte. Auch diese Zentren waren über das ganze Land verteilt und reichten bis zur Kalahari-Wüste über Keetmanshoop hinaus in den Süden. Manche Orte waren nur über Sandpisten erreichbar. In meinen Zuständigkeitsbereich fielen zudem sieben Kliniken ohne stationäre Patienten.

Auf unseren langen Reisen in entlegene Regionen fragte ich mich oft, wie in dieser unwirtlichen Trockenheit überhaupt Ziegen überleben konnten, von Menschen ganz zu schweigen. Wir fuhren durch weitläufige Wüsten und begegneten manchmal stundenlang keinen anderen Fahrzeugen. Manche Farmen waren riesig und erstreckten sich bis zum fernen Horizont. Dort wurden zumeist Karakulschafe gezüchtet.

Hier war alles anders als in Tansania. Von den Temperaturen, die im Winter eisig sein konnten und im Sommer unerträglich heiß, bis zur extremen Trockenheit und der Menschenleere in weiten Gebieten. In Namibia lebten nur etwa zwei Millionen Menschen, und das in einem Land, das mehr als doppelt so groß war wie Deutschland. Insbesondere die Sprachenvielfalt und das Fehlen einer Einheitssprache wie Swahili im Osten des Kontinents, bedeuteten einen enormen Unterschied, an den ich mich nur langsam gewöhnte. Im Gesundheitsministerium kam man mit Englisch zwar gut durch, aber auf unteren Ebenen musste immer übersetzt werden. Eine einheitliche namibische Kultur gibt es bis heute nicht, was auch Auswirkungen auf die Musik in den Kirchen hat. Fast nie hörte ich Trommeln im Gottesdienst. Im Süden sind Lieder in Molltonarten verbreitet, während ich aus Tansania fast nur Durtonarten gewohnt war.

Ich lernte die unterschiedlichsten Ethnien kennen und war oft überrascht von der Vielfalt und der Andersartigkeit im Vergleich zu Tansania. Ich schärfte meinen Blick und spitzte meine Ohren, um nicht gleich am Anfang den Überblick zu verlieren. Die Mehrzahl der Namibier sind Angehörige der Bantu, vor langer Zeit aus Zentral- und Ostafrika eingewandert auf der Suche nach Weidegebieten, die frei von Tsetsefliegen waren. Der langjährige namibische Präsident Sam Nujoma ist ein Ovambo. Seine Volksgruppe ist die größte und zählt ebenfalls zu den Bantu. Im Kavango, einem fruchtbaren Teil des Landes, leben verschiedene Bantu-Gruppen mit unterschiedlichen Bantu-Sprachen. Der Anteil der weißen Namibier ist mit etwa fünf Prozent eher gering, nur 20 000 sind deutschstämmige Siedler. Im Afrikaans sprechenden Süden des Landes lebt ein Völkergemisch aus Nachkommen von holländischen Siedlern und Nama-Frauen, Buren, Deutschen, Khoi Khoi und sogenannten Coloureds.

Die San, sie werden auch Buschleute genannt, gelten als Namibias Urbevölkerung. Sie sind zumeist kleiner und heller als viele andere Bevölkerungsgruppen. Als ich ihre Sprache mit den vielen Klick- und Schnalzlauten zum ersten Mal hörte, war ich fasziniert. So etwas hatte ich nie zuvor gehört, und es war mir unmöglich, diese Laute nachzuahmen. Die San waren von den eingewanderten Bantu versklavt worden. Ihnen mangelt es auch heute noch an allem. Kleine Stämme der San siedeln in Andara am Okavango-Fluss im äußersten Nordosten an der Grenze zu Angola, wo eines unserer Hospitäler unter der Verantwortung der Diözese stand.

Als ich zum ersten Mal mit Toos die weite Strecke von 900 Kilometern dorthin reiste und einen Rundgang durch das dortige Krankenhaus machte, überkam mich eine schlimme Vorahnung. Jedes Krankenhaus sorgte selbstverständlich auch für Aids-Patienten und tat vereinzelt etwas zur Aufklärung über die Krankheit. Zahlen über die Infektionsrate gab es noch nicht, aber die ausgemergelten Körper, die eingefallenen Gesichter und die dünnen Beine der Patienten sowie die Machtlosigkeit gegenüber der Infektionskrankheit waren beängstigend: Hier tickte womöglich eine Zeitbombe! Die Probleme der Menschen durch Alkoholmissbrauch und HIV-Infektionen waren in dieser Region gravierender als in anderen Gebieten. Ein Blick auf die Landkarte machte es umso deutlicher: Was ich bereits im nordöstlicheren Teil des Kontinents durch die Ausbreitung des HI-Virus gesehen und erlebt hatte, war nun auch für Namibia zu befürchten. Der Virus wanderte in Richtung Süden, um womöglich schon bald auch die anderen Regionen Namibias zu erreichen. Wir waren nah am Epizentrum der Krankheit. Das Land hatte zwar die Apartheid überwunden, aber hier war eine andere, vielleicht noch extremere Herausforderung zu meistern. Es tauchten erste Statistiken auf. In Uganda, Ruanda, Sambia und Südafrika gab es bereits systematische Erhebungen – vereinzelt auch zu Namibia –, und kein Fachmagazin, das ich gelesen hatte, und keine Medizinertagung, die ich in den letzten Jahren besucht hatte, kamen an dieser Krankheit vorbei. Für das südliche Afrika wurde das Schlimmste befürchtet, und es gab kein Gegenmittel gegen diesen äußert aggressiven Virus, auch wenn unzählige Wissenschaftler fieberhaft danach forschten. Das Einzige, was sicher benannt werden konnte, waren die Übertragungswege: Glücklicherweise handelt es sich um einen mäßig ansteckenden Virus, gegen den man sich relativ gut schützen kann. Unbedingt zu vermeiden sind ungeschützter Sexualverkehr und Blutübertragungen.

Ich hatte nur einen Gedanken: Wenn hier eine Tragödie für Namibia ihren Ausgang nimmt, was können wir dagegen tun?

In meinen ersten Monaten als Gesundheitskoordinatorin war es mehr eine böse Vorahnung als Gewissheit, und es gab ohnehin kein Rezept gegen die Krankheit. Noch kümmerte sich in Namibia kaum jemand darum, sondern es herrschte allgemeines Schweigen. Aids war ein Tabu.

*

Als Koordinatorin hatte ich zunächst nur eine beratende Funktion inne und war für die Rekrutierung von Ärzten zuständig, allesamt Ausländer. Mir wurde schnell klar, wie gut die katholische Kirche bei der Regierung angesehen war. Man *belohnte* sie für ihren Einsatz in der Unabhängigkeitsbewegung des Landes. Das Gleiche traf auch auf die protestantische Kirche und die Anglikaner zu. Gemeinsam mit den Methodisten waren alle Kirchen im *Council of Churches in Namibia* (CCN) zusammengeschlossen. Für die katholische Kirche ist das bemerkenswert, da sie im Weltkirchenrat in Genf, in dem sämtliche anerkannte Kirchen zusammengeschlossen sind, als *Beobachter* dabei ist, nicht jedoch als volles Mitglied wie in Namibia. Umso neugieriger machte mich die bemerkenswerte Zusammenarbeit im CCN, wo sich katholische, lutherische und anglikanische Bischöfe auf gleicher Ebene befanden. Ich war verwundert, dass der Vatikan diese Sonderregelung überhaupt zuließ.

Es gab jedoch keinen Zusammenschluss der christlichen Gesundheitseinrichtungen. Die überwiegende Zahl der Hospitäler war Eigentum der katholischen Kirche, wobei das Gesundheitsministerium fast alle laufenden Kosten der Einrichtungen übernahm, nicht jedoch die für das *Head Office,* in dem ich arbeitete. Das sollte noch zu zahlreichen Problemen führen. Nachdem ich mich eingearbeitet hatte und die Strukturen weitgehend kannte, sah ich bereits die ersten finanziellen Probleme auf mich und meine Arbeit zukommen. Daran war ich zwar gewöhnt, aber die Fülle an Aufgaben, die in Namibia bald von meinem Büro aus koordiniert und organisiert wurden, verlangten nach verlässlichen Budgets. Als Gesundheitskoordinatorin entdeckte ich mehr und mehr, an welchen Stellen es brannte. Zunächst brauchte ich ein Projektauto. Toos war in all den Jahren ihrer Tätigkeit mit ihrem Privatwagen unterwegs gewesen. Ein eigenes Auto war unumgänglich, denn anders konnte ich Außenstellen nicht besuchen, die bis zu 900 Kilometer entfernt lagen. Es wurde ein Projektauto gekauft, ein roter Toyota Corolla, leider ohne Aircondition und ohne Radio. An einen Fahrer, wie wir ihn in Tansania bei langen und gefährlichen Strecken nutzten, war überhaupt nicht zu denken. Die Löhne in Namibia waren wesentlich höher und die Bischofskonferenz konnte sich so etwas nicht leisten. Aber was sollte ich machen? Ich merkte schnell, wie mühsam das stundenlange Fahren auf Wüstenpisten war, wenn man keine Ablenkung durch ein Radio hatte und zudem unter unerträglicher Hitze schwitzen musste. Nicht nur einmal drohte ich am Steuer einzuschlafen, so eintönig war die Strecke. Oft kam ich müde und verschwitzt an meinem Zielort an und musste dann noch einige Stunden arbeiten.

Als ein Brief meiner Mutter eintraf, in dem sie mich fragte, was ich mir zu Weihnachten wünschte, zögerte ich nicht lange. So bekam mein Corolla eine Aircondition! Das Geld für ein Radio war ungleich schwerer aufzutreiben, aber letztendlich fand sich auch dafür eine Lösung. Im Laufe der Jahre hat mein Corolla mich unzählige Male durch das ganze Land gebracht.

Stellung gegen Abtreibung beziehen

Im Konvent lag fast immer die deutsche *Allgemeine Zeitung* aus, und manchmal warf ich auch einen Blick in das Blatt. Wesentlich fundierter war die englische *Daily News*. Dort sprang mir eines Morgens eine Headline ins Auge: *Gesundheitsministerium will die Abtreibung legalisieren!* Von einer Diskussion um ein liberaleres Abtreibungsgesetz hatte ich noch nichts mitbekommen. Aus dem Artikel ging hervor, dass man sich an der liberalen südafrikanischen Gesetzeslage orientieren wolle. Nicht nur bei einer Gefährdung der werdenden Mutter sollte eine Abtreibung erlaubt sein, sondern auch wenn die Schwangere andere Gründe vorbrachte. Eine Beratung der

Betroffenen war nicht vorgesehen. Jugendliche brauchten nicht einmal die Zustimmung ihrer Erziehungsberechtigten. In der Mittagspause ging ich sofort zum Büro des Erzbischofs, wo ich den Generalvikar Bernhard Nordkamp (OMI, Hünfelder Oblate) antraf. »Haben Sie gelesen, was das Gesundheitsministerium plant? Dagegen müssen wir als katholische Kirche doch etwas tun«, sagte ich zu dem deutschen Ordenspriester. »Ja, da haben Sie wohl recht, Sr. Raphaela. Schreiben Sie doch einen Brief an die Zeitung«, schlug er vor. »Mit einem Brief wird es sicher nicht getan sein. Da müssen wir schon aktiver werden.«

Nun ja, ich schrieb den Brief, der umgehend als erster zu diesem Thema abgedruckt wurde. Als ich aus meinem Büro nach Hause in den Konvent kam, lag der Zeitungsausschnitt ausgebreitet auf dem Tisch im Refektorium. Die Mitschwestern lächelten und zeigten ihren Stolz darauf, dass eine von ihnen mit einem klaren Statement in der Zeitung erschien. Noch wussten sie wohl nicht so recht, was sie von mir halten sollten, aber dieser Artikel war ganz nach ihrem Geschmack.

Doch mit einem Leserbrief war es für mich längst nicht getan. Ich wollte mehr! Mir wurde schnell deutlich gemacht, dass die katholische Kirche in Namibia keine eigenen Kampagnen startete, sondern alles mit dem Council of Churches in Namibia abstimmte. Ich hatte selbstverständlich nichts dagegen und stellte mich beim dortigen Generalsekretär vor. Während es mir ein Bedürfnis war, die Meinung der katholischen Kirche zum Thema Abtreibung möglichst rasch zu verdeutlichen und den Plänen des Gesundheitsministeriums vor der Verabschiedung des neuen Gesetzes etwas entgegenzusetzen, agierte der CCN träge und verstrickte sich in langwierige Diskussionen.

Eines Tages kam Father Nordkamp zu mir, ein stattlicher Mann, der in seinem Auftreten eher dem Bild eines erfolgreichen Managers und Frauenschwarms entsprach als dem eines Ordenspriesters. »Sr. Raphaela, Sie kennen sicher die Fernsehshow *Talk of the Nation*. Sie kommt jeden Montag nach den Nachrichten. In der nächsten Sendung geht es um das Thema Abtreibung. Ich möchte Sie bitten, daran teilzunehmen und den Standpunkt der katholischen Kirche zu erläutern«, sagte er und ich fragte mich, was er unter *Bitte* verstand.

»Ich? Also, ich weiß nicht. Um ehrlich zu sein, bin ich nicht begeistert. Für einen öffentlichen Auftritt im Fernsehen bin ich viel zu kurz in Namibia. Im Konvent gibt es erst seit Kurzem einen Fernseher, der eigentlich nie angeschaltet ist. Viele Neuigkeiten gehen leider noch an mir vorbei und ich kenne mich nicht gut genug aus. Selbst die Talkshow habe ich noch nie gesehen. Und mit Fernsehauftritten habe ich keinerlei Erfahrungen. Kann das nicht jemand anderer übernehmen?«

Bernhard Nordkamp tat alles, um mich zu überzeugen, und weil ich seine Meinung schätzte, willigte ich unter einer Bedingung ein.

»Ich gehe in Zivil. In solch eine Show werde ich mich nicht als Schwester setzen, sondern als Dr. Händler, Gynäkologin.«

Als *Health Coordinator* trug ich anfangs häufiger zivile Kleidung, weil ich dieses Auftreten in der engen Zusammenarbeit mit den Behörden und bei meinen Besuchen in den Krankenhäusern geeigneter fand, denn dort trat ich schließlich als Ärztin, als Fachfrau in Sachen Medizin auf. Mit der scheidenden Priorin hatte ich dieses Auftreten abgesprochen, aber sie hatte mich auch darauf vorbereitet, dass meine Mitschwestern nicht begeistert davon sein würden. Doch ich entschied je nach Anlass, ob ich in Zivil oder im Habit auftrat. Für die Talkshow war Zivil – zumindest nach meinem Empfinden – die bessere Wahl.

Bevor die Show begann, war ich zwar ein wenig nervös, weil es mein erster Fernsehauftritt war, aber dann merkte ich, wie leicht es mir fiel, meinen festen Standpunkt auch vor laufenden Kameras klar und deutlich zu vertreten.

»Das menschliche Leben beginnt mit der Konzeption und wir schützen das menschliche Leben von Anfang bis zum Ende! Und deshalb ist die katholische Kirche absolut gegen Abtreibung. Für mich als Ärztin ist es eine Tötung des Lebens. Meine Aufgabe liegt im Schutz des Lebens, und deshalb müssen wir alles dafür tun. Und wir müssen selbstverständlich auch entsprechende Rahmenbedingungen für Frauen mit ungewollten Schwangerschaften schaffen«, sagte ich, woraufhin mein Konterpart, eine holländische Abtreibungsaktivistin, von ihren eigenen Abtreibungen berichtete. Meine Mitschwestern im Konvent hatten sich die Talkshow angesehen und waren begeistert von mir. Sie genossen meine wachsende Bekanntheit, denn schließlich war ich eine Missions-Benediktinerin, eine von ihnen. Viele meiner Mitschwestern arbeiteten im Krankenhaus und wurden dort immer wieder auf meine Aktivitäten angesprochen.

In der Folge dieses Auftritts verstärkte sich die Auseinandersetzung um das Thema. Meine Ungeduld wuchs, je länger die Auseinandersetzungen andauerten. Irgendwann wollte ich nicht länger warten und spannte den CCN in geplante Aktivitäten ein. Wir verschickten Informationsmaterialien zum Thema an alle relevanten Organisationen im Land. Es wurden Gespräche mit Parlamentariern geführt und wir taten alles, um die Angelegenheit nicht im Sande verlaufen zu lassen, wobei ich mich an vorderster Front engagierte. In gewisser Weise nahm ich das Heft für die katholische Kirche Namibias in die Hand. Höhepunkt war ein Demonstrationszug durch Windhoek zum Parlament, wo wir eine Unterschriftenliste gegen Abtreibung übergaben. Der Erzbischof von Windhoek, Bonifatius Haushiku, leitete eine Delegation des CCN und traf sich in dieser Angelegenheit mit dem Präsidenten Sam Nujoma und anderen Politikern.

Nach langwierigen Prozessen wurde das Gesetz schließlich nicht verändert, sondern es blieb bei den wesentlich strengeren Regeln zur Abtreibung. Manche Treffen von Kirchenvertretern des Council of Churches in Namibia mit Politikern fanden als öffentliche Veranstaltung unter voller Aufmerksamkeit sämtlicher Medien statt. Natürlich war ich häufig dabei und mein Gesicht war bald im ganzen Land bekannt. Auch die anderen Kirchen zogen in der Abtreibungsfrage nach. In Namibia gehören die Regierungsmitglieder überwiegend der lutherischen Kirche an und nur selten der katholischen. Auch die *Dutch Reformed Church* spielt in Namibia eine Rolle und vertritt wesentlich konservativere Standpunkte als die katholische Kirche.

In anderen Zusammenhängen war bereits ein *Memorandum of Understanding* des CCN mit dem *Ministry of Health* abgeschlossen worden. Man bat mich, dieses Memorandum vorzubereiten und die notwendigen Verhandlungen zu führen. Es war keine leichte Aufgabe, aber bald war ich bestens vertraut mit den politischen und kirchlichen Strukturen im Land. Das Memorandum wurde von Erzbischof Haushiku und der neuen Gesundheitsministerin Dr. Libertina Amathila unterzeichnet, selbstverständlich unter großer Medienpräsenz. Meine Mitschwestern schienen beeindruckt zu sein, von mir nun regelmäßig in der Zeitung zu lesen und mich manchmal auch im Fernsehen zu sehen. Ich sagte ihnen, das geschähe sicher nur, weil Namibia nur ein dünn besiedeltes Land sei und sonst nicht viel passiere.

Verbündete finden und von Sambia lernen

Ich ging regelmäßig ein und aus bei Generalvikar Nordkamp und Erzbischof Haushiku. Dort pflegte man einen unkomplizierten Umgang, der ganz nach meinem Geschmack war. Ohne Vorzimmer und mit stets offenen Türen, waren die Herren fast immer ansprechbar. Father Nordkamp und ich hatten ungefähr das gleiche Alter und ähnliche Ansichten. Wir tauschten uns gern über theologische Themen aus. Aber aufgrund meiner schlechten Erfahrungen und der schmutzigen Gerüchte um Dr. Paul und mich hielt ich größeren Abstand zum Generalvikar als nötig. Wir blieben stets beim *Sie,* obwohl ich zu den Schwestern gehöre, die eher früher als später das *Du* anbieten.

»Es reicht doch wohl nicht aus, sich gegen Abtreibungen auszusprechen und ein strenges Gesetz zu befürworten«, sagte ich. »Wichtiger ist es, den jungen Mädchen und Frauen, die ungewollt schwanger geworden sind, Hilfe anzubieten. Was halten Sie von einer Beratungsstelle der katholischen Kirche?«, wollte ich wissen, legte mein Konzept vor und bekam grünes Licht vom Bischof.

So etwas gab es in der katholischen Kirche bisher nicht, im Grunde genommen gab es überhaupt kein Beratungssystem, geschweige denn Hilfsangebote in diesem Bereich. Zunächst galt es, *Berater und Beraterinnen* zu finden. Genauer gesagt, mussten überhaupt erst welche ausgebildet werden. Ich schrieb die Pfarreien von Windhoek an, um nach Freiwilligen zu suchen, die Interesse an einer entsprechenden Fortbildung zeigten. Meine Vorstellungen waren ein wenig zu optimistisch, denn es mangelte nicht nur an Freiwilligen, sondern auch am Geld. Trotzdem wurde mein Büro zum Dreh- und Angelpunkt für eine neue Form der Beratung. *Counselling* etablierte sich zu einer Methode, die Aufmerksamkeit erregte und die bald auch als entscheidendes Werkzeug in einem anderen Bereich eingesetzt wurde.

*

In meiner Funktion als Health Coordinator unternahm ich jährlich zwei Visitationen in allen Krankenhäusern und Gesundheitsstationen des Landes. Bei jeder Tour wurde es augenscheinlicher, wie stark sich Aids ausbreitete. Am schlimmsten war es in Oshikuku. Es kam mir vor, als sei hier, im Grenzgebiet zu Angola, und auch am Kavango, im äußersten Nordosten des Landes, ein Buschfeuer ausgebrochen, das außer Kontrolle geriet. Die Krankenhäuser waren bereits 1997 von Aids-Patienten überfüllt und niemand konnte ihnen damals nachhaltig helfen. Noch gab es in Afrika keinen Zugang zu Medikamenten. Die Menschen starben ausnahmslos einen qualvollen Tod, aber noch immer wollte niemand über Aids sprechen.

Statistiken zeigten das wahre Ausmaß: Namibia erreichte in jenem Jahr die traurige dritte Stelle in der weltweiten Infektionsrate, hinter Botswana und Simbabwe, den östlichen Nachbarländern. Tendenz steigend. In der sexuell aktiven Altersgruppe war einer von vier Namibiern HIV-positiv. Auch die Zahl der Waisenkinder stieg rapide an. Achtzig Prozent aller Fälle waren in den letzten zwei Jahren registriert worden. Das war eine unvorstellbare Geschwindigkeit in der Ausbreitung. Es musste dringend etwas passieren! Ich konnte kaum noch an etwas anderes denken.

Gott will, dass die katholische Kirche eine Antwort gibt auf diese Not der Menschen. AIDS wird bald das Hauptproblem des ganzen Landes sein, für lange Zeit. Und Gott will, dass du, Raphaela, diese Antwort gibst.

Bald schwebte mir ein vages Programm vor: *HIV muss ganzheitlich bekämpft werden, und die besondere Zielgruppe sind Jugendliche, und es soll im ganzen Land wirksam sein! Was liegt näher, als auf den bestehenden Strukturen aufzubauen!? Wer kann mir helfen? Wo finde ich Mitarbeiter? Wer wird sie bezahlen? Es sollen nicht nur irgendein Programm und irgendeine Organisation sein, sondern diese sollen auf christlichen Werten basieren.* Ich stellte mir drei Säulen vor: Aufklärung und Vorbeugung, Sorge für Kranke und Sorge für Waisen. Die feste Überzeugung, dass es Gottes Wille war, gab mir Kraft. Gleichzeitig vertraute ich darauf, dass Er mich auch finanziell nicht im Stich lassen würde. In meinen Gedanken rotierte es, und gleichzeitig musste ich meine eigentlichen Aufgaben in den Krankenhäusern erfüllen.

*

Am Kavango lernte ich den Niederländer Piet Hein Meckmann kennen, der dort als Finanzbuchhalter für die Krankenhäuser und *Health Centers* zuständig war. In dieser Gegend gab es damals zahlreiche Niederländer – Ärzte und anderes medizinisches Personal –, die einer kleinen Nichtregierungsorganisation (NGO) angehörten, von der sie auch bezahlt wurden. Piet Hein und ich waren uns auf Anhieb sympathisch. Der große hagere Mann und ich sprachen ein und dieselbe Sprache, bei der es um Effektivität und Hilfe für die Betroffenen ging.

»Was soll man nur tun?«, fragte er, ohne eine konkrete Antwort zu erwarten.

»Es muss dringend etwas passieren. Ich habe gewisse Pläne, aber alles steht noch am Anfang. Ich suche nach Verbündeten«, sagte ich.

»Aids ist hier zur Haupttodesursache geworden.«

»Ja, es ist kaum zu fassen. Nach der neuesten Statistik sind 25 Prozent aller Schwangeren HIV-positiv. Im Oshikuku Hospital stirbt im Schnitt jeden Tag ein Patient an Aids. In Oshakati ist es noch schlimmer. Dort sind alle Betten voll, es ist ein Bild des Grauens, meistens sind es junge Gesichter. Sie sterben einen schrecklichen Tod.«

»Und zurück bleiben die Waisen«, sagte Piet Hein.

»Und niemand tut etwas dagegen. Die Regierung schweigt! Tabus, wohin man nur schaut. Es ist eine Infektionskrankheit und kein Teufelswerk«, sagte ich und Piet Hein nickte. Kaum jemand nahm überhaupt das Wort »Aids« in den Mund. Manche nannten die Krankheit »*slim*«, was nichts anderes heißt als »dünn«.

Wir sprachen über die Möglichkeiten der Kirche, die am stärksten in die soziale Arbeit involviert war, vor allem im Gesundheits- und Bildungssektor. Aber ein Rezept zum Umgang mit Aids hatten die kirchlichen Einrichtungen natürlich nicht, genauso wenig wie alle anderen relevanten Organisationen und Institutionen im Land. Es gab Vorbehalte, Vorurteile und Ängste, wie ich sie schon aus Tansania kannte. Aber immerhin verfügte die Kirche über das effektivste Netzwerk: ihre Gemeinden und Gottesdienste an jedem Sonntag im ganzen Land. Hier musste angesetzt werden. In Namibia kann einzig die Kirche ethnische Grenzen und Stammesunterschiede überschreiten und soziale Ungleichheit und Klassendifferenzen – zumindest zeitweise – vergessen lassen.

Nur dieses Modell konnte geeignet sein. Ich arbeitete Tag und Nacht daran, die katholische Kirche davon zu überzeugen, als starker Partner in einem Programm zum Schutz gegen HIV-Infektionen und in der Betreuung und Unterstützung von Infizierten in der Gesellschaft aufzutreten. Noch war die Kirche – in meinen Augen – verschworen im allgegenwärtigen Schweigen.

Gleichzeitig erkannte ich die Probleme in der Verwaltung der katholischen Gesundheitseinrichtungen. Die finanzielle Koordination konnte nicht von mir allein geleistet werden, sondern brauchte eine Fachperson. Das würde Piet Hein Meckmann gut machen können, stellte ich mir vor. Gleichzeitig könnte er Unterstützung beim Aufbau eines neuen Programms leisten. Im Februar 1998 siedelte Piet Hein mit seiner Frau Marianne nach Windhoek um.

*

Ungefähr zum gleichen Zeitpunkt kam von Misereor, einem gewichtigen Geldgeber für soziale Projekte, Rolf Goldstein zum Projekt-Besuch. Ich nahm ihn mit auf meine Visitationen durch das ganze Land und konnte meine Ideen und Pläne mit ihm besprechen.

Dabei sah er das durch Aids verursachte Elend mit eigenen Augen und gab mir einen Rat.

»Sr. Raphaela, machen Sie eine Studienreise nach Sambia. Dort gibt es bereits gute kirchliche HIV/Aids-Programme, an denen Sie sich orientieren können. Für eine solche Reise kann Misereor Geld zur Verfügung stellen. Für größere Aids-Projekte fehlen uns derzeit jedoch die Mittel. Da brauchen Sie gar nicht erst fragen.«

Damit war ein Anfang gemacht. Im Grunde genommen hatte ich mir ein gewaltiges Ziel gesetzt und die Wege dorthin lagen weitgehend im Nebulösen. Woher sollte ich auch wissen, was zu tun war? Eine Studienreise konnte sicher gute Anregungen geben.

*

Bei der jährlichen Plenarsitzung der Bischofskonferenz im Februar 1998 gab ich, wie üblich, meinen Bericht zum Gesundheitswesen ab. Doch dann fügte ich einen Aufruf hinzu.

»Bald wird Aids das größte soziale Problem Namibias sein. Und die katholische Kirche ist aufgerufen, eine Antwort darauf zu geben. Ich bin bereit, ein nationales Programm aufzubauen, basierend auf christlichen Werten, falls Sie es so wünschen und mir erlauben.«

Bei dieser Sitzung sprachen wir weder über Einzelheiten des Programms noch über die Finanzierung. Die namibischen Bischöfe gaben mir ohne lange Diskussion ihr Placet, vor allem, weil ich nicht vom Geld sprach.

»Gott wird uns unterstützen!«, sagte ich zum Ende der Plenarsitzung und machte mich mit dem *grünen Licht* der namibischen Bischöfe an die ersten Schritte zum größten Projekt meines Lebens.

*

Unverzüglich nach dem Okay der Bischöfe fuhren Piet Hein und ich nach Sambia.

»Hier sterben mehr Lehrer an Aids, als ausgebildet werden können«, sagte uns ein niederländischer Mitarbeiter einer kirchlichen Hilfsorganisation und ließ damit das ganze Ausmaß in einem einzigen Satz anklingen. Die Lebenserwartung sambischer Frauen lag bei unter 40 Jahren und es herrschte bereits eine entsetzliche demografische Schieflage. In einem Land mit 11 Millionen Einwohnern waren schon Hunderttausende an Aids gestorben, die meisten von ihnen junge Erwachsene. Hier war beinah jedes dritte Kind verwaist, der Großteil einer ganzen Generation. Im gleichen Maß wie die Zahl der Waisen nahm auch die Zahl der Straßenkinder zu und damit auch die Kriminalität. Der gesamte Sozialisierungsprozess geriet durcheinander. Die Situation der Waisen war ein dringendes Problem und es gab in Sambia bereits einige kirchliche Programme zu ihrer Unterstützung.

In Sambia lernten wir ein fundiertes System der *Home-Based Care* kennen, die Versorgung der Betroffenen in ihrem Zuhause durch freiwillige Helfer. Es gab *Testing Centers,* in denen man sich auf den Virus testen lassen konnte und beraten wurde. Aufmerksam schaute ich mir die Konzepte zum *Counselling* an und versuchte, sie gedanklich auf Namibia zu übertragen. In allen Bereichen war Misereor als finanzieller Partner aktiv.

Bei *Kara Counselling,* einem Zentrum für Aidskranke in der Hauptstadt Lusaka, waren Piet Hein Meckmann und ich besonders betroffen von den zahlreichen Facetten von HIV/Aids, mit denen die Betroffenen zu kämpfen hatten und die wir teilweise noch nicht im Fokus hatten. Insbesondere die Stigmatisierung, der Mangel an Unterstützung, ja sogar das Verstoßen durch Angehörige und Freunde, das regelrechte *Ausrauben* der Hilflosen und die vielen Tabus rund um die Krankheit machten den Infizierten mindestens ebenso zu schaffen wie die körperlichen Beschwerden.

Dr. Lucy Steinitz und die ABCD-Methode

Und schon bald stieß eine neue Verbündete zu uns: Dr. Lucy Steinitz, eine Amerikanerin, die seit vielen Jahren in den USA und seit Kurzem auch in Namibia als Fachberaterin in NGOs tätig war. Als ich sie zum ersten Mal traf, war sie gerade mit einer Studie zur Situation der Waisenkinder in Namibia beauftragt und entwickelte einen Leitfaden mit Methoden zur Verbesserung der prekären Lage. Lucy sprühte vor

Ideen und Fachkenntnissen. Dabei schien sie nie stillzustehen oder still zu sitzen. Sie war Mitte vierzig und ihre kurzen dunklen Locken wippten unaufhörlich hin und her. Sie liebte Afrika, wie sie sagte, und hatte nach einer längeren Reise mit ihrem deutschen Mann durch den Kontinent und einer Arbeit als Freiwillige in Zimbabwe Feuer gefangen. Die Familie war schließlich nach Namibia gekommen, weil Lucy die Welt durch ihr Wirken ein wenig besser machen wollte, wie sie mir viel später erzählte. Lucy und ich tauschten uns aus und ergänzten uns mit Erfahrungen und Ideen. Zu jener Zeit suchte ich nach einem Koordinator für ein Aids-Aufklärungsprojekt und wünschte mir dafür einen ausgebildeten Mediziner. Doch schon bald wurde mir klar, dass eine promovierte Sozialwissenschaftlerin wie Lucy über einen besseren Hintergrund verfügte. Zuletzt hatte sie als Direktorin einer sozialen Einrichtung für jüdische Familien in Maryland gearbeitet. Und glücklicherweise zögerte sie nicht lange, als ich sie fragte, ob sie nicht mit mir zusammenarbeiten wolle.

»Und ob! Ich bin dabei. Nichts lieber als das. Deine Pläne sind faszinierend! Klar! Warum sollen wir nicht gleich eine landesweite NGO aufbauen? Wie soll sie eigentlich heißen? Hast du einen Namen?«, wollte Lucy wissen.

»Eigentlich nicht. Ich stehe ganz am Anfang«, sagte ich.

»Wenn es keinen Namen gibt, dann sicher auch kein Logo. Wie sieht es mit einem Konzept oder einem Programm aus?«

Ihr Tempo war ganz nach meinem Geschmack. Nun musste nur noch das Geld für Lucys Gehalt aufgetrieben werden, was wesentlich schwieriger war als gedacht und mich bald verzweifeln ließ. Schließlich bekam ich den Tipp, mich mit dem Internationalen Katholischen Missionswerk *missio* in Aachen in Verbindung zu setzen. Als Ärztin hatte ich nie zuvor etwas mit ihnen zu tun gehabt und ging davon aus, sie würden lediglich pastorale Arbeit unterstützen. Aber meine Nachfrage fruchtete und missio übernahm ein Drittel von Lucys Gehalt. Piet Hein trat mit dem renommierten katholischen Privatkrankenhaus in Windhoek in Verbindung und organisierte die Übernahme aller weiteren Gehaltskosten. In den folgenden Jahren arbeiteten Lucy, Piet Hein und ich als enges Team miteinander, wobei ich über die medizinischen Kenntnisse und kirchlichen Kontakte verfügte, Lucy eine sozialwissenschaftliche

Perspektive und ausgezeichnete Erfahrungen im Umgang mit Medien und zur Umsetzung großer Kampagnen mitbrachte und Piet Hein sich um die Administration kümmerte. Besser ging es kaum, wenn man angesichts der größten Herausforderungen des jungen Staates Namibia eine landesweite Kampagne plante.

Lucy begeisterte mich gleich zu Beginn mit einer griffigen Idee im Kampf gegen Aids, die relativ problemlos in die Kirchengemeinden und alle anderen gesellschaftlichen Gruppen hineingetragen werden konnte. Wir nannten das Vier-Punkte-Programm unsere ABCD-Methode.

»Kondome sind dabei nur unsere dritte Verteidigungslinie«, sagte Lucy und lächelte, bevor sie loslegte.

»Jeder Buchstabe steht für eine Stufe im Kampf gegen Aids, und jeder Mensch hat die Wahl, sich daran zu orientieren: A steht für *Abstinenz vor der Heirat* und B für *Bleibe deinem Partner treu,* was für beide Ehepartner gilt. Bis hierher entspricht es der Lehre der katholischen Kirche, und wenn man sich daran hält, ist man auf der sicheren Seite. Wer jedoch meint, er wolle oder könne das nicht, der gehe bitte zu Punkt C. Dieser Buchstabe steht für *Condom,* um auf diesem Weg geschützt zu sein und selber zu schützen. Wer auch das nicht will, dem bleibt eben nur noch D für *Death,* der Tod. ABCD.«

»Klingt plausibel und ist einfach zu merken«, stimmte ich zu.

Die Kernaussage unseres Programms war geboren. Nun fehlte uns noch ein Name.

»Wie findest du *Catholic Aids Action*?«, fragte ich Lucy.

»Super!«

Als Logo einigten wir uns auf ein schwarzes Kreuz mit einer weißen Aids-Schleife auf rotem Untergrund, herzförmig gerahmt. Nun waren wir einen entscheidenden Schritt weiter.

*

Meine treue Freundin Lisa sammelte wieder einmal Geld, das ich in die notwendige Kampagne zum offiziellen Start des Aids-Programms steckte. Wir hatten vor allem Druckkosten zu finanzieren. In allen Pfarreien Namibias wurde der 9. August 1998 zum AIDS-

Sonntag ernannt und die Inauguration des katholischen nationalen HIV/Aids-Programms *Catholic Aids Action* (CAA) für denselben Tag angekündigt. Unsere Sache kam ins Rollen. Lucy ist amerikanische Jüdin und im Stadtteil Bronx in New York aufgewachsen, ihre Eltern waren Holocaustüberlebende. Bevor ich Lucy als Mitarbeiterin der Bischofskonferenz einstellen konnte, unterrichtete ich den Erzbischof darüber. Er hatte keine Probleme damit. In ihm hatte ich einen Verbündeten gefunden, den ich über alle Pläne informierte. Er stellte im Grunde genommen nur eine Bedingung für eine aktive Mitarbeit der Bischofskonferenz in einer Aids-Kampagne der Kirche: Alles müsse auf christlichen Werten basieren.

»Das kann ich garantieren und ich kann noch etwas versprechen: Wir werden keine Kondome verteilen, aber wenn wir nicht einmal über Kondome reden dürfen, dann brauchen wir mit Präventionsprogrammen für Jugendliche gar nicht erst anfangen.«

Das sah zumindest der Erzbischof Haushiku ein.

»Für den landesweiten AIDS-Sonntag brauchen wir eine griffige Predigt für den Erzbischof und am besten auch für alle anderen Prediger in Namibia«, sagte Lucy in ihrer lebendigen Art und sprühte mal wieder vor lauter Vorschlägen. Von Anfang an ließ ich ihr freie Hand, denn alles, was Lucy anpackte, brachte unser Programm weiter. Und so formulierte sie sogar den Predigtvorschlag für den Erzbischof und für alle katholischen Pfarreien des Landes. Außerdem versorgten wir sämtliche katholische Kirchengemeinden mit umfangreichem Informationsmaterial zur Vorbereitung, inklusive entsprechender Poster, die überall ausgehängt wurden. An vielen Orten wurden anlässlich des AIDS-Sonntages Theaterstücke von Jugendlichen aufgeführt.

In Windhoek hielt Erzbischof Haushiku den Hauptgottesdienst in der *Holy Redeemer Church*, der Erlöserkirche. Das feierliche Ereignis fand im Rahmen einer Eucharistiefeier statt und die Liturgie beruhte auf den Vorstellungen unseres Büros. Bonifatius Haushiku wandelte den Predigtvorschlag nur geringfügig ab und fügte am Ende einen entscheidenden Satz hinzu: *AIDS ist eine Krankheit und keine Sünde!* Ich war begeistert!

Lucy hatte ihre gesamte Erfahrung eingebracht, um das Fernsehen und das nationale Radio zu einer Liveübertragung des Gottesdienstes zu bewegen. Unser Fax hatte in den letzten Tagen von morgens bis abends gerattert, weil sie Presseerklärungen an Gott und die Welt verschickte. Auch zahlreiche Regierungsvertreter und Repräsentanten der Vereinten Nationen ließen es sich nicht nehmen, dabei zu sein. Leider erschien kein Vertreter vom Council of Churches in Namibia, was mich wirklich traurig machte. Mit seinen zahlreichen aktiven Programmpunkten dauerte das Spektakel über drei Stunden und brachte uns überall im Land großes Interesse und hohes Lob ein. Das war ein Auftakt nach meinem Geschmack. Ein neues *Baby* war geboren: Catholic Aids Action war in aller Munde.

Es war mir eine Freude, als ich eines Morgens im Prioratshaus die *Allgemeine Zeitung* ausgebreitet auf dem Tisch liegen sah. Die Überschrift lautete: *AIDS: Das Schweigen ist gebrochen.* Neben zahlreichen statistischen und medizinischen Informationen zur Krankheit und ihrer Ausbreitung wurde ausführlich auf Catholic Aids Action und unsere ABCD-Methode sowie das gleichnamige Poster eingegangen, das inzwischen landesweit in englischer Sprache verbreitet war: Es freute mich, dass im Artikel ausdrücklich auf unser Projekt zur Ausbildung freiwilliger Helfer hingewiesen wurde, wobei die Religionszugehörigkeit keine Rolle spielte.

Auf Betteltour

Für unser Catholic-Aids-Action-Programm brauchten wir dringend eine stabile finanzielle Basis. Geld war in Namibia jedoch nicht zu bekommen. Ich konnte mich zwar auf die kirchliche Struktur von 91 Pfarreien und 300 Basisgemeinden im ganzen Land stützen, aber Geld gaben sie keins. Unser Mitarbeiterstab wuchs, freiwillige Helfer mussten ausgebildet werden, Suppenküchen aufgebaut, Schularbeitenhilfe organisiert und vieles andere mehr bezahlt werden. Einmal mehr hatte meine Freundin Lisa Nicola eine zündende

Idee, ausgezeichnete Kontakte und eine unglaubliche Kreativität, um mich tatkräftig zu unterstützen. »Wir machen eine Betteltour durch Deutschland!«, sagte Lisa. Was hätte ich nur ohne meine Freundin gemacht? Air Namibia spendierte mein Flugticket. Lucy und ich fertigten Pressemappen zur Situation Aidskranker und Aids-Waisen in Namibia an und verschickten sie vorab an diverse Organisationen und mögliche Kooperationspartner in Deutschland. Lisa steuerte bestes Fotomaterial bei, denn längst war meine Freundin zu Besuch in Namibia gewesen und hatte mit ihrer Kamera viele bewegende Momente festgehalten. Als ich in Deutschland eintraf, wartete ein straffer Terminplan auf mich. Lisa chauffierte mich kostenlos mit ihrem Auto von Stadt zu Stadt. Sie ist ein wahrer Engel und scheut keine Kosten und Mühen, wenn es um die Unterstützung meiner Projekte geht.

Bei action medeor war sie mit einer Teilzeitstelle von wenigen Wochenstunden tätig, aber sie schaute nie auf die Uhr und setzte auch hier ihre gesamte Kraft zum Wohl der Bedürftigen ein.

Einer unserer Ansprechpartner auf der Betteltour war die Diözese Augsburg. Bischof Dammertz ist Benediktiner-Mönch und er empfing Lisa und mich ohne jedes bischöfliche Brimborium, was mir ausgesprochen gut gefiel. *Ich bin und bleibe doch ein Mönch,* hatte er zu mir gesagt und zeigte großes Interesse an meinen Aktivitäten und dem Programm von Catholic Aids Action. Meinen Wünschen nach Unterstützung für HIV/Aids-Projekte in Namibia wollte er gern tatkräftig nachkommen. Er selbst hatte in Augsburg den Priester Claus Pfuff vollamtlich eingesetzt, der ausschließlich für die HIV-Prävention und -Beratung zuständig war. In Augsburg! Wahrlich kein Brennpunkt. Ich war sehr angetan.

»Unsere *Aktion Hoffnung* wird helfen können. Dort ist man sehr aktiv beim Spendensammeln. In Ettringen gibt es ein großes Warenlager. Dorthin sollten Sie fahren und das Projekt vorstellen. Vielleicht können Sie eine Kampagne für Catholic Aids Action starten«, sagte Bischof Dammertz.

Die Kindernothilfe unterstützte uns genauso wie missio, Misereor und selbstverständlich auch wieder action medeor. Hinzu kamen das Kinderhilfswerk, die »Sternsinger«, die Erzdiözese Köln und die Deutsche AIDS-Hilfe.

Regelmäßig wiederholte ich während unserer Betteltour einen Satz, von dem ich voll und ganz überzeugt war und den ich schon häufig in Namibia ausgesprochen hatte. Auch wenn er in Deutschland vielleicht nicht auf Anhieb nachvollziehbar war, so zeigte er doch die gewünschte Wirkung:»Die katholische Kirche wird sich in 100 Jahren daran messen lassen müssen, wie sie mit Millionen Aidskranken umgegangen ist.« Ich musste nicht mit leeren Händen zurückkehren. Aus Köln wurden uns Fahrräder geschickt, die Deutsche AIDS-Hilfe engagierte sich finanziell und vor allem langfristig, die neue Bekanntschaft mit den»Sternsingern« brachte uns Mittel für Schuluniformen für Waisenkinder, das Kinderhilfswerk erweiterte sein Engagement und übernahm Seminarkosten für Schulungen von Ehrenamtlichen. Von anderen Organisationen bekamen wir Computer, Büromaterialien und sogar mal ein Kraftfahrzeug geschenkt. Ich war glücklich.

*

Kurz nach meiner Rückkehr ging trotz allen Einsatzes für CAA meine Arbeit als Gesundheitskoordinatorin weiter. Mit Piet Hein Meckmann plante ich notwendige und aufwendige Renovierungen und Baumaßnahmen an den Gesundheitszentren und Krankenhäusern im ganzen Land. Die Lage im Norden war kaum noch tragbar, die Zentren waren marode und die Hospitäler platzten aus allen Nähten. Unsere ersten gemeinsamen Projekte bestanden in der Modernisierung und Erweiterung der vernachlässigten Gesundheitszentren Bunya, Sambyu und Tondoro am Kavango-Fluss. Im Gegensatz zu Tansania gab es in Namibia dafür Geld vom Staat. Die Regierung genehmigte üblicherweise 50 Prozent aller Baukosten für unsere katholischen Zentren, wenn der Rest von der Kirche kam. Da die namibische Kirche jedoch kein Geld hatte, kostete mich das Auftreiben der zweiten Hälfte viele schlaflose Nächte und tagelange Grübeleien mit Piet Hein. Schließlich führten meine guten Kontakte zu Misereor zu einer Vermittlung an das deutsche Bundesministerium für wirtschaftliche Zusammenarbeit. Dort genehmigte man uns 50 Prozent der Baukosten. Unser Architekt, Herr Siedentopf, ein weißer Namibier, arbeitete professionell und zügig. Ich staunte über die unzähligen Bauvorschriften und hielt manches Detail für übertrieben und unnötig kostspielig. Wenn ich die umfangreichen Pläne und Bauarbeiten mit *meinem* Hospital in Nyangao verglich, dann hätte ich von dem Geld ein 500-Betten-Hospital bauen können. Aber wir waren in Namibia, und hier wehte ein ganz anderer Wind. Es mussten alle Standards des hiesigen Gesundheitsministeriums eingehalten werden, die mir pingelig und ausgesprochen westlich erschienen. Es waren beispielsweise nur europäische Spültoiletten und keine asiatischen erlaubt. Diese Richtlinien waren eine Folge der Überwindung der Apartheid: Derselbe hohe Standard für alle Namibier, nicht mehr nur für Weiße, lautete das Konzept. In dieser Hinsicht habe ich viel dazugelernt.

Ich war unendlich dankbar, dass Piet Hein sich gewissenhaft um alles Finanzielle kümmerte und ich mich mit den zahllosen anderen Aufgaben befassen konnte. Nach Abschluss der Bauarbeiten traf eine Delegation des Bundesministeriums aus Deutschland zur Besichtigung ein: Alles war zu ihrer Zufriedenheit.

Bei meinen wiederholten Visiten in den Distrikt-Krankenhäusern – es gab vier – wurde ich überall auf erhebliche Mängel und Renovierungsbedarfe hingewiesen. Aber woher sollten wir das Geld nehmen? Nächtelang saß ich vor meinem Computer und stellte Anträge. Für das 300-Betten-Hospital in Oshikuku war schließlich Misereor bereit, die Kosten zu übernehmen, eine Summe, die das Gesamtvolumen aller anderen Misereor-Projekte in Namibia übertraf. In Oshikuku finanzierte action medeor den kostenintensiven Apothekenkomplex. Das Hospital wurde im Beisein der Botschafter Amerikas und Deutschlands eröffnet. Es war eine große Sache, die in allen Medien präsentiert wurde. Ich musste mehrere Reden halten und saß den ganzen Tag neben der Gesundheitsministerin Dr. Libertina Amathila. Unser Bild war in allen Zeitungen.

Workshops für Ordensleute

Eine wesentliche Voraussetzung für den Erfolg des Catholic-Aids-Action-Programms war die Ausbildung von Priestern und Ordensleuten. Sie waren die Ersten, die verstehen mussten, was sich hinter dieser Krankheit verbarg, die wie keine andere stigmatisiert war. Sie mussten begreifen, warum wir sie in unser Aktionsprogramm einbinden wollten. Ihr Einfluss war in der namibischen Gesellschaft ungleich höher als der Einfluss anderer gesellschaftlicher Gruppen. Eine FBO, eine *Faith-Based Organisation*, eine auf *Glauben gegründete Organisation*, mit guter Infrastruktur kann die Menschen am besten erreichen.

Und so organisierte ich mit zwei Patres mehrtägige Workshops für eine religiöse Klientel mit jeweils 40 Teilnehmerinnen und Teilnehmern in einem geschützten Rahmen, der ihren Gewohnheiten entsprach. Der erste Workshop mit dem Titel *Die pastorale Herausforderung durch HIV/Aids* fand in einem pastoralen Zentrum in der Nähe von Windhoek statt. Neben mir traten die Amerikaner Father Rick Bauer und Father Richard Albertine von den Maryknoll Fathers als Redner auf. Rick Bauer war bereits seit den Achtzigerjahren in der Aids-Arbeit aktiv und ein souveräner Kursleiter. Er kam aus Dar-es-Salam zu unserem Workshop, wo er PASADA, eine neu entstandene Aids-Organisation der Erzdiözese leitete. Richard Albertine war ein ausgesprochen erfahrener Pater, der die meiste Zeit seines Lebens in armen Ländern unserer Erde verbracht hatte. Beide wussten, wie man unserer geistlichen Klientel – Bischöfe, Priester und Schwestern – die Ängste nahm.

Ich hatte Erzbischof Haushiku gebeten, dabei zu sein, um damit für allerbeste Referenzen zu sorgen. Und tatsächlich: Er war trotz seiner angeschlagenen Gesundheit an allen drei Tagen anwesend und nahm wie alle anderen sein Zeugnis entgegen, das seine HIV-Kompetenzen bescheinigte. Dieses Dokument hing fortan gut sichtbar in seinem Büro an der Wand, was mich natürlich glücklich machte und unsere Arbeit erleichterte.

Die Priester zeigten offen ihre Ängste und Vorurteile, aber es gelang uns mehr und mehr, diese abzubauen.

Später unterzeichnete der Erzbischof eigenhändig das Vorwort zu einer Workshop-Broschüre von CAA mit dem Titel: *Following in the Footsteps of Jesus*, die sich an religiöse Führer in Namibia richtete und eine Zusammenfassung unserer dreitägigen Aktivitäten darstellte. Es sollte seine letzte Unterschrift sein, bevor er am nächsten

Tag im Krankenhaus unserer Schwestern in Windhoek starb. Sein Vertrauen war so groß, dass er meine vorformulierten Zeilen nur rasch überflog, mich um seinen Füller bat und dann folgenden Wortlaut unterschrieb:

Der Kampf gegen HIV kann nicht ohne das Engagement der Kirche gewonnen werden. Unser Land und seine Menschen brauchen uns. Denn wir sind an den richtigen Orten, um konstruktiv und zuverlässig zu reagieren.

Diese Lehrbroschüre, »Following in the Footsteps of Jesus«, basiert auf einer fundamentalen Frage: »Wie würde Jesus auf die Herausforderungen durch HIV/AIDS reagieren, wenn er heute zu uns zurückkehrte?«

Wir kennen die Antwort auf diese Frage. Jesus hat sie uns bereits immer und immer wieder gegeben, durch sein eigenes Handeln gegenüber den Geplagten, den Armen, und denen, die von ihren Eigenen verachtet wurden. »Liebe deinen Nächsten wie dich selbst«, hat Jesus uns immer wieder gelehrt. Ich bin sogar davon überzeugt, dass Gott uns eines Tages richten wird, nicht durch diese Krankheit, sondern für die Art, mit der wir auf sie reagieren. Jetzt ist die Zeit, um zu beweisen, dass wir unsere Aufgaben gelernt haben. Im Januar habe ich an einem dreitägigen Workshop teilgenommen, der auf dem Inhalt dieser Lehrbroschüre basierte, und ich kann ihn nur allen religiösen Führern überall empfehlen. Ich bin froh, dass dieser Lehrplan nun gedruckt ist, denn es bedeutet, dass dieser Workshop problemlos wiederholt werden kann.

»Einer trage des anderen Last; so werdet ihr das Gesetz Christi erfüllen« (Gal 6,2).

Möge Gott euch Kraft für diese Aufgaben geben.

Erzbischof Bonifatius Haushiku

Erzdiözese von Windhoek, Namibia

In unseren Workshops beteten wir gemeinsam, feierten Gottesdienste und gingen dann in die einzelnen Arbeitsgruppen. Vieles war sicher ungewohnt für die Teilnehmer, doch die enge Anlehnung an Jesu Lehren machte es leichter. Zum Auftakt berichtete ein Ehepaar von seinem schweren Leben. Beide HIV-infiziert, mit sechs Kindern, von denen eines ebenfalls positiv getestet wurde. Der Ehemann geriet auf Abwege, verfiel dem Alkohol, verlor seine Arbeit und infizierte seine Frau. Die Ehefrau erzählte von ihrem Kampf, nicht zu hassen und die Familie weiterzuführen. Inzwischen waren beide ehrenamtliche Mitarbeiter bei CAA.

Als einen gewichtigen Programmpunkt nahmen wir das Beispiel des Kreuzweges auf und interpretierten ihn aus der Perspektive von Aidskranken. Father Rick betete den Kreuzweg vor und las den beigefügten Text.

1. Jesus wird zum Tode verurteilt
Er sitzt da, schockiert, nicht in der Lage, zu sprechen, seine Hände zittern. Mario hat gerade die AIDS-Diagnose bekommen. »Ich werde sterben«, sagt er.

2. Jesus nimmt das Kreuz auf seine Schultern
Er ist niedergeschlagen vom Wissen um die Diagnose. Wie soll er es seiner Familie sagen? Was wird aus seinen Kindern? Er sagt es seinem Bruder, verkauft ein wenig Land und regelt die Dinge für seine Kinder. Es ist hart, Vincent muss ein schweres Kreuz tragen.

3. Jesus stürzt zum ersten Mal unter dem Kreuz
Er kann nicht mehr allein aufstehen, die Wunden sind zu schmerzhaft. Peter ist sehr schwach. Mit Hilfestellung schafft er es nach Hause und ins Bett, wo die schwere Aufgabe des Kraftschöpfens beginnt, damit er das Kreuz des Lebens mit AIDS aufnehmen und seinen Weg fortsetzen kann.

4. Jesus trifft Seine Mutter
Sie liegt da und wartet auf die Rückkehr ihrer Mutter. Regina hat soeben erfahren, dass sie AIDS hat und sterben wird. Sie will es ihrer Mutter sagen. Als sie sich treffen, tauschen sie Blicke der Liebe und des Schmerzes aus. »I have slim.« Ihre Mutter nimmt sie in den Arm und weint.

5. Simon hilft Jesus, das Kreuz zu tragen
Richard muss so viele Entscheidungen treffen. Wie soll es weitergehen? Als seine Brüder kommen, erzählt er ihnen, er habe Angst vor dem Weiterleben. Sie trösten ihn, bringen ihn zunächst nach Hause, planen, seine Behandlung regelmäßig fortzuführen.

6. Veronica reicht Jesus das Schweißtuch
Sie liegt da, zu schwach, sich zu waschen. Ihre Kleider sind beschmutzt, weil sie ständig Durchfall hat. Sie ist allein, abgeschoben in einen Flur, damit der Gestank die anderen nicht stört. Eine junge Schwester kommt, wäscht sie und wechselt ihre Kleider. Rose lächelt.

7. Jesus fällt ein zweites Mal
Er bekommt Durchfall und mag nicht mehr essen. Er kann nicht mehr schlafen und hat Angst. Die Krankheit verschlimmert sich. Peter kann nicht mehr arbeiten. Es ist schwer, mit AIDS weiterzuleben.

8. Jesus begegnet den Frauen von Jerusalem
Jane hat kein Land. Mary hat keine Milch für ihr Baby. Scovias Ehemann hat sie rausgeworfen, als er von ihrer AIDS-Erkrankung erfuhr. Juliet hat man aus ihrer Mietwohnung geworfen. Betty arbeitet in einer Bar, um ihre Kinder versorgen zu können, und lässt sich auf Angebote von Männern ein. Die Misere armer Frauen mit AIDS. Jesus weint.

9. Jesus fällt zum dritten Mal
Sein Kopf schlägt auf und scheint zu bersten, nichts hilft. Peter liegt im Bett, unfähig, die Augen zu öffnen. Als das Ende naht, kommen Verwandte, um ihn aus seinem gemieteten Zimmer zu holen, in dem er monatelang allein gelitten hat. Ein weiterer Schritt auf dem Weg.

10. Jesus wird seiner Kleider beraubt
Sie werfen sie aus dem Haus, behalten ihre Kleider und behaupten, sie wären ohnehin zu groß für ihren ausgemergelten Körper. Sie sagen ihr, sie solle zum Sterben zu ihrer Großmutter gehen. Dort angekommen, wird sie erneut abgelehnt – beraubt von allem, sogar ihrem Recht, irgendwo dazuzugehören. Juliet wird zurück ins Hospital gebracht, wie eine unerwünschte Ware.

11. Jesus wird an das Kreuz genagelt
Er kann sich nicht bewegen, kann kaum noch atmen. Er wartet darauf, dass ihm jemand sagt, was passiert. AIDS hat einen Gehirntumor verursacht und ihn ans Bett genagelt. Die Mutter achtet auf ihn.

12. Jesus stirbt am Kreuz
Rose, Peter, John, Alecha, Kakande, Joseph, William, George, Grace, Paulo, Gorresth …
Jesu Körper stirbt an AIDS.

13. Jesus wird vom Kreuz genommen
Das Klagen beginnt, der Leichenwagen erreicht das Haus. Als Männer Paulos eingehüllten Körper hinaustragen, greift eine Frau nach dem Tuch, um ihren toten Sohn noch einmal zu berühren.
14. Jesus wird ins Grab gelegt
Auf dem Hospitalgelände wird ein Grab ausgehoben, die Trauergemeinde besteht nur aus Angestellten. Ihr neun Monate altes Baby schreit, nicht begreifend, was passiert ist. Das Grab wird geschlossen. Alle gehen. Rose ist tot.
Die Wiederauferstehung … wir warten

Die beiden Maryknoll Fathers und ich konfrontierten die Teilnehmer am letzten Tag des Workshops mit einer zunächst schockierenden Aussage: *Jesus hat AIDS!*
Wir sind der Leib Christi, wie es im Korintherbrief steht. Und wenn nur ein Glied dieses Leibes leidet, dann leiden wir alle mit. Wenn ein Glied an AIDS erkrankt, dann leidet der gesamte Leib mit. Deswegen können wir sagen: der Leib Christi hat AIDS. Und das geht uns alle an.
Nach großem Befremden und großer Abwehr konnte auch das angenommen werden.

Catholic Aids Action wird groß

Je bekannter CAA wurde, desto stärker gerieten auch die anderen Kirchen des Landes unter Zugzwang. In der Regierung saßen überwiegend Lutheraner, die sich fragten, warum die katholische Kirche so aktiv war im Kampf gegen Aids. Bald trafen wir Abmachungen zur Zusammenarbeit und führten Trainings für andere Konfessionen durch.

Wir hatten inzwischen fast 30 Gruppen von ausgebildeten Helfern, die in der Home-Based Care ohne Entgelt etwa 1500 Kranke zu Hause pflegten. Nach einem ausführlichen Training bekamen unsere Freiwilligen ein auffallend rotes T-Shirt mit dem CAA-Logo. Ich war immer froh, wenn ich irgendwo im Land unsere Freiwilli-

gen in ihrer auffallenden Kleidung und mit der typischen Schulter-
tasche sah. In dem sogenannten Home-Based-Family-Care-Kit
befanden sich ein Leitfaden, ein Handtuch, mehrere Handschuhe,
eine Schürze, Desinfektionsmittel, Seife, Toilettenpapier, Verbands-
zeug, Salben, Vitaminpräparate und einiges mehr. Bei CAA waren
wir sehr stolz auf diese Kits, die allesamt von action medeor aus
Deutschland gespendet wurden. Die Helfer gingen zu den Kranken
in ihre Hütten oder in den Kraal. Niemand hat dort fließend Wasser,
kaum jemand eine Latrine. Die hygienischen Bedingungen sind
katastrophal.

Zielgruppen unserer Aufklärungsprogramme zum Thema Aids
waren zunächst Jugendliche. Über Radiosendungen, Schulbesuche
und Kurse in Pfarreien wurden die Adressaten erreicht. Unsere
jugendlichen Mitarbeiter gaben ihr Wissen weiter und unterrichteten schon im ersten Jahr 1500 Jugendliche in Kursen von jeweils
zehn Doppelstunden. Titel und Ziel des Unterrichts lauteten: *My
Future is my Choice.* Aus diesen Kursen rekrutierte CAA wiederum
Jugendliche, die sich zum Trainer ausbilden lassen wollten, um ein
gesundes Verhalten im Leben einzuüben und weiterzugeben.

Und dann gab es noch die schier überwältigende Aufgabe, sich um
die vielen Waisen zu kümmern. Eines der Hauptziele von CAA lag
darin, ihren Schulbesuch zu gewährleisten. Uns wuchsen die Aufgaben über den Kopf. Wir brauchten mehr Geld. Bald arbeiteten wir
an Programmen mit unterschiedlichen Slogans wie: *1000 Kinder
zurück in die Schule* oder *Bildung macht stark.* Unser *Edelsteinpro-
jekt,* initiiert durch den Geistlichen Claus Pfuff, erreichte große Verbreitung, weil neben der *Aktion Hoffnung* aus Bayern später auch
andere Gemeinden Halbedelsteine aus Namibia zum Verkauf anbo-
ten. Der Erlös der bunten Steine, die eher einen symbolischen Wert
hatten, ging ins Projekt *1000 Kinder zurück in die Schule.*

Insbesondere missio aus Aachen erkannte die Notwendigkeit unserer Vorhaben und finanzierte unter anderem die Lohnkosten für
hauptamtliche Mitarbeiter, die weitere Freiwillige ausbildeten und
als Koordinatoren tätig waren. Wir hatten ein gewaltiges Programm

zu bewältigen, denn uns schwebte nichts anderes vor als eine landesweite fundierte Kampagne zur Eindämmung von Aids und zur Hilfe für die Betroffenen.

Jeder Workshop zur Ausbildung unserer freiwilligen Helfer umfasste zwölf Unterrichtseinheiten und eine Abschlussfeier. Jeder Teilnehmer bekam einen kleinen Lohn. Bald reichten unsere Räume nicht mehr aus, und der Generalvikar setzte sich für ein größeres Gebäude in Katutura ein, dem ehemaligen *Schwarzenviertel* Windhoeks. Dort richteten wir eine Suppenküche ein, boten Schulaufgabenbetreuung und eröffneten das *Legal Assistance Center*, in dem es einmal wöchentlich kostenlosen Rechtsbeistand gab. Wir benannten das neue Zentrum nach dem Generalvikar: *Bernhard Nordkamp Center*.

Die Infektionsrate stieg mit jedem Jahr, aber glücklicherweise auch die Aufklärungsrate und unsere Hoffnung, dass sich irgendwann etwas ändern würde. Bald hatten wir mehrere Hundert Mitarbeiter. In mancher Hinsicht waren wir vielleicht naiv, aber was blieb uns anderes übrig, als zügig zu handeln.

Wir organisierten Konferenzen der *Hoffnung,* eröffneten weitere Suppenküchen, Nähstuben, Schulaufgabenhilfen, Beratungszentren und spezielle Kurse für Waisen, in denen sie altersgerecht lernen sollten, mit ihrem persönlichen Trauma fertig zu werden. Die meisten Programme waren erfolgreich, Ministerien und Behörden wurden ebenfalls sensibilisiert und riefen eigene Programme ins Leben. Nicht wenige dieser Kinder schlossen bis zum Ende meiner Zeit in Namibia die Schule ab und gingen sogar zur Universität. Zu besonderen Anlässen organisierte CAA sogar Demonstrationen. Im September 2000 fand ein besonders großer Marsch statt, der auf die Probleme der Aids-Waisen aufmerksam machen sollte. Wir mobilisierten die Prominenz und schließlich marschierte der Bürgermeister neben der amtierenden Miss Namibia und den berühmten *Brave Warriors,* der namibischen Fußballnationalmannschaft. Oft genug starben uns aber die Aktivisten weg, bevor sie ein Projekt beenden konnten. Und viel zu oft nahm ich an Beerdigungen teil. Zurück blieben zumeist Waisenkinder. Ihre Zahl stieg stetig an.

In medizinischer Hinsicht gab es ständig neue Entwicklungen. Wir waren unglaublich froh, als die Übertragung von einer HIV-positiven Mutter auf ihr Neugeborenes aufgrund spezifischer Behandlung weitgehend einzudämmen war. Ich klinkte mich als Medizinerin in die Trainings für die Ärzte und das Personal ein, damit die betroffenen Frauen optimal beraten und mit den neuen Medikamenten behandelt wurden. Dabei erschreckte mich zunächst, wie groß die Widerstände der Krankenschwestern und Ärzte waren, sich persönlich auf das Thema Aids einzulassen. Kaum jemand von ihnen ließ sich testen. Nach wie vor wurde selbst das Wort »Aids« vermieden. Noch immer hörte man, die vielen Patienten seien an Lungenentzündung und Tuberkulose gestorben, was jedoch nur eine Folge der Immunschwächekrankheit ist. Viele sprachen weiterhin von der Krankheit namens *slim*. Aber wie sollte das Krankenhauspersonal die Betroffenen glaubwürdig davon überzeugen, sich testen zu lassen, wenn es nicht selbst mit gutem Beispiel voranging? Zumindest bei den Schwangeren rechnete ich mit einem Ansturm auf die Kliniken, denn ich glaubte, sie würden sehnlichst auf eine Möglichkeit warten, ihre Babys zu schützen. Doch da hatte ich die Rechnung ohne die Mütter gemacht. Auch sie wollten sich nicht testen lassen! Die Begründung war meist dieselbe: »Wenn unsere Männer erfahren, dass wir positiv sind, dann verprügeln und verstoßen sie uns. Was soll eine Behandlung allein für das Kind? Wenn ich als Mutter positiv bin, dann ist es besser, wir sterben zusammen. Wer soll sich sonst um das Kind kümmern?«

Die Quote der werdenden Mütter, die sich testen ließen, lag in dieser Phase zwischen fünf und zehn Prozent. Ich hatte in Afrika schon vieles erlebt, aber angesichts von Aids fühlte ich mich immer häufiger ratlos.

Wir entschieden uns, noch stärker mit Freiwilligen anstatt mit Professionellen zu arbeiten, weil wir uns dadurch einen besseren Zugang zu den Frauen erhofften. Sie sprachen die örtlichen Dialekte und sollten bessere Überzeugungsarbeit leisten können.

Die Devise heißt: Fit bleiben

An den Wochentagen nahm ich immer am Frühgebet teil. Nach Einzelmeditation, Laudes und heiliger Messe eilte ich ins Refektorium, schnappte mir eine Scheibe Brot und fuhr in den Health Club zum Frühsport. Lucy hatte mir ein Jahresabonnement für den Fitness Club geschenkt, das ich so oft nutzte, wie es nur ging. An den Wochenenden sah mein Programm etwas entspannter aus, als an den anderen Tagen. Jeden Samstag nach dem Gebet und dem Frühstück machte ich mich an die ungeliebte Aufgabe, mein Zimmer zu putzen. Damit hielt ich mich jedoch nie lange auf und setzte mich schon bald in meinen roten Corolla, um zum Club zu fahren. Ich konnte mir nichts Besseres vorstellen, als meine Runden im Pool zu drehen und mich an einigen Geräten fit zu halten. Dort habe ich auch die wohltuende Wirkung der Sauna kennengelernt. Dieser Ausgleich war mir wichtig, denn nur wenn ich mich stark und gesund fühlte, konnte ich die Belastungen und die Verantwortung tragen. Am Samstagvormittag fuhr ich stets noch kurz ins Büro, weil ich dann dort allein war und in aller Ruhe arbeiten konnte. Erst lange nach dem Mittagessen kam ich zurück in den Konvent und gönnte mir ein Schläfchen. Den Samstag liebte ich ganz besonders. Der Sonntag stand unter einem spirituellen Vorzeichen für Gebet, Gemeinschaft und wenigstens eine Stunde Health Club. Mit Bangen sah ich die Monate auf meinem Jahresabonnement schwinden. Womit sollte ich ein neues Ticket finanzieren? Ich hatte doch kein Geld. Sollte ich Lisa bitten? Oder meine Mutter? Annette? Es war nicht einfach für mich. Schließlich ließ ich eine Bemerkung im Büro von Catholic Aids Action fallen und bekam zu Weihnachten ein neues Abo geschenkt. Gott sei Dank.

Mit Lucy verband mich bald mehr als eine Arbeitsbeziehung. Regelmäßig lud sie mich zu sich nach Hause ein. Ich begleitete sie auch in die kleine Synagoge von Windhoek, die stark unter Mitgliederschwund litt. Oft bekamen sie dort nicht einmal die zehn Männer zusammen, die nötig sind, um einen jüdischen Gottesdienst zu feiern. Ich nahm an jüdischen Feiern teil und erweiterte meinen Horizont. Lucy war in der jüdischen Gemeinde ein äußerst aktives Mitglied und vermutlich die erste Frau, die dort predigte.

*

Unsere philippinische Priorin Sr. Pia, die Nachfolgerin der vorzeitig resignierten Priorin, hatte mich als gewähltes Mitglied in ihren Rat berufen, der zudem aus der Subpriorin und drei weiteren gewählten Schwestern bestand. So war ich an allen Entscheidungen der Missions-Benediktinerinnen in Windhoek beteiligt. Sr. Pia gab viel auf meine Meinung, und ich war froh, wenn ich meine Vorstellungen im Priorat einbringen konnte.

Einmal sagte eine junge namibische Mitschwester, die seit einiger Zeit bei uns war, zu mir: »Sr. Raphaela, du hast so viel Arbeit und so viele Aufgaben zu erfüllen, du bist ständig auf Reisen, aber wenn du bei uns im Konvent bist, dann bist du zu einhundert Prozent da. Zumindest habe ich immer dieses Gefühl, wenn ich dich sehe und beim Beten erlebe. Du schaltest sofort um. Im Chorgebet bist du mit voller Hingabe dabei. Ich bewundere dies, aber ich bin manchmal auch erstaunt darüber.«

»Was ist daran erstaunlich? Das ist doch unser benediktinisches Leben! Ich gehöre doch voll und ganz dazu. Und ich genieße es.«

»Ich freue mich immer, wenn du uns abends in der Rekreation etwas erzählst. Du erlebst doch so viel. Unser Priorat profitiert von dir.«

»Ich würde gern häufiger in der Rekreation sein, aber leider bin ich viel unterwegs. Für mich ist es eine große Freude, dass unsere Kongregation in den letzten Jahren durch die vielen namibischen Schwestern gewachsen ist«, sagte ich. Wir hatten 65 namibische Schwestern durch einen Ordensübertritt hinzubekommen. Das war eine schwere Aufgabe für unsere Priorin gewesen, die sie wunderbar gemeistert hatte. Für die vielen neuen Schwestern war unser Haus in der Innenstadt viel zu klein, und so waren wir im Jahr 2000 an den Stadtrand gezogen.

*

Der befristete Vertrag meines Mitstreiters und Kollegen Piet Hein Meckmann lief aus und Piet Hein wollte etwas Neues anpacken. Während seine Frau zurück in die Niederlande ging, nahm er einen Vertrag in Entebbe, der Hauptstadt von Uganda, an. Ich hatte ihn als Naturliebhaber kennengelernt, der in Namibia oft auf seine Kosten gekommen ist. Nie werde ich vergessen, wie gern er Vögel beobachtete und wie sehr er sich einmal über zwei Geparden freute, die irgendwo im Norden des Landes plötzlich die Straße kreuzten. Und auch Bernhard Nordkamp verließ das Land und ging zurück nach Deutschland. Als der Generalvikar sich in Windhoek verabschiedete, war ich mir sicher, ihn in Deutschland wiederzusehen.

»Sr. Raphaela, eines möchte ich Ihnen noch sagen, bevor ich gehe. Sie sind ein Segen für dieses Land. Wo würden wir jetzt ohne Sie stehen?«

Ich wusste nicht, was ich sagen sollte, aber seine Worte bedeuteten mir viel.

Internationaler Druck

Im März 1999 erreichte mich die Nachricht vom Tod Mutter Gertruds in Tutzing. Sie war im Alter von 91 Jahren gestorben. Diese Missions-Benediktinerin habe ich bewundert und ich habe ihr viel zu verdanken. Ihr Sterbebericht kam per E-Mail. Ich druckte ihn aus und las ihn später in aller Ruhe. Wir Schwestern gedachten dieser ungewöhnlichen Frau in einer Messe.

*

In zahlreichen Ländern wurde man inzwischen auf das Programm von Catholic Aids Action aufmerksam und man lud mich als Referentin zu Konferenzen ein. In dieser Funktion reiste ich erneut nach Sambia und stellte unser Programm vor. In Südafrika nahm ich mehrfach an Treffen in Johannesburg, Kapstadt und Durban teil, wo im Jahr 2000 die bisher größte und globale Konferenz zu HIV/Aids abgehalten wurde. Viele Initiativen arbeiteten inzwischen mit der

ABCD-Methode, aber ich wurde nie müde, unseren Ansatz in all seinen Facetten zu erklären. Ich war auf Kongressen in Simbabwe, Äthiopien, Kenia, Burkina Faso, Ghana, Mozambique und anderen Ländern. Einige Male nahm ich auch an Katholiken- und Kirchentagen in Deutschland teil, um über unsere HIV/Aids-Arbeit in Namibia zu berichten.

Eines Tages nutzte ich bei einem internationalen Kongress in Nairobi die Gelegenheit, meine Fühler in Richtung SECAM, dem Symposium der Bischofskonferenzen von Afrika und Madagaskar, auszustrecken. Der damalige Präsident des Symposiums, Erzbischof John Onaiyekan aus Nigeria, heute Kardinal, beeindruckte mich durch seine exzellente Leistung als Moderator der Konferenz. Mir kam die Idee, John Onaiyekan ein Extrameeting von SECAM zum Thema HIV/Aids nahezulegen. SECAM ist die höchste katholische Instanz auf dem Kontinent mit geschätzten 182 Millionen Gläubigen, Tendenz steigend.

»Drei Tage Extrameeting wären eine gute Grundlage«, sagte ich recht forsch zu John Onaiyekan. Der Mann war ein ganzes Stück größer als ich und noch dazu in eine weiße Soutane mit roter Stola gekleidet. Eine beeindruckende und sympathische Erscheinung.

Meine Idee wurde dankend angenommen und ich möchte meinen Stolz darauf nicht verbergen, denn der Einfluss der Bischöfe in Afrika ist enorm groß. Aus meinen gewünschten drei Tagen Extrakonferenz wurden letztendlich nur zwei, unmittelbar vor der mehrtägigen Generalversammlung. Und so saßen die hohen männlichen Würdenträger 2003 in Dakar im Senegal beisammen, um sich intensiv mit der Aids-Problematik zu befassen. Eine schwedische Vertreterin von UN-AIDS und ich waren die einzigen weiblichen Referentinnen. Vorab besprach ich mich mit dem kanadischen Jesuiten Michael Czerney und dem Amerikaner Father Bob Vitillo von Caritas Internationalis, um umfangreiche Tagesordnungspunkte vorzubereiten. Father Michael hatte erst kürzlich ein Netzwerk namens AJAM zum Thema HIV/Aids für jene afrikanischen Länder ins Leben gerufen, in denen Jesuiten aktiv sind. Die Zentrale befand sich in Nairobi.

Solche hochrangige Meetings waren immens wichtig und ich erhoffte mir dadurch eine Kehrtwende im Umgang mit der Krankheit. Unser Vorbereitungs-Komitee formulierte ein mehrseitiges Schlussdokument, das weltweite Verbreitung fand. Es trug den Titel: *The Church in Africa in Face of the HIV/AIDS Pandemic* und war in englischer und französischer Sprache verfasst. Nach langwierigen Diskussionen der Würdenträger wurde es schließlich mit einigen Änderungen angenommen und am 7. Oktober 2003 unterzeichnet. Es beinhaltete einen umfangreichen Aktionsplan.

*

In den reichen Ländern gab es inzwischen antiretrovirale Medikamente (ARVs) zur Behandlung HIV-Infizierter. Diese Medikamente beeinträchtigen die Fähigkeit des Virus, sich im Körper zu reproduzieren. Doch für uns in Afrika blieben diese Wundermittel noch lange unerschwinglich. Es war eine himmelschreiende Ungerechtigkeit, die mir großes Kopfzerbrechen bereitete. Und dann machte Misereor ein Angebot, das mich allerdings trotz seiner Großzügigkeit nicht recht erfreuen konnte. Sie waren bereit, in unserem Hospital St. Mary's in Rehoboth die kostspielige Behandlung mit ARVs für 100 erwachsene Patienten zu übernehmen und mit Labor- und Beratungsdiensten zu begleiten. Ziel dieses Programms war es, die aidskranken Eltern länger am Leben zu erhalten, damit die Kinder erst später zu Waisen wurden. Wir konnten das Angebot also unmöglich ablehnen. Aber welche 100 Väter und Mütter sollten ausgewählt werden? Doch noch bevor wir uns überlegen mussten, was nun mit Patient 101 geschehen solle, stellte das Gesundheitsministerium ARVs zur Verfügung.

Der politische Druck der sogenannten Entwicklungsländer war immer größer geworden: Im Jahre 2002 wurde der *Global Fund to Fight AIDS, Tuberculosis and Malaria* gegründet und vieles änderte sich. 2003 kam PEPFAR aus den USA hinzu, der *President's Emergency Plan for AIDS Relief,* mit vielen Millionen Dollar für die betroffenen Länder. Die Ressourcen vervielfachten sich und Lucy war ununterbrochen damit beschäftigt, komplizierte Anträge zu formulieren, um Geld für unsere Projekte zu bekommen. Die Amerikaner verlangten ausführlichste Stellungnahmen und Belege,

bevor sie einen einzigen Dollar anwiesen. Manche Finanzierungs-
programme waren derart langfristig angelegt, dass man die Mittel
ein Jahr im Voraus beantragen musste. Lucy drohte an den Papieren
zu verzweifeln und ich war froh, mit der Rechnerei nichts zu tun zu
haben. An günstige Medikamente kamen wir noch immer nicht
heran. Noch loderte der weltweite und heftige Streit um günstige
Generika. Die Leidtragenden waren wie immer die Armen. CAA
brauchte weiterhin Gelder für die laufenden drei Projekte der Prävention, Waisenunterstützung und Home-Based Care. Dazu kamen
die komplizierte Beratung und Begleitung bei der Einnahme von
ARVs. Sie wurden zwar nach und nach in allen Hospitälern ausgegeben, aber eine flächendeckende Verbreitung existierte noch nicht.
Für viele Patienten war der Weg zu den Hospitälern viel zu weit und
zu kostspielig und bei fortgeschrittener Krankheit auch zu mühsam.

*

Ich machte einen Besuch in Keetmanshoop im Süden bei unserer
neu errichteten CAA-Zweigstelle. Vorab hatte ich gebeten, bei
Hausbesuchen dabei zu sein. Ich zweifelte allerdings daran, dass die
Stigmatisierung der Kranken den Besuch einer unbekannten Weißen in den Hütten überhaupt zuließ. Es war ein kalter Tag im Mai,
in der Nacht hatte es gefroren. Mit einer namibischen Ordensschwester und einigen anderen Helferinnen und Helfern zogen wir
von Haus zu Haus, von Hütte zu Hütte. Meine Bedenken bestätigten
sich nicht, denn überall wurden wir willkommen geheißen. Die
Helfer in ihren roten T-Shirts von CAA waren inzwischen überall
bekannt und gerne gesehen.
    Es war früher Nachmittag, als wir auf Magdalene trafen, ein jun-
ges Mädchen. Sie bat uns in eine Wellblechhütte, wo sie uns ihre
acht jüngeren Geschwister zeigte.
    »Dies ist unser Zuhause«, sagte Magdalene. Ich schätzte sie auf
etwa fünfzehn, eine Coulered und Afrikaans sprechend, wie fast alle
Menschen in dieser Region. Magdalene trug ein dünnes Kleidchen,
viel zu kalt für den herannahenden Winter. Ihr kurzes Haar war
streng zurückgekämmt. Sie war das älteste Mädchen eines *child-
headed household*, eines Haushalts oder einer *Familie* ohne Eltern.

»Ja, wir sind allein. Unsere Eltern haben wir begraben. Erst starb unser Vater, hier, auf dem Boden unserer Hütte, einen Monat später unsere Mutter. Die Kleinen konnten gar nicht begreifen, was geschah.«

»Und was habt ihr dann gemacht? Wer kümmert sich um euch?«, wollte ich von Magdalene wissen. Die anderen Geschwister, Jungen und Mädchen, reichten vom Kleinkind- bis zum Teenageralter. »Niemand, wir haben hier niemanden. Unsere Oma lebt noch, aber weit weg im Ovamboland. Wir kennen sie gar nicht. Und wie sollen wir die 1000 Kilometer bis dorthin kommen? Ich sage immer zu den Kleinen: Wir müssen zusammenbleiben, macht euch keine Sorgen, denn ich gehe einfach nicht mehr in die Schule und sorge jetzt für euch als eure Mutter.«

Magdalene hatte die siebenjährige Grundschule noch nicht abgeschlossen. Für die Hütte musste Miete bezahlt werden. Ich schaute mich ein wenig um, die Behausung bestand nur aus einem einzigen Raum, es gab keinerlei Mobiliar. An der Wand hing ein Poster: *What a wonderful Christmas*. Wasser musste mit Eimern von einem Brunnen in der Nachbarschaft geholt werden.

»Magdalene, was habt ihr heute gegessen?«, wollte ich wissen.

Sie schaute verlegen zu Boden und antwortete kaum hörbar: »Wir haben Tee getrunken.«

Es stellte sich heraus, dass sie weder Vorräte noch Geld besaßen.

»Wovon lebt ihr denn?«, fragte ich sie.

»Wenn wir etwas Geld haben, kaufen wir Mehl und Öl und backen Kuchen. Die verkaufen wir dann.«

Ich konnte mir lebhaft vorstellen, wie weit neun Personen vom Verkauf einiger Kuchen kamen. Trotz des frühen Nachmittags standen Männer in der Nähe der Hütte herum, einige von ihnen offensichtlich schon angetrunken. Ich fragte mich, wie oft Magdalene sich wohl schon an einen von ihnen verkauft hatte, damit ihre Geschwister zu essen bekamen. Wie tapfer dieses Mädchen doch war und welche Liebe sie zu ihren Geschwistern zeigte.

Es war der erste Besuch von Catholic Aids Action bei dieser Kinderfamilie. Wir brachten ihnen umgehend Decken, damit sie wenigstens nachts nicht mehr so zu frieren brauchten, und außerdem einige Nahrungsmittel. CAA nahm die langfristige Betreuung auf.

Magdalene ging zurück auf die Schule und machte schließlich sogar ihren Abschluss auf der Sekundarschule. Auch alle anderen Geschwister besuchten die Schule.

In den nächsten Jahren ließ ich mich regelmäßig über die Entwicklung informieren und fragte mich oft, was ohne die Hilfe der Ehrenamtlichen aus den Kindern geworden wäre.

*

Im März 2002 kam ein junger Mann in mein Büro.

»Dr. Händler, gerade ist meine Schwester gestorben. Ihr Mann arbeitet im Krankenhaus in Nyangana. Er heißt Boni. Sie kennen ihn bestimmt. Wir brauchen Geld für einen Sarg und für den Rücktransport meiner toten Schwester«, sagte er mit verweinten Augen.

»Ja, ich kenne Boni und ich kannte auch Paula. Es tut mir so leid.«

Boni leitete den Beratungsdienst für die HIV/Aids-Kranken im Nyangana Hospital. Paula und er waren Eltern von vier Kindern, das jüngste zwei Jahre alt. Paula hatte Aids und in letzter Verzweiflung hatte sie mit ihrem Bruder den weiten Weg von 800 Kilometern nach Windhoek auf sich genommen, in der Hoffnung, hier die notwendigen ARVs zu bekommen, damit sie nicht sterben musste und die Kinder ihre Mutter nicht verlieren. Doch die letzte große Anstrengung der todkranken Paula war vergeblich. Sie starb einige Stunden nach ihrer Ankunft in der Hauptstadt. Ihre Leiche in einem Sarg zurück zur Familie zu bringen, war kostspielig und ohne die Hilfe von CAA nicht machbar.

Einige Monate später war ich wieder zur Visitation im Norden und besuchte das Nyangana Hospital. Als ich Boni sah, schwante mir das Schlimmste. Er war abgemagert und Kollegen erzählten mir, er sei mehrfach über Wochen krank gewesen.

»Mir geht es gut, Dr. Händler«, sagte er nur und versuchte zu lächeln.

»Und den Kindern?«

»Das schaffe ich schon.«

190

Wenn wir keine antiretroviralen Medikamente auftreiben, wird Boni auch bald sterben, schoss es mir durch den Kopf. Auf der langen Rückfahrt nach Windhoek stiegen Wut und Verzweiflung in mir hoch. Seine Kinder werden dann Vollwaisen sein, wie mittlerweile 10 500 andere Kinder, die im Programm von CAA registriert sind. Und wir werden wieder einen erfahrenen Mitarbeiter verlieren. Noch bevor ich unseren Konvent in Windhoek erreichte, fasste ich einen Entschluss: Koste es, was es wolle, Boni muss seine Medikamente bekommen!

In meinem Jahresbrief zum Advent 2002 schilderte ich Bonis Fall und versuchte mal wieder, mit sachlichen Worten die unfassbare Ausbreitung von HIV in Afrika zu erklären:

Meine lieben Freunde in aller Welt!
… geschätzte 28,2 Millionen Menschen auf dem Kontinent leben mit HIV/AIDS. 11 Millionen sind Waisen. 8000 Menschen sterben täglich an AIDS. Namibia gehört zu den fünf Ländern auf der Erde, die an der Spitze liegen mit Infektionen. In unseren katholischen Krankenhäusern hier im Land sind 50–65 % der Betten mit HIV/AIDS-Erkrankten belegt. Und sie werden alle sterben! Werden sie das? Müssen sie das? Nicht in Deutschland, weil man dort Medikamente hat. Paulas Familie wusste von diesen Medikamenten, deswegen diese verzweifelte Fahrt nach Windhoek, wo man noch Wunder erwartete. Wir dürfen es so weit nicht kommen lassen, wir müssen früher anfangen zu behandeln, jetzt! Die Medikamente sind sehr viel billiger geworden, aber immer noch zu teuer hier, dazu kommen die Laborkosten. Zum Glück können wir in Namibia endlich die sogenannten Generika importieren, wie sie in Brasilien, Indien, Thailand hergestellt werden, also nicht von den großen pharmazeutischen Firmen. Damit werden die Kosten der Tabletten pro Tag und Patient auf einen Euro gesenkt. 365 Euro pro Jahr, etwa 70 Euro dazu für Laborkontrollen. Das Geld dafür aufzubringen, heißt, sehr konkret Hoffnung geben.
In diesem Jahr zu Weihnachten ist mein großer Wunsch, Gelder für die Behandlung zu bekommen, um vielen Menschen eine

neue Hoffnung zu geben, vielen Kindern die Eltern zu erhalten. Ich bin sicher, daß mein Ruf ein gutes Echo finden wird. Auch das ist eine große Hilfe für die Kinder, für die Waisen.

Mit tiefem Dank für alle Hilfe in diesem Jahr (3500 Schuluniformen für Waisen zum Beispiel, mehr als 1000 Kinder zurück in die Schule) wünsche ich allen eine gesegnete Weihnacht und ein hoffnungsvolles Neues Jahr 2003.

Sr. Raphaela Händler

*

Wir bildeten unser Gesundheitspersonal ständig weiter, denn die Beratung zur Einnahme der ARVs konnte nur von gewissenhaften und gut geschulten Mitarbeitern durchgeführt werden. Für unsere Kolleginnen und Kollegen stellten wir ein Präventionsmedikament zur Verfügung, das sie bei sich selbst in einem Notfall, wie einem Nadelstich oder anderem Kontakt zu infiziertem Blut, anwenden sollten.

Der Umschwung, sich testen zu lassen, kam bei den werdenden Müttern erst, als es nicht mehr nur um die Verhinderung der Übertragung auf das Neugeborene ging, sondern auch die Behandlung aidskranker Mütter möglich wurde.

Doch die lebenslange Einnahme der ARVs erfordert ein gewisses Verständnis von Medizin und auch einiges an Disziplin. Das musste professionell vermittelt werden. Sobald ein Problem gelöst schien, tauchte ein neues auf. Unser Gesundheitsmitarbeiter Boni wurde durch die Einnahme von Aids-Medikamenten wieder voll arbeitsfähig und versuchte fortan, seine Kollegen dazu zu motivieren, sich testen zu lassen. Aber die große Angst vor Ausgrenzung erschwerte weiterhin diesen Weg. Eines von Bonis Kindern war ebenfalls infiziert, begann sich aber aufgrund der Behandlung zu stabilisieren.

Bis zum Jahr 2004 waren bei CAA 700 Mitarbeiterinnen und Mitarbeiter aktiv, aber in meinem nächsten Adventsbrief musste ich leider auch davon berichten, dass wir schon 20 von ihnen an Aids verloren hatten und schätzungsweise 160 infiziert waren. Mit 35 000

Euro für Medikamente von der Deutschen AIDS-Stiftung war jedoch ihre Behandlung für zwei Jahre gesichert und damit auch unser Gesundheitsservice. Wenigstens das beruhigte mich.

Bereits vor einigen Jahren war Catholic Aids Action als NGO registriert worden und hatte ein eigenes Direktorium bekommen. Darin waren ich als Direktorin und Lucy als Koordinatorin aktiv. Schließlich wurde auch das Gesundheitsprogramm, für das ich 1996 als Koordinatorin nach Namibia gekommen war, als NGO registriert und bekam den Namen *Catholic Health Services* (CHS). Auch hier war ich Direktorin. CHS war zuständig für die ARV-Programme, da diese Medikamente nur in den Krankenhäusern verschrieben und ausgegeben wurden. CHS nahm immer größere Ausmaße an und erhielt nationale Büros in der Bischofskonferenz. Wir stellten einen Arzt, eine Apothekerin und weitere Mitarbeiter ein und brauchten weitere Räumlichkeiten und natürlich Gelder. Das meiste davon wurde vom *Global Fund*, von PEPFAR und *Family Health International* (FHI) übernommen. Obwohl ich sehr verstrickt in diese Programme war, sie ja sogar gegründet hatte, waren meine Verträge auch stets klar befristet, bei CAA bis Ende 2004.

*

Aus Namibia schrieb ich jedes Jahr zwei lange Rundbriefe, einen zur Weihnachtszeit und einen im deutschen Sommer, was in Namibia Winterzeit bedeutet. Es gab immer mehr als genug zu berichten und meine Briefe wurden länger als früher.

Liebe Freunde in aller Welt!
Besuchen wir gemeinsam Oma Irmengard. Zusammen mit meiner Begleiterin Ingrid von CAA betrete ich das kleine Haus. Eine Menge Kinder sind sogleich um mich herum. Durch das kleine Wohnzimmer führen sie uns in das noch kleinere Schlafzimmer zu ihrer Oma. Da liegt sie auf einer Decke. »Oma ist krank«, sagen die Kinder. Und ich sehe gleich: Der Bauch ist dick aufgetrieben. Sie kann nicht mehr aufstehen, aber sie ist doch allein verantwortlich für ihre dreißig (30!!) Enkelkinder, alles Waisen. Bislang

hat sie alle durch Waschen und Bügeln über Wasser gehalten – und nun geht alles nicht mehr.»Woher kommen alle diese Kinder?«, ist meine Frage. Oma Irmengard hatte 13 Kinder. Neun davon hat sie begraben, alle starben an AIDS. Kürzlich erst starb das letzte, eine Lehrerin. Sie hinterließ ihrer Mutter nichts als ihre vier Kinder. Drei davon sind im Tbc-Krankenhaus, wahrscheinlich auch infiziert mit dem HI-Virus. Eine Tochter sehe ich zu Hause, sie ist retardiert und behindert. Fünf der Enkel sind im Kinderkrankenhaus, 23 in der Schule, zwei sind einfach nicht mehr in die Schule gegangen, aber wir sind dabei, sie zur Schule zurückzuführen.»Wo schlaft ihr denn?«, frage ich die Kinder. Die Antwort: »So viele wie möglich im Schlafzimmer in den drei Betten, andere auf dem Boden im Wohnzimmer, der Rest draußen.« Das Schlafzimmer ist voll mit den drei Betten, kein Raum für einen Schrank oder ein Nachtschränkchen. Einige Kleider sind in Plastiksäcken aufbewahrt. Das Haus hat keinen Strom, Wasser kann draußen geholt werden. Ich schaue mir den Bauch von Oma an. Es sieht böse aus, mit riesiger Milz und Leber. Wenn sie nun stirbt, stehen die Kinder nicht nur materiell, sondern auch emotional vor dem Nichts. Welchen Respekt habe ich vor dieser Frau, die klaglos so viel Leid durchsteht und so viel Liebe spendet. Und welche Tragödie ist diese AIDS-Epidemie für so viele Menschen. Welche Zukunft haben diese dreißig Kinder? Wie ängstlich mögen sie schon sein, erinnert an die Krankheit und das Sterben der Eltern. »Was wird aus mir, wenn Oma nicht mehr da ist?« Aber keiner spricht das aus.

In Namibia sind 12 % aller Kinder Waisen. Weiterhin steigt die Zahl täglich. Was wird aus all den Kindern? CAA hat nun mehr als 17 000 solcher Kinder in seinem Programm. Vor allem wird geholfen, dass die Grundschulausbildung abgeschlossen wird.

Von Herzen danke ich allen unseren Freunden in Europa, besonders in Deutschland, für die vielseitige Hilfe in unserem täglichen Kampf gegen diese schlimmste aller Seuchen. Zusammen kämpfen wir für Gerechtigkeit für jeden Menschen, für menschenwürdige Behandlung und ein Sterben in Würde. Wir bekommen nun teilweise Hilfe durch Misereor und ein amerikanisches Projekt. Aber was würden wir tun ohne die vielen Menschen, die uns direkt unterstützen? Von ganzem Herzen immer wieder mein tief empfundener Dank.

Jedem oder jeder wünsche ich Gesundheit, Freude an der Sommerzeit und die Liebe, die von der Familie und Freunden kommt.

Sr. Raphaela Händler

Es dauerte nicht mehr lange, bis Oma Irmengard starb. Ihre Enkelkinder wurden von CAA in sogenannten Hostels untergebracht, eine Art sehr einfacher Internate. Dort gab es wenigstens ein Bett und eine einfache Kost für sie. Viele der Hostel-Mütter und Hostel-Väter wurden für den Umgang mit Aids-Waisenkindern ausgebildet, um sie besser auffangen zu können und eine psychosoziale Hilfeleistung anzubieten.

Kürzertreten wollen

Im Folgejahr stand mein 65. Geburtstag bevor und ich machte mir immer häufiger Gedanken über meine Zukunft. Mit der enormen Arbeitsbelastung konnte es nicht so weitergehen wie bisher. Ich trug große Verantwortung, war viel auf Reisen und fragte mich immer öfter, ob das alles überhaupt zu meinem Weg als Ordensfrau passte. Es blieb kaum Raum für Spiritualität. Mein Bedürfnis nach längeren Gebetszeiten und gelegentlicher Ruhe blieb zumeist unbefriedigt. In den letzten Jahren hatte ich die wenige Urlaubszeit ganz besonders nötig gehabt und genossen, vor allem wenn ich mit meiner Freundin Lisa das Land erkundete. Während unserer Urlaube konnte ich vollkommen eintauchen in die Natur. Im Laufe von nun beinah zehn Jahren hatte ich jeden Winkel Namibias kennengelernt. Einmal hatte Lisa mich zu einem Ausflug nach Botswana eingeladen. So etwas Wunderbares hatten wir beide noch nicht gesehen. In einer Lodge im Okavango-Delta ließen wir beide es uns gut gehen. Ich spürte förmlich, wie meine inneren Kräfte sich aufluden.

Als mein Entschluss zum Kürzertreten einmal gefällt war, machte ich mich auf die Suche nach einem Nachfolger für Catholic Aids

Action. Ich hatte für meine Tätigkeit nie ein Gehalt bekommen und es bestand unausgesprochener Konsens, dass ein Nachfolger oder eine Nachfolgerin ebenfalls einem Orden angehören würde. Meine erste Wahl war Rick Bauer von den Maryknoll Fathers, der noch immer in Dar-es-Salam tätig war. Er sagte glücklicherweise zu, weil er sich als Amerikaner in Namibia auch sprachlich sicherer fühlte als in Tansania. Mit Swahili war er nie richtig warm geworden. Auf einer Deutschlandreise machte ich ihn mit allen unterstützenden Organisationen vertraut, denn schließlich lebte CAA zu einem großen Teil von deutschen Geldgebern. Rick Bauer wurde Direktor von CAA. Ich blieb im Board, den Vorsitz hatte der Erzbischof.

Es war wesentlich schwieriger, eine Nachfolge für Catholic Health Services zu finden, aber schließlich übernahm Ottilie Kutenda, eine katholische Namibierin, den Posten. Sie beeindruckte mich nicht nur dadurch, dass sie zwei Aids-Waisenkinder angenommen hatte, sondern auch durch ihre fachliche Kompetenz.

Ich unterrichtete unser Generalat in Rom über diese Veränderungen und signalisierte, dass ich bei Bedarf für andere Aufgaben zur Verfügung stünde, vorausgesetzt, sie wären weniger aufreibend. Mit Father Rick Bauer hatte ich auch über ein Projekt in Richtung Palliativ-Medizin für Aidskranke gesprochen. Ich wollte entsprechende Fortbildungen besuchen und selbst medizinisches Personal weiterbilden. Es gab sogar schon erste Gespräche mit UNICEF über eine mögliche Finanzierung, denn nicht alle Patienten nahmen die lebensrettenden antiretroviralen Medikamente, manche vertrugen sie auch nicht. Diesen Menschen ein würdiges und schmerzfreies Sterben zu ermöglichen, lag mir am Herzen. Doch das war vorerst nur eine theoretische Planung. Zunächst meldete ich mich zur Teilnahme an einem dreimonatigen spirituellen Sabbatkurs im Sommer 2005 in Hawkstone Hall in England an.

Wozu war ich Missions-Benediktinerin geworden, wenn ich mich nicht auch spirituell weiterentwickelte? Was hatte ich nicht alles durch Gottes Kraft erreicht! Als gereifte Schwester stellte ich mir vor, eines Tages auch als spirituelle Quelle für jüngere Schwestern zu wirken, aber in meinem jetzigen ausgepowerten Zustand wäre das unmöglich. Es stand dringend eine längere Auszeit an.

Dr. Lucy Steinitz plante eine lange Weltreise mit ihrem Mann und ihren zwei Kindern. Danach wollte sie eine Arbeit in Äthiopien annehmen oder anderswo in der Welt, wo sie gebraucht wurde. Nach und nach übergaben wir unser Baby CAA in andere Hände, es war erwachsen geworden. Alle drei Säulen: Home-Care, Prävention und Betreuung der Waisen waren gut organisiert. Wir hatten in fast allen Regionen Namibias Büros, einige größere Zentren waren gebaut worden und fast überall im Land gab es Suppenküchen. Wir hatten Bücher herausgegeben und halfen damit vielen Organisationen im In- und Ausland bei der Arbeit. Unsere Trainingskurse waren erfolgreich und auch andere Kirchen zogen nach und übernahmen unser Modell.

*

Weihnachten 2004 verbrachte ich bei unseren Schwestern in Swakopmund am Atlantik, wo wir einen kleinen Konvent haben. Dort ist das Klima wesentlich angenehmer als in Windhoek und es lässt sich wunderbar durchatmen. Als ich in Swakopmund auf der luftigen Terrasse saß, klingelte mein Mobiltelefon und die italienische Nummer auf dem Display überraschte mich. Es war die Generalpriorin Mutter Irene.

»Sr. Raphaela, können Sie in Ruhe sprechen?«

»Ja, ich bin allein.«

»Gut, ich mache es kurz. Für Ndanda steht die Wahl einer neuen Priorin an. Sind Sie willens, sich aufstellen zu lassen? Mehrere Schwestern haben Sie für den Posten in Tansania vorgeschlagen.«

»Ndanda?«, fragte ich, was sicher nicht besonders intelligent klang, aber unbewusst wollte ich Zeit gewinnen. »Das ist nicht so einfach. Sie kennen meine Pläne. Ich möchte kürzertreten und mich weiterbilden. Wann würde die Prioratszeit denn beginnen?«

»Im März, also in drei Monaten.«

»So bald? Ich weiß nicht. Das kommt sehr überraschend. Ich weiß wirklich nicht, ob ich die Richtige für eine solche Aufgabe bin. In den letzten Jahren war ich eher eine Managerin als eine leitende Schwester.«

»Die Schwestern sehen das offenbar anders.«

»Falls ich gewählt werde, möchte ich aber trotzdem den spirituellen Kurs in England im Sommer nächsten Jahres besuchen«, sagte ich geistesgegenwärtig. »Als mögliche Priorin brauche ich unbedingt spirituelle Anregungen, um selber als Quelle zu dienen. Momentan bin ich viel zu müde.«

»Das sollte machbar sein. Lassen Sie sich Zeit und überlegen Sie in aller Ruhe. Das Wahlkapitel beginnt im Januar und braucht ohnehin seine Zeit. Gottes Segen.«

Reisen und Abschied nehmen

Im Januar 2005 kam meine Schwester Annette zu Besuch nach Namibia. Es war ihre erste Reise nach Afrika und ich hatte umfangreiche Reisepläne für uns gemacht, um ihr viel vom Land zu zeigen. Unser Prioratshaus lag am Stadtrand von Windhoek, und da die Kongregation durch die übergetretenen namibischen Ordensschwestern auf über 80 Schwestern gewachsen war, gab es für Annette viel zu sehen und zu erleben. Es gefiel ihr auf Anhieb. Auch in Windhoek fühlte sie sich wohl. Für mich war es ungewohnt und zugleich schön, meine Schwester in Afrika zu haben.

Unsere Reiseroute führte uns zunächst zur Spitzkoppe, einem Inselberg östlich von Swakopmund gelegen. Unterwegs kamen wir an ärmlichen Behausungen vorbei, Wellblechhütten, die teilweise nur mit Pappen und Plastik verschalt waren. Sie standen in extrem karger Landschaft, der Wind trug Sand und Staub mit sich. Die Menschen waren arm und schlecht gekleidet. Hier gab es keinen Baum und keinen Strauch. Es war Sommer und die Hitze kaum erträglich. Meine Schwester hatte solches Elend noch nie gesehen und sie hielt es kaum aus. Nicht nur einmal hatte sie Tränen in den Augen. Eine ärmliche Wellblechhütte im Nichts war wirklich ein trostloser Anblick. Wie anders waren da in Tansania die traditionellen Hütten mit ihren Palmenblätterdächern. Sie waren zwar genauso ärmlich, wirkten aber doch ungleich gastlicher als diese aus Müll und Wellblech zusammengezimmerten Behausungen. Und wenn man dann noch ahnte, welches Elend sich in den meisten Hütten verbarg, konnte man wirklich verzweifeln. Hier gab es kaum Menschen zwischen 30 und 50 Jahren. Sie waren an Aids gestorben. Zurück blieben Alte und Kinder.

»Es ist so traurig. Wie hältst du das nur aus?«, fragte meine Schwester, ohne eine Antwort zu erwarten.

In Swakopmund, Walvis Bay und Lüderitzbucht waren wir als Touristinnen unterwegs und fühlten uns wohl. Annette hatte mir in meinem Leben schon so viel Gutes getan, sie hatte sich bis zum Tod unseres Vaters rührend um alles gekümmert und sorgte nun auch für unsere alte Mutter. Meine Schwester hatte mich in allen Briefen immer sehr persönlich danach gefragt, wie es mir ginge, auch wenn ich ihr diese Frage nicht immer beantworten konnte. Und nun gab es endlich die Gelegenheit, ihr auch etwas Gutes zu tun. Ich zeigte ihr viele Sehenswürdigkeiten des Landes, ob es die zahlreichen Spuren der deutschen Vergangenheit waren oder die extreme Natur: der eisige Atlantik mit seinen Nebelschwaden über gigantischen Dünen und die nah gelegenen Wüsten mit extremer Hitze. Nicht zu vergessen, die Nationalparks mit wilden Tieren und die Flamingoschwärme an der Küste.

Wir waren gerade im Nationalpark Waterberg, als mich auf dem Mobiltelefon ein Anruf aus Rom erreichte. Ich ahnte schon, was passiert war.

»Sr. Raphaela, Sie sind zur neuen Priorin von Ndanda gewählt worden. Nehmen Sie an?«

Der heiße Wind von Waterberg fegte über mein Gesicht. Annette schaute mich erwartungsvoll an. Sie wusste sofort Bescheid.

»Im Vertrauen auf Gottes Hilfe nehme ich an.«

Mehr gab es vorerst nicht zu sagen, und wir legten beide auf. Meine Schwester wartete auf ein Wort.

»Ich gehe zurück nach Tansania.«

Annette umarmte mich, aber ich wusste überhaupt nicht, wie ich mich fühlte. Priorin! Welche Verantwortung! Ja, es war nur möglich im Vertrauen auf Gottes Hilfe, wie so vieles in meinem Leben. Und all die anderen Gedanken an die Zukunft und auch die Frage, wie wohl eine Rückkehr in dieses Priorat sein könnte – all das wollte ich zunächst mal gar nicht an mich herankommen lassen. Momentan hatte ich noch Urlaub mit meiner Schwester!

»Hoffentlich ist es die richtige Entscheidung«, sagte Annette, als wir schon lange wieder im Auto saßen und auf einer der schnurgeraden Straßen dahinfuhren.

»Warum nicht?«

»Du hast dort so gelitten, am Schluss zumindest.«

»Das ist lange her. Ich bin jetzt eine andere. Innerlich frei«, sagte ich.

»Aber die Arbeitsbelastung. Du wolltest doch kürzertreten. Als Priorin hast du sicher jede Menge Aufgaben zu erfüllen.«

»Das ist eine ganz andere Arbeit. Zumindest muss ich dort keine landesweite Organisation leiten. Alles wird überschaubarer sein.«

»Das wünsche ich dir. Vielleicht komme ich dich dort auch mal besuchen. Über so viele Jahre habe ich die Geschehnisse in Tansania verfolgt. Es wäre schön, dein altes Hospital und alles andere einmal mit eigenen Augen zu sehen«, sagte meine Schwester.

»Wunderbar. Das würde mich sehr freuen. Dann machen wir uns schöne Tage im Beachhouse am Indischen Ozean. Dort ist das Wasser auch viel wärmer als am Atlantik. In Mtwara können wir schwimmen und schnorcheln.«

Bevor Annette abreisen musste, bereiteten die Schwestern ihr einen schönen Abschiedsabend im Prioratshaus. Gemeinsam sangen wir ein Segenslied für sie. Meine Schwester war sichtlich gerührt über die Liebe, die sie dort empfing. Zum Abschied sagte ich nur: »Du gibst anderen doch auch so viel Liebe, und deshalb wird auch dir Liebe geschenkt.«

*

Nun drängte die Zeit und ich kam kaum dazu, mich von allen lieb gewonnenen Menschen zu verabschieden. In Ndanda wartete man bereits auf mich. Meine Vorgängerin machte regelrecht Druck.

In der deutschen Botschaft war man sichtlich irritiert, dass ich gehen wollte.

»Aber warum überrascht es Sie? Das ist doch nichts Besonderes. In den Botschaften werden die Mitarbeiter doch alle drei Jahre ausgetauscht. Ich bin fast zehn Jahre hier«, sagte ich.

»Sr. Raphaela, ich kann mir Windhoek nicht ohne Sie vorstellen. Durch Sie habe ich einen ganz anderen Eindruck vom Leben und Wirken einer Ordensfrau bekommen. Sie haben uns ein neues Bild von katholischer Kirche vorgestellt«, sagte eine der Botschaftsangehörigen und ich spürte, wie sehr mich diese Worte freuten. Es war ein herzliches Lebewohl.

Meine Mitschwestern bereiteten mir ein wunderschönes Abschiedsfest. »Wenn du als Priorin in Tansania fertig bist, dann kommst du wieder zu uns. Versprich es!«, hörte ich nicht nur einmal. Die Schwestern schenkten mir ein traditionelles bunt schillerndes Ovambo-Kleid und eine wunderschöne Kette aus Straußeneierschalen. Ich lief rasch in mein Zimmer, zog das Kleid an, legte die Kette um und ließ meinen Schleier zurück. Er passte nun wirklich nicht zu solch einem Kleid. *Unbedeckt* kam ich zurück in den Gemeinschaftsraum. Mit dem Schleier ist es bei den Schwestern eine spezielle Sache, besonders die afrikanischen Schwestern legen großen Wert darauf. Nun gut, ich sollte eine Abschiedsrede halten und tat es in meinem bunten Kleid zwischen den anderen Schwestern in ihren Ordenskleidern.

»Liebe Mitschwestern, ihr alle wisst, dass ich in den letzten Jahren mehr draußen als drinnen im Prioratshaus war. Glaubt mir, das Beisammensein mit anderen Schwestern und das gemeinsame Gebet haben mir dabei zunehmend gefehlt. Und wenn ihr mich im Fernsehen oder in der Zeitung oder auch jetzt ohne Habit und Schleier seht, und auch wenn ich viele Stundengebete verpasst habe, so ändert das nichts an meiner Identität als Missions-Benediktinerin. Diese Identität liegt nicht in Äußerlichkeiten oder im ständigen Beisammensein im Konvent. Diese Identität müssen wir Schwestern schon viel tiefer spüren und nicht in irgendeiner Uniform. Ich freue mich auf ein baldiges Wiedersehen mit euch allen.« Zum Ende der Feier kamen uns allen die Tränen.

Am Flughafen erwarteten mich die beiden Maryknoll Fathers Rick Bauer und Richard Albertine und gaben mir ein herzliches Goodbye und Farewell mit auf den Weg. Es war nicht einfach, zu gehen, aber die Vorfreude war dennoch größer als der Abschiedsschmerz.

Tansania (2005–2013)

Eine neue Aufgabe: Priorin

Einen Tag vor meinem 65. Geburtstag traf ich in Tansania ein. Die Ankunft am Flughafen in Dar-es-Salam war zwar eine Routineangelegenheit für mich und ich kam bestens allein zurecht, aber dennoch schaute ich mich instinktiv um, ob mich nicht doch jemand abholte. Wenig später saß ich allein im Flugzeug nach Mtwara und flog die Küste entlang in Richtung Süden. Auf den ersten Blick schien sich nicht viel verändert zu haben. Schnell passierte ich die Kontrolle des kleinen Flughafens und schon von Weitem entdeckte ich Sr. Andrea, die mir zuwinkte. Hinter ihr kamen Sr. Karoline und Sr. Amabilis zum Vorschein. Es war eine herzliche Begrüßung. Gemeinsam fuhren wir zum St. Scholastica Convent, wo ich mich einige Tage akklimatisieren wollte, bevor es weiterging nach Ndanda.

Es war ein gutes Gefühl, in dieser kleinen Gemeinschaft zu sein. Die Räumlichkeiten waren mir vertraut, denn auch damals war ich regelmäßig bei unseren Schwestern im Konvent zu Besuch gewesen. Am Abend machte ich einen kleinen Strandspaziergang, setzte mich auf die Terrasse des Gästehauses und schaute aufs Meer. Von meinem bevorstehenden Geburtstag sagte ich kein Wort. Bei uns Schwestern haben Geburtstagsfeiern erst in den letzten Jahren eine gewisse Bedeutung gewonnen, üblicherweise feiern wir Namenstage. Insgeheim war ich gespannt, ob wohl jemand an meinen 65sten dachte, aber das erschien mir eher unwahrscheinlich.

Doch da hatte ich mich schwer getäuscht. Die kleine internationale Gemeinschaft der vier Schwestern überraschte mich mit Glückwünschen und einem Blumenstrauß und am Nachmittag sogar mit einem Kuchen. Wir feierten zusammen und ich freute mich. Unsere amerikanische Sr. Andrea war mit ihren über 70 Jahren inzwischen mit der Buchhaltung des Priorats und mit diversen Aufgaben rund um die Verwaltung und den Transport von Gütern betraut. Die deutsche Sr. Amabilis leitete mit Ende sechzig als Krankenschwester die St. Mary's Dispensary, eine kleine Gesundheitsstation, die jüngere polnische Sr. Karolina engagierte sich in der Jugendpastoralarbeit, und die Tansanierin Sr. Ida, eine Jungprofesse, absolvierte gerade ein zweijähriges Studium in Buchhaltung an einem staatlichen College.

Zwei Tage später traf die scheidende Priorin Sr. Athanasia ein, um mich abzuholen. Wir kannten uns aus Tutzing, aber während ich als junge Schwester nach Tansania ging, war sie viele Jahre bei den Zulus in Südafrika. Sie hatte mich zur schnellen Ankunft in Ndanda gedrängt, weshalb ich bereits einige Wochen vor meinem offiziellen Amtsantritt vor Ort war. Wir begrüßten uns freundlich und kamen rasch auf die anstehenden Aufgaben zu sprechen. Sr. Athanasia, eine Kölnerin, gehörte zu den sparsamen Schwestern, die alles Schlichte und Spartanische lieben. Während der Autofahrt nach Ndanda tauchte ich wieder gänzlich ein in eine vertraute Landschaft. Kaum etwas hatte sich verändert. Vor allem wunderte ich mich, dass es noch so viele armselige und mit Stroh gedeckte Hütten gab und nur wenige bessere Häuser aus Stein mit Wellblechdach.

Ehe wir unser Prioratshaus erreichten, schickte Sr. Athanasia per Handy eine Nachricht, um uns anzukündigen, und als wir die Auffahrt hinauffuhren, erwarteten uns die Schwestern bereits an der Pforte. Es gehörten über 30 Ewige Professen zum Priorat. Manche winkten, andere trommelten und schwangen Kangas in die Lüfte. Ein schönes Bild, die europäischen und afrikanischen Schwestern so fröhlich beisammen zu sehen. Manche trällerten und jauchzten. Dann banden sie mir ein schönes afrikanisches Tuch um und ich hätte mir keine bessere Begrüßung wünschen können. Vor Kurzem hatte ich den Schwestern einen Brief geschickt, um mich für meine Wahl und ihr Vertrauen zu bedanken. *Together we can make it,* hatte ich ihnen geschrieben. Ja, das würden wir ganz sicher! Gemeinsam sangen wir ein Danklied in unserer Kapelle – ein schöner Neubau, den es während meines ersten Aufenthalts noch nicht gegeben hatte.

Nach einer ausgiebigen Begrüßung und einer Erfrischung ging es zum Trakt mit den Klosterzellen. In der ersten Etage führte ein offener Laubengang an den Schwesternzimmern entlang. Dieser Teil des Klosters hatte mir schon früher besonders gut gefallen, er stammte noch aus den Dreißigerjahren des vorigen Jahrhunderts – massiv und offenbar für die Ewigkeit gebaut. Unter den Bögen standen Blumentöpfe auf Simsen, jedes Gewächs von liebevollen Händen gepflegt. Ich bezog meine Zelle, schlug das Moskitonetz zur Seite und schaute aus dem Fenster zu den drei Mangobäumen und zu Theklas Hütte.

Für mich verströmt dieser Ort bis heute missions-benediktinische Geschichte. Das Priorat Ndanda wurde 1908 gegründet, also vor mehr als 100 Jahren, und ist damit unser zweitältestes Priorat in Afrika. Ähnlich wie in Peramiho entstanden hier ein Krankenhaus, später Werkstätten, die Abbey School – ein berühmtes benediktinisches Gymnasium –, ferner eine Krankenpflege- und eine Haushaltsschule, in denen ausgebildet wird. Inzwischen gibt es auch ein Dutzend Kindergärten der Pfarrei, in denen unsere Schwestern arbeiten. Leider führt der Staat keinen einzigen! An einem Ende des Hofes liegt die Abteikirche der Missions-Benediktiner mit den beiden Glockentürmen. Dort finden die Gottesdienste für die gesamte Pfarrei statt, die stets gut besucht sind. Auch wenn unsere christliche Gemeinde in einer islamisch geprägten Region liegt und mehr als die Hälfte der Bevölkerung muslimischen Glaubens ist, so hat die Arbeit der Schwestern und Mönche – Gott sei Dank – immer großen Zuspruch gefunden. Glaubenskonflikte hat es bisher kaum gegeben. Die einfachen Menschen im Süden Tansanias habe ich immer als gottgläubig und gottesfürchtig erlebt. Das passt auf eine gewisse Art mit dem Wirken der Missions-Benediktinerinnen zusammen. Wir alle respektieren uns gegenseitig und sind betroffen und besorgt, dass in vielen Regionen des Kontinents der radikale islamische Fundamentalismus vordringt. 25 000 Menschen leben hier und in den angrenzenden Dörfern.

Doch zurück ins Jahr 2005, zu meinem ersten Tag in Ndanda. Ich stand am Fenster meiner Zelle und genoss den Blick über die Klosteranlage und hinaus in die Landschaft. Nicht viel hatte sich in den letzten zehn Jahren verändert: Hitze, Moskitos, Stromausfälle, Kerzenlicht, Armut, Bauern mit kurzstieligen Hacken und das Bangen um ausreichend Regen waren gleich geblieben.

*

Kaum war ich als Priorin am 20. März 2005 *installiert,* passierte auch schon das erste Unglück: Unser Schweizer Administrator im St. Benedict's Hospital in Ndanda erkrankte unheilbar an einem bösartigen Hirntumor. Das war ein Schock für alle, in erster Linie natürlich aus menschlicher Sicht. Darüber hinaus blieben viele unerledigte Aufgaben zurück. Die komplizierte Hospitalabrechnung für das letzte Kalenderjahr 2004 war noch nicht fertiggestellt worden und wir überlegten fieberhaft, wer diese verantwortungsvolle Aufgabe übernehmen könnte. Es handelte sich um einen Betrieb mit ca. 200 Angestellten und entsprechendem Budget. Vor Ort fand sich niemand, der das stemmen konnte. Die Zukunft des Hospitals war jedoch von einer korrekten Finanzabrechnung abhängig. Ich besprach mich mit dem Abt von Ndanda, in dessen Zuständigkeit das Hospital lag. Er war jedoch genauso ratlos. Mit rund 300 bis 400 Patienten war das Hospital stets überbelegt. Der Einzugsbereich umfasste an die 300 000 Menschen aus der weiteren Umgebung.

»Ich kenne da jemanden, aber ob er so schnell zu uns kommen kann, weiß ich nicht«, sagte ich zu Abt Dionys, einem Bayern aus St. Ottilien. Der Benediktiner war in meinem Alter, hatte schlohweißes Haar und einen ebenso hellen Spitzbart, der ihm ein unverkennbares Aussehen verlieh.

»Sr. Raphaela, es muss eine Lösung her, möglichst unkompliziert. Kennst du jemanden, der helfen kann?«

Piet Hein Meckmann war in den Niederlanden und nach seinem Einsatz in Uganda noch ohne neue Anstellung. Der Mann war unsere Rettung. Mit einem Touristenvisum machte er sich flugs auf den Weg und sofort an die Arbeit. Es war eine große Erleichterung, ihn bei der komplizierten Abrechnung zu wissen, und alle freuten sich, dass es ihm in Ndanda gefiel. Die Dokumente des Schweizer Administrators waren hervorragend geordnet und Piet Hein gewann rasch einen Überblick. Es dauerte nicht lange, bis er mit der Abtei einen Dreijahresvertrag vereinbarte.

*

Zum Priorat Ndanda gehört neben dem St. Scholastica Convent in Mtwara auch unsere Gemeinschaft in Nyangao mit dem St. Agnes Convent, dem ich damals angehört hatte. Dort lebten jetzt vier Schwestern: die Amerikanerin Sr. Rita Marie war Oberin im St. Agnes Convent und als Administratorin des St. Walburg's Hospitals tätig, die Deutsche Sr. Desideria war zuständig für alle Belange rund ums Haus und in der Küche, Sr. Bonifacia arbeitete ebenfalls im Krankenhaus und Sr. Febronia in der Haushaltsschule als Lehrerin, beides Tansanierinnen. Unsere Gemeinschaft der Missions-Benediktinerinnen wurde immer internationaler, und so bezeugten wir allein schon durch unser friedliches Zusammenleben im Geiste von *Ora et Labora*, dass Frieden möglich war.

Die meisten Schwestern unseres Priorats lebten und arbeiteten in Ndanda und bildeten eine deutsch-tansanische Gruppe. Die jüngste Deutsche, Sr. Regina, leitete seit einigen Jahren die chirurgische Abteilung des St. Benedict's Hospital. Wir beide kannten uns aus Tutzing und teilten viele Gemeinsamkeiten, allein schon durch unseren Beruf als Medizinerinnen. Wir tauschten uns aber nicht nur als Ärztinnen aus, sondern fanden auch im Ordensleben viele Gemeinsamkeiten. Sr. Regina war eine sehr musikalische Person, spielte die Orgel beim Chorgebet und war interessiert an Gebet und Kontemplation. Sie liebte Bücher und bildete sich weiter, was uns immer wieder neue Gesprächsthemen brachte. Ich suchte häufig den Austausch mit ihr. Im Laufe der Jahre unternahmen wir beide gelegentlich Ausflüge ans Meer oder an die Quelle des Ndanda-Baches. Bis zum heutigen Tage fühlen wir beide uns eng verbunden.

Sr. Lia war unsere älteste und stieg mit ihren weit über 90 Jahren noch jeden Tag in ihren Land Rover, besuchte *ihr* Lepracamp und schaute dort nach dem Rechten. Sr. Reginberta fuhr meist in ihrem alten braunen VW-Golf hinterher. Sie war dort für die Küche und die Versorgung der Häuser zuständig. Sr. Birgitta, ebenfalls eine Chirurgin und ehemalige Chefärztin des Krankenhauses, kümmerte sich mit Ende sechzig noch täglich um ambulante chirurgische Patienten.

Die wenigen Postulantinnen und Novizinnen unseres Ordens waren allesamt im weit entfernten Priorat Peramiho in der Ausbildung. Dorthin konnte man während der Trockenzeit auf einer 500 Kilometer langen Piste fahren, in der Regenzeit jedoch nur über einen Umweg, zunächst nach Dar-es-Salam und dann in Richtung Südwesten, was die Strecke verdreifachte. Für das Priorat Ndanda gab es 2005 nur eine Novizin und eine Postulantin.

Die Hauptaufgabe einer Priorin liegt in der spirituellen Leitung der Schwestern. Der Heilige Benedikt von Nursia (er hat von 480–546 in Italien gelebt) sagt in seiner berühmten Regel viel über die Qualitäten eines Abtes und dessen große Verantwortung gegenüber Gott und den Mönchen. Das Gleiche galt jetzt auch für mich als Priorin, als weibliche Leitung einer Schwesterngemeinschaft. Wenn man in Benedikts Regel schaut, dann wird schnell klar, dass kein Mensch sie allein, ohne die Hilfe Gottes und die Mitarbeit der Schwestern verwirklichen kann. Ich musste mich innerlich vollkommen umstellen, um meine neue Aufgabe zu erfüllen. Als Priorin stand ich nicht nur dem Chorgebet vor, sondern sprach auch Segensgebete und regelte fast alle Belange in unserer Gemeinschaft, jedoch häufig in Absprache mit anderen Schwestern, wofür es ebenfalls Regularien gibt. Benedikt sagt, der Abt solle darauf achten, dass die Starken finden, was sie brauchen, die Schwachen aber nicht abgeschreckt werden. Zudem soll der Abt eher durch sein Beispiel als durch sein Wort lehren und der Eigenart vieler dienen. Er soll so leben und lehren, dass die Mönche ihn mehr lieben als fürchten. Und alle zusammen sollen sie Christus durchaus nichts vorziehen. Ich bemühte mich, seine Weisungen umzusetzen, die mir ausgesprochen weise und sinnvoll erschienen. Als Priorin war ich selbstverständlich auch für die meisten administrativen Aufgaben im Priorat und für die Durchführung von Zusammenkünften auf verschiedenen Ebenen verantwortlich. Eine Menge Organisation und jede Menge Papierkram!

*

Ich genoss das Wiedersehen mit vielen vertrauten Gesichtern in Nyangao. Celestin und Salvina, meine engsten Mitarbeiter aus der Gesundheitskampagne, waren noch da. Wir umarmten uns herzlich und ich fühlte mich wohl. Im St. Walburg's war die Amerikanerin Sr. Rita Marie sichtlich aufgeregt, mir das Hospital zu zeigen. Wir waren uns nie persönlich begegnet, aber sie hatte offenbar Bedenken, ob ich mit dem Zustand zufrieden war. Vielleicht dachte man hier immer noch, es sei ein klein wenig *mein* Hospital. Sr. Rita Marie war erleichtert, als ich sie für ihre Administration lobte. Fast die gesamte Belegschaft von damals war noch im Hospital beschäftigt. Es war ein freudiges Wiedersehen.

Anfangs befand ich mich in einer Art Orientierungsphase und verglich die Lage in Ndanda und Nyangao mit den Zuständen vor zehn Jahren und zog selbstverständlich auch Vergleiche zu Namibia. Mein mehrtägiger Aufenthalt in Nyangao brachte mir leider nicht nur Wiedersehensfreude, sondern auch Kummer: Als ich nach den 20 Brunnen fragte, die noch zu meiner Zeit von einer finnischen Organisation im Dorf gebaut worden waren, erntete ich erschrockene Blicke. *Finwater* hatte damals gute Arbeit geleistet, und auch wenn man dieses Wasser vor dem Verzehr trotzdem noch abkochen musste, so stellten die Brunnen doch eine enorme Verbesserung gegenüber dem Wasser aus dem Nyangao-Bach dar. Die Finnen hatte einige Einheimische geschult, damit sie Reparaturen an den einfachen Handpumpen selbst durchführen konnten. Wir dachten damals, damit sei die Zeit der Cholera endgültig vorbei. Die Besichtigung war ein Schock. Nicht ein einziger dieser Brunnen existierte noch! Die Leute gingen – wie in alten Zeiten – zum Nyangao-Bach und schöpften ihr Wasser dort, obwohl der Wasserlauf Tieren als Tränke und den Frauen zum Waschen der Kleidung diente. Ich mochte mir kaum ausmalen, welch krank machende Substanzen sich darin befanden. Mich machte dieser Zustand sprachlos. *Was will Gott mir damit sagen?,* fragte ich mich beim Anblick des Schlamassels. Der größte Arbeitgeber in der Region war das Krankenhaus, eine Einrichtung, die sich in Sachen Hygiene bestens auskannte.

»Warum funktionieren die Brunnen nicht mehr?«, wollte ich von Celestin wissen, der mich auf meiner Besichtigungstour begleitete.

»Immer wieder ist daran repariert worden. Erfolglos. Außerdem hat man Ersatzteile geklaut.«
»Seid ihr zur Polizei gegangen? Habt ihr Anzeige erstattet? Ist die Sache verfolgt worden?«, wollte ich wissen und versuchte, mein Entsetzen unter Kontrolle zu halten. »Ihr habt doch jetzt ganz in der Nähe eine Polizeistation!«
Celestin zuckte mit den Schultern. Wenn ich daran dachte, wie angepasst an die hiesigen Bedürfnisse und bestens durchdacht das Projekt von *Finwater* doch war! Ein Jammer, dass die Menschen nun wieder wie *anno dazumal* zum Bach gingen. Was war aus der *Health Care* geworden? Eines machte dieser Besuch mir mehr als deutlich: Hier mangelte es an Bildung und Ausbildung! Ob Gott mir das sagen wollte, als ich nach den Brunnen suchte, die es nicht mehr gab? Diese Frage ging mir nicht mehr aus dem Kopf.

*

Als ich nach meiner Installation als Priorin bei Bischof Gabriel Mmole in Mtwara meinen Antrittsbesuch machte, begrüßte er mich für seine Verhältnisse beinah überschwänglich. Wir kannten uns schon viele Jahre. Bischof Gabriel stammte aus Ndanda und war lange Zeit Rektor eines kleinen Seminars gewesen, in dem Jungen unterrichtet wurden, die ein Leben als Priester anstrebten. Diese Schule existiert noch immer. Sie liegt einige Kilometer entfernt von Nyangao und ist nur auf einer schmalen Sandpiste zu erreichen. Von dort hat man eine wunderbare Aussicht auf das ganze Makonde-Plateau, aber es gibt bis heute keinen Anschluss an eine öffentliche Strom- oder Wasserversorgung. Zu seiner Zeit als Rektor waren Gabriel Mmole und seine Schüler regelmäßig bei mir im St. Walburg's in der medizinischen Versorgung gewesen.
»*Mother Prioress*, wie schön, dass Sie zu uns zurückgekommen sind. Nun geht ein Traum in Erfüllung, nun bekommen wir auch ein Programm gegen *diese* Krankheit«, sagte der Bischof auf Swahili zu mir. Gabriel Mmole, hochgewachsen und von schlanker Gestalt, war nur wenig älter als ich. Er war nie ein Mann ausschweifender Reden und großer Gesten gewesen. Zumindest hatte ich ihn so in Erinnerung. Ich stutzte einen Moment, weil ich diese Begrüßung

wirklich nicht erwartet hatte, aber im Grunde genommen gab es nichts gegen ein Aids-Programm einzuwenden. Doch ich kannte die Bedingungen in Tansania gut genug, um skeptisch zu sein. Sofort dachte ich an die Organisation von Workshops für Ordensleute nach dem Vorbild Namibias. Im Laufe unseres Begrüßungsgesprächs sagte ich dem Bischof unmissverständlich, dass er sich aktiv an Programmen beteiligen müsse, wenn sie die gewünschte Wirkung zeigen sollten.

*

Jeden Tag flehte ich den Herrn mit aller Kraft an: *Schick mir Schwestern!* Das war natürlich eine ziemlich verwegene Bitte, denn Schwestern waren rar gesät. In Peramiho befand sich derzeit nur eine Novizin auf dem Weg zur Ordensschwester, in Ndanda gab es nicht einmal die Möglichkeit einer Ausbildung. Wie schön wäre es, wenn sich junge afrikanische Frauen zu diesem Weg entschließen könnten, denn ich selbst war glücklich in meinem Ordensleben als Benediktinerin und Missionarin und es machte mich umso glücklicher, wenn andere Frauen ähnlich empfanden. Irgendetwas musste also geschehen.

Ein weiterer Antrittsbesuch führte mich zu Bischof Bruno Ngonyani nach Lindi und ich hatte dazu vorsorglich einen kleinen Fragenkatalog vorbereitet. Wir kannten uns von früher und die Begrüßung fiel freundlich aus. Kein Wort vom damaligen Konflikt mit den deutschen Ärzten. Es wirkte so, als hätte es diese Auseinandersetzung nie gegeben. Das St. Walburg's Hospital war in der Trägerschaft der Diözese, und selbst wenn vonseiten der tansanischen katholischen Kirche keine finanzielle Unterstützung floss, so war der Bischof doch im Aufsichtsrat. Als Priorin von Ndanda war mir selbstverständlich auch am Wohl meiner Mitschwestern in Nyangao gelegen. Nachdem wir uns ausgiebig darüber ausgetauscht hatten, bat ich ihn um einen Rat.

»Bischof Bruno, wie können wir junge Frauen für einen Ordenseintritt interessieren? Uns fehlt der Nachwuchs und es gibt schon länger keine Anfragen mehr von potenziellen Interessentinnen.«

Der Bischof überlegte und überraschte mich dann mit einem Hinweis, der mir sofort einleuchtete.

»*Mother Prioress*, vielleicht sollten Sie eine Schwester freistellen, um in Schulen und Pfarreien über den Orden der Missions-Benediktinerinnen zu berichten und natürlich auch über die vielfältigen Aufgaben einer Schwester. Die jungen Menschen sollen hören, wie schön dieses Leben ist und welche Möglichkeiten es bietet.«

Auf der Rückfahrt nach Ndanda dachte ich über seine Worte nach. Ja, das könnte der richtige Ansatz sein! Wir sollten *Werbung* in eigener Sache machen. Woher sollten junge Mädchen in entlegenen Orten sonst wissen, dass es uns überhaupt gab? Und woher sollten sie die Möglichkeiten kennen, die sich ihnen boten, wenn sie sich von Gott berufen fühlten? Ja, das ist eine sehr gute Idee, überlegte ich. Wir sollten eine unserer 30 Schwestern für diese Aufgabe freistellen. So bald wie möglich trug ich die Idee meinem Rat vor, aber leider stieß mein Vorschlag bei meinen vier Mitschwestern zunächst auf Ablehnung.

»Es ist unmöglich, auch nur eine einzige Schwester von ihren Aufgaben zu entbinden. Keine ist entbehrlich«, meinten sie einhellig. Es gäbe ohnehin schon viel zu viel zu tun.

»Wenn wir nicht wenigstens eine freistellen, dann haben wir bald überhaupt keine Schwester mehr. Wir brauchen Nachwuchs«, sagte ich mit Nachdruck. Wenn ich an unser Mutterhaus in Tutzing dachte, wo der Altersdurchschnitt noch wesentlich höher lag, dann wusste ich, welche Aufgaben in Zukunft auf uns warteten: Alten- und Krankenpflege der hochbetagten Schwestern. Schließlich konnte ich mich mit dem Rat doch noch auf einen Versuch einigen.

Ich zerbrach mir den Kopf darüber, wer für diese Aufgabe infrage kam und zugleich auf seinem derzeitigen Posten einigermaßen entbehrlich war. Sr. Febronia, die ausgebildete Schneidermeisterin und beliebte Lehrerin in der Haushaltsschule, kam mir in den Sinn. Bei nächster Gelegenheit fuhr ich nach Nyangao. Ich sprach sie nach dem Mittagessen an, als sie grade ihre blaue Schürze über den weißen Habit anlegte. Man sah sie selten ohne ihre *Arbeitskleidung*, und

immer trug sie eine Brille mit getönten Gläsern, die sie je nach
Bedarf rauf und runter schob.

»Sr. Febronia, was hältst du davon, am nächsten Sonntag in der
Pfarrkirche über das Ordensleben im Allgemeinen zu reden und
auch über deine persönlichen Beweggründe zum Eintritt bei uns
Missions-Benediktinerinnen? Es wäre sehr schön, wenn du der
Gemeinde erzählst, was dir das Leben als Ordensschwester bedeu-
tet.«

»Nein, niemals. Das kann ich nicht. Vor all den Leuten! Nein, da
bekomme ich kein Wort heraus, *Mother Prioress*«, war ihre prompte
und klare Antwort. Dabei schob sie ihre Brille ein wenig nach unten
und schaute mich sehr direkt an.

»Versuche es doch wenigstens einmal. Bitte! Du bist eine starke
Frau. Warum solltest du es nicht können? Du bist Lehrerin und das
Sprechen gewohnt.«

»Aber doch nur vor jungen Frauen.«

»Du kannst es genauso gut vor anderen.«

»Glaubst du wirklich?«

»Aber sicher, Sr. Febronia. Schau doch mal, was du schon alles
geschafft hast. Du kommst aus einem kleinen Dorf. Jetzt hast du
eine Schul- und sogar eine Berufsausbildung. Du sprichst Englisch
und unterrichtest Schülerinnen und bildest sie zu Haushaltshelfe-
rinnen aus. Das ist sehr viel. Du hast die Ewige Profess abgelegt und
du wirst auch darüber sprechen können. Und wer weiß, vielleicht
kannst du noch ganz andere Aufgaben in unserem Orden übernehmen.«

Schließlich überwand sie sich, und siehe da, Sr. Febronia machte
ihre Sache gut. Bald reiste sie von Schule zu Schule und stellte sich
und unseren Orden vor. Wir ließen einen Flyer drucken und
Sr. Febronia schrieb die Adressen der jungen Mädchen auf, die mehr
über uns erfahren wollten. Ihnen schickten wir weiteres Material.
Sr. Febronia verschwieg den Mädchen nicht, dass es ein schwerer
Weg mit vielen Entbehrungen und zahlreichen Aufgaben war. Sie
sprach über die Disziplin, die einer Schwester abverlangt wurde,
und auch darüber, dass sie weit weg von zu Hause leben müssten
und nur alle paar Jahre ihre Familie besuchen dürften – eine beängstigende Vorstellung. Auf ihren Reisen in weit entlegene Gebiete des

Landes referierte Sr. Febronia aber nicht nur über das Klosterleben, denn das wäre insbesondere in Schulen mit überwiegend muslimischen Kindern und Jugendlichen sicher unangemessen gewesen. Vielmehr sprach sie über ethische Themen wie Abtreibung und Drogenkonsum und machte ihren Standpunkt deutlich. Zum Abschluss eines jeden Besuches bot Sr. Febronia an, dass interessierte Mädchen sich jederzeit an sie wenden könnten. Und so kam es mit manchen zu einem regen Austausch.

*

Ende Februar 2005 hatte ich das offizielle Rentenalter erreicht. Pünktlich wurden mir Papiere zugeschickt, die ich ausfüllen und unterschreiben musste. Meine Rente! Im Stillen dankte ich Mutter Gertrud für ihre Weitsicht. Dem Wirken dieser großartigen Schwester haben wir deutschen Missions-Benediktinerinnen es zu verdanken, seit vielen Jahrzehnten kranken- und rentenversichert zu sein. Sie hat in Verhandlungen mit der Deutschen Bischofskonferenz ein Konzept erarbeitet, das alle deutschen Schwestern absichert. Das ist ein wahrer Segen. Auch wenn ich persönlich mich in der Vergangenheit nie darum gekümmert habe und bis heute keine Ahnung habe, um welche Abmachungen es sich genau handelt, so weiß ich doch, wie wichtig die Rente für uns ist. In unserem Mutterhaus werden alle Abrechnungen vorgenommen und Krankenkassenbeiträge abgezogen, bevor die einzelnen Renten an die jeweiligen Priorate weitergeleitet werden, wobei keine Schwester die Höhe ihrer »persönlichen« Rente kennt. Sämtliche Überweisungen gehen in eine gemeinsame Kasse. Für arme Länder wie Tansania bedeuten diese Beträge eine entscheidende Existenzgrundlage, ohne die notwendige Kosten nicht gedeckt werden könnten. Wir Schwestern leben so bescheiden, dass von den Renten der deutschen Schwestern manchmal die gesamte Kommunität leben kann.

*

Ein großes Aids-Programm, wie Bischof Gabriel es sich in Anlehnung an Namibia ausgemalt haben mochte, war in Tansania kaum umsetzbar. Weder war das Interesse groß genug, noch fanden sich Mitstreiter. Ein Health Coordinator aus der Diözese Lindi, der damals bei mir in Nyangao in der Ausbildung war, hatte zwar ein offenes Ohr für meine Ideen, aber schon die ersten Schritte scheiterten aus finanziellen Gründen wie auch an mangelnder Resonanz. Mir wurde es bald zu mühsam, alles von oben nach unten zu delegieren. Wenn aufseiten der Betroffenen kein Interesse bestand, wenn sich keine freiwilligen Mitarbeiter fanden und keine Strukturen erkennbar waren, dann würde auch mir bald die Luft ausgehen. Die offizielle Statistik in Tansania zeigte zudem eine wesentlich niedrigere Rate von HIV-Infektionen als die Statistiken in den afrikanischen Ländern des Südens. Sie lag, im Vergleich zu 25 Prozent an manchen Brennpunkten Namibias, hier *nur* bei 5,7 Prozent. Das Kindermissionswerk in Aachen fragte ebenfalls bei mir an, ob wir nicht so etwas Ähnliches wie in Namibia machen könnten. Aber ich winkte ab, denn hier in Tansania herrschten andere gesellschaftliche und politische Strukturen. Es fehlte an staatlicher Unterstützung und Programme waren allenfalls auf Ebene der Diözesen sinnvoll. In einem Land mit 44 Millionen Einwohnern konnte keine landesweite Organisation von Ndanda ausgehen, allenfalls von der Katholischen Bischofskonferenz in Dar-es-Salam. Dort gab es ein Büro für Gesundheit und HIV/Aids. Von großem Interesse an einer solchen Kampagne war jedoch nicht viel zu merken. Das Einzige, was auf diesem Gebiet existierte, waren Teste für Bluttransfusionen, nicht anders als vor zehn Jahren im St. Walburg's Hospital. Selbst die Schwangeren wurden hier noch nicht routinemäßig gefragt, ob sie sich testen lassen wollten, um eine mögliche Übertragung auf das Neugeborene zu verhindern.

Pater Severin, ein Missions-Benediktiner aus Bayern, war der Einzige, der sich in der Region Ndanda im Kampf gegen HIV/Aids engagierte. Er hatte eine Gruppe für Betroffene gegründet, die sich *tumaini*, Hoffnung, nannte. Dort konnte man sich freiwillig testen lassen. Doch das Stigma war so groß, dass Pater Severin seinen Treffpunkt einige Kilometer entfernt vom Hospital eingerichtet hatte, in einer ehemaligen Leprasiedlung. Einmal im Monat trafen sich dort Betroffene. Er unterstützte sie, indem er ihnen Fahrtkosten erstattete, etwas zum Essen gab, Aufklärung und Austausch bot.

Von Behandlung konnte noch keine Rede sein. Piet Hein Meckmann und ich waren entsetzt über den niedrigen Stand der Entwicklung in der Region Ndanda.

Ein Herz für Kinder

Drei Monate nach meiner Ankunft in Tansania erhielt ich eine E-Mail aus Deutschland. Eine Organisation namens *Ein Herz für Kinder*, die mir bis dahin unbekannt war, suchte den Kontakt zu mir. Dieses Schreiben löste eine Kettenreaktion aus, die bis zum heutigen Tag anhält und so viel Segen und Gutes gebracht hat. In der E-Mail wurde ich gefragt, ob ich nicht ein Projekt hätte, das die Themenbereiche Aids, Kinder und Bautätigkeit vereine. *Ein Herz für Kinder* könne das unterstützen.

Woher diese Leute meine Kontaktadresse hatten, wusste ich nicht, aber ich dachte, man vermutete mich noch in Namibia als Aids-Aktivistin. Und so leitete ich das Schreiben an die neue Priorin in Windhoek weiter, wo es leider mehr als genug Aids-Waisen gab und weiterhin entsprechende Arbeit geleistet wurde. Außerdem schickte ich es nach Peramiho, wo unsere Schwestern ein großes Waisenhaus betrieben. Wenig später landete die Anfrage wieder auf meinem Schreibtisch, weil sich offenbar auf die Schnelle niemand in der Lage sah, einen entsprechenden Projektantrag zu stellen. Außerdem kannte keine meiner Mitschwestern in den afrikanischen Prioraten diese deutsche Organisation oder ahnte, um welche Spendensumme es möglicherweise ging. In Namibia hatte ich etwas Entscheidendes gelernt, und einer Eingebung folgend sagte ich mir: *Be aware of missed opportunities!* Diese Gelegenheit wollte ich auf keinen Fall verpassen. Wann bekam man schon ungefragt Unterstützung angeboten? Damit war der entscheidende Schritt getan!

Es musste sich doch ein passendes Projekt in meinem Einflussgebiet finden lassen! Beim Mittagessen erzählte ich Sr. Letisia davon und übersetzte der Tansanierin die E-Mail aus Deutschland. Sie war ausgebildete Montessori-Kindergärtnerin und koordinierte die zwölf Kindergärten in unserer Pfarrei.

»Hast du nicht eine Idee, Sr. Letisia? Wie gesagt, die Organisation möchte ein Projekt fördern, das Aids, Kinder und Bauvorhaben kombiniert.«

»Und ob ich ein Projekt habe! In Mwena müssen wir unbedingt einen neuen Kindergarten bauen, dort gibt es bisher nur eine armselige Hütte, *Mama Mkubwa*«, sagte Sr. Letisia. Die Schwester wählte die landesübliche Anrede *Große Mutter*, obwohl ich nicht erpicht darauf war. Aber was sollte ich machen? Meinetwegen hätte man mich weiterhin *Sister* nennen können, aber das fiel insbesondere den Afrikanerinnen schwer. Ich konnte mich anfangs nicht an *Mama* oder *Mother* gewöhnen. Manche nannten mich auch *Mama Priori* oder *Mother Prioress*. Mit der Zeit lernte ich, ihre Beweggründe zu verstehen.

»Dann lass uns doch gleich mal dorthin fahren«, schlug ich vor und steckte meine Digitalkamera in die Tasche. Mit diesem Apparat war ich 2005 eine moderne Vorreiterin in Sachen Fototechnik. Er stellte sich bald als ein Segen heraus.

»In Mwena leben immer mehr Aids-Waisenkinder bei ihren Großmüttern oder Tanten. Manch alte Frau muss sich um ein Dutzend Enkelkinder kümmern, anstatt ihre wohlverdiente Altersruhe zu genießen. Die eigenen Kinder sind an Aids gestorben und die Enkelkinder hilflos und traurig. Solche Großmütter sind oft vollkommen überfordert. Ein Kindergarten kann Abhilfe schaffen und den Kleinen über den Verlust der Eltern ein wenig besser hinweghelfen«, sagte Sr. Letisia, als sie mir mögliche Gelände zeigte, auf denen sie sich einen Kindergarten wünschte.

Ich nickte nur, denn ich konnte mir leider viel zu gut ausmalen, was es bedeutete, wenn Großmütter allein für die Enkelkinder zuständig waren. Auch wenn die Aids-Rate hier weit unter der namibischen lag, so zeigte die Krankheit in den betroffenen Familien ähnliche Folgen. Tansania war vermutlich weniger stark vom Virus betroffen als manch andere afrikanische Länder, weil die Wanderarbeit in den Edelstein- und Kohleminen des Kontinents hier nie eine relevante Rolle gespielt hatte. Es mochten noch andere Gründe maßgeblich sein, aber die Minenarbeiter, die ohne ihre

Familien die meiste Zeit des Jahres fern der Heimat waren – nicht wenige werden Prostituierte aufgesucht haben –, trugen zur Ausbreitung des Virus bei. In Tansania hingegen schien die Krankheit beherrschbar, auch wenn die Infektionsrate mit 5,7 Prozent nicht gerade niedrig war und im Vergleich zu Deutschland mit etwa 0,1 Prozent sogar sehr hoch. Während Namibia damals einen sechsten oder siebten Platz in der Länderstatistik einnahm, lag Tansania fünf Plätze dahinter, Deutschland belegte die 121ste Stelle.

Der jetzige Kindergarten bestand nur aus einem halb offenen Haus mit Wellblechdach und war ungünstig an der Hauptstraße gelegen. Innerhalb kürzester Zeit formulierte ich einen Antrag zum Bau eines Kindergartens und mailte die Unterlagen, inklusive Fotos, an *Ein Herz für Kinder* nach Deutschland. Dann sprach ich mit dem zuständigen Pfarrer, Father Silvanus, einem tansanischen Benediktiner, ob er uns nicht einen passenden Bauplatz vermitteln könne. Im nächsten Schritt zeichnete Bruder Andreas, ein deutscher Architekt, Baupläne und errechnete einen Kostenvoranschlag, den ich unverzüglich nach Deutschland nachreichte. Ebenso zügig wurde der Antrag genehmigt und 40 000 Euro bewilligt. Sr. Letisia war selig und ich ging meinen vielen anderen Tätigkeiten als neue Priorin nach.

Spirituelle Erneuerung und eine Prozession

In England besuchte ich im Sommer die von mir freudig erwarteten Seminare zum *Spiritual Renewal* für Ordensleute. Hier wollte ich einige Gänge herunterschalten und die Seele baumeln lassen. Neben körperlichen Entspannungsübungen, die ich täglich praktizierte, ging ich viel spazieren, fotografierte Blumen, besuchte Vorlesungen zu biblischen Themen und nahm einmal in der Woche das Angebot zu *geistlicher Begleitung* in Anspruch. Und ich genoss zahlreiche Ausflüge zu sehenswerten Orten. Immer wieder ergaben sich intensive persönliche Gespräche mit wunderbaren Menschen aus aller Welt. Hier gastierten nicht nur Missions-Benediktiner und -Benediktinerinnen, sondern Angehörige unterschiedlichster Orden. Es war bereichernd, andere Perspektiven kennenzulernen, manche davon recht konservativ, andere enorm fortschrittlich. Ich hatte mehr Zeit denn je, widmete mich länger als sonst dem Gebet und schöpfte Kraft. Jeder Tag erfüllte mich und tat mir unglaublich gut.

Dennoch konnte ich es nicht lassen, gelegentlich in mein elektronisches Postfach zu schauen. Oft gab es Neuigkeiten von meiner Subpriorin Sr. Gonzaga und von Piet Hein, der einen scharfen Blick auf alle Entwicklungen zum Thema Aids hatte. *Jetzt sind die Leute von der Regierung gekommen und bringen ARVs in die Hospitäler. Ich kann mir denken, was du darüber denkst,* schrieb er mir. Ja, das wusste er nur zu genau. Ich hielt es für einen falschen Schritt, wenn Medikamente in eine vollkommen unaufgeklärte Situation gebracht wurden. Da wurde der vierte Schritt vor dem ersten getan. Weder gab es Beratung noch Erfahrung, und es fehlte weiterhin jegliche Sensibilisierung für das Thema HIV/Aids. Es gab nichts. Wenn der gesamte Unterbau fehlt, was bringen dann Medikamente? *Im Krankenhaus sind sie überfordert,* schrieb Piet Hein.

Das konnte ich mir denken. Wir überlegten hin und her, ob es sinnvoll wäre, auf die Schnelle Fachleute vom Missionsärztlichen Institut in Würzburg anzufragen, die Trainings für das medizinische Personal geben könnten. Piet Hein Meckmann kümmerte sich darum und schickte schließlich die tansanischen Mitarbeiter zu Schulungen nach Mbeya. Später bekam er sogar einen Krankenhausanbau genehmigt. Dorthin konnte jeder kommen, ohne sich vorher an der Krankenhauspforte registrieren lassen zu müssen. In diesem Trakt gab es verschiedene Arten von Beratung: vor dem HIV-Test, der vor Ort gemacht wurde, und nach dem Test; vor der Behandlung mit antiretroviralen Medikamenten und währenddessen. Es wurden ärztliche Untersuchungen durchgeführt und Medikamente direkt an die Betroffenen ausgegeben. Der neue Trakt wurde zu einer gut durchdachten und organisierten Abteilung. Die Organisation *Voluntary Service Overseas* (VSO) schickte eine engagierte holländische Ärztin, was ein großer Schritt in die richtige Richtung war. Die medikamentöse Behandlung erfolgte stets nach den Richtlinien von WHO/UN-AIDS. Folgerichtig wurde nun auch allen Schwangeren empfohlen, sich testen zu lassen. Sämtliche Angebote fanden großen Anklang.

Als ich aus England zurückkam, stand erst einmal die Gedenkfeier zum 100. Todestag der Ermordung unserer Schwester Walburga im Jahr 1905 während des Maji-Maji-Aufstandes auf dem Programm. Der Ort ihrer Ermordung – Ngáwa – lag einen einstündigen Pilgermarsch von Nyangao entfernt. Ich wollte die Feier groß aufziehen, denn hier handelte es sich um einen wichtigen Teil unserer missions-benediktinischen Geschichte. Mir persönlich bedeutet dieser Ort sehr viel, und früher war ich häufiger zum Gebet dorthin gegangen.

Wie ich es aus Namibia gewohnt war, lud ich die regionale und überregionale Presse zum Festakt ein. Doch hier in Tansania wehte ein anderer Wind. Ja, sie würden kommen und berichten, signalisierten mir einzelne Journalisten, vorausgesetzt wir übernähmen sämtliche Kosten der Anreise sowie für Unterkunft und Verpflegung. Ich traute meinen Ohren nicht, aber sie waren wohl so schlecht bezahlt, dass sie sich eine eigene Anreise nicht leisten konnten. Unter diesen Umständen brauchten sie selbstverständlich nicht zu erscheinen.

Wir hatten eine Liste mit Ehrengästen, die wir frühzeitig einluden und dabei den Anlass gebührend schilderten. Der kleine Ort Ngáwa gehört politisch zur Region Lindi, und so wurde der *Regional Commissioner of Lindi* selbstverständlich genauso eingeladen wie der oberste Kirchenvertreter Bischof Bruno Ngonyani. Wir hatten rote T-Shirts in Dar-es-Salam bedrucken lassen, auf denen das Bild von Sr. Walburga und das Logo der Missions-Benediktinerinnen von Tutzing abgebildet waren. Die Schwestern trugen die T-Shirts über dem Habit, außerdem war der Kirchenchor darin gekleidet, und später zogen sogar der Bischof und der *Regional Commissioner* ein solches T-Shirt über. Die Farbe Rot stand für die Liebe und das Blut. Sr. Walburga hatte vor 100 Jahren ihr Leben während des Aufstandes für andere flüchtende Missionare geopfert. Sie wurde zusammen mit einigen Waisenkindern ermordet. Als Missionare später an den Ort zurückkehrten, fanden sie nur ein Stück ihres blutverschmierten Gürtels und ein Büchlein ihrer Regel Benedikts.

Von der Pfarrkirche St. Walburga ging unsere Prozession singend und betend durch Nyangao. Es war ein beeindruckender Zug, eine

Schwester ging mit dem Vortragekreuz voran, eine andere hielt ein großes Foto von Sr. Walburga im Arm. Es folgten Schulkinder in ihren Uniformen, beinah alle unserer 30 Schwestern waren dabei sowie viele Angestellte aus den Krankenhäusern und Anwohner aus Nyangao. Wir gingen gemeinsam in den Busch hinein bis zum Ort der Ermordung. Dort steht nach wie vor nur ein Gedenkkreuz auf einem kleinen umzäunten Gelände, denn das angrenzende Terrain gehört zu einer Plantage mit Cashewbäumen, die im Besitz eines Moslems ist. Der Mann will keinen Teil seines Geländes verkaufen, und so können wir dort leider keine Kapelle bauen. Es wäre schön, wenn wir einen Wallfahrtsort hätten, aber dieses Vorhaben scheitert bis heute an vielen kleinen Unwägbarkeiten, am Problem des Landkaufes und manchmal auch an mangelndem Verhandlungsgeschick, Engagement und Durchhaltevermögen Einzelner. Bisher blieben alle Versuche erfolglos.

Als der Prozessionszug den schlichten Ort des Gedenkens erreichte, war dieser mit vielen Blumen geschmückt. Unter freiem Himmel wurde Eucharistie gefeiert. Der Bischof und der *Regional Commissioner* pflanzten je einen Ashokbaum zum Gedenken an die Ermordeten. Wie sich bald herausstellte, war der *Regional Commissioner* ein ehemaliger Studienrat, der in seiner packenden Rede auch das Problem der mangelnden Bildung ansprach. Er schlug einen Bogen von den katholischen Schulen der Vergangenheit, die allesamt verstaatlicht worden waren, bis zum Problem des Analphabetismus. Ich war hocherfreut, als er uns Missions-Benediktinerinnen in seiner Rede dazu aufforderte, etwas für die Bildung zu tun und eine *Secondary School*, eine weiterführende Schule nach der siebenjährigen Grundschule, zu bauen. Er würde uns dafür auch zehn Säcke Zement spenden. Ich horchte auf! Als er dann noch ausführte, die Analphabetenrate in der Region läge bei 43 Prozent, konnte ich diese Zahl nicht glauben und war ungeduldig, persönlich bei ihm nachzuhaken.

»Vielen Dank für Ihre Rede. Ich habe mich sehr über Ihre offenen Worte gefreut. Aber wie kommen Sie auf eine derart hohe Rate von Analphabeten? Es gibt in Tansania doch seit der Unabhängigkeit und dem Präsidenten Nyerere eine Schulpflicht«, wollte ich von ihm wissen.

»Ach, wo denken Sie hin! Wir haben sogar noch höhere Raten in Kilwa, nördlich von Lindi, dort, wo fast ausschließlich Moslems leben. Sie schicken ihre Kinder doch nicht in die weltlichen Schulen. Dort können mehr als die Hälfte der Jungen und Mädchen nicht lesen und schreiben.«

Ich war schockiert und besorgte mir weitere Informationen, wo immer ich sie bekommen konnte, zumeist in den Verwaltungen und bei Politikern. Mein nächster wichtiger Termin war beim *Regional Commissioner* von Mtwara, der Nachbarregion und politisch zuständig für Ndanda. Er lud mich zu einem Abendessen ein, damit wir uns in Ruhe austauschen konnten. Sr. Andrea und Sr. Amabilis begleiteten mich. Laut Aussage des *Commissioner* war auch hier, in der südlich gelegenen Küstenstadt, die Analphabetenrate erschreckend hoch.

»Und wissen Sie, Sr. Dr. Raphaela, hier gibt es ein weiteres Problem. Wir haben im gesamten Land die höchste Rate von Mädchen, die wegen Schwangerschaft die Schule verlassen. Das ist wirklich traurig. Dort, wo ich herkomme, im Norden des Landes, passiert so etwas viel seltener. Dort ist der Bildungsstand auch deutlich höher. Die Mädchen hier tun mir wirklich leid. Manche sind sicher nicht aus freien Stücken in diese Lage gekommen«, sagte er.

Ich mochte mir kaum ausmalen, was das bedeutete.

»Von der Universität Dar-es-Salam habe ich eine Studie anfertigen lassen, um herauszufinden, wofür die Menschen in dieser Region ihr Geld ausgeben. Wie man sich denken kann, ganz sicher nicht für Bildung! An erster Stelle stehen Hochzeiten und an zweiter die Reifefeiern der Jugend.«

»Es mangelt an Bildung«, sagte ich nur.

»Sie sagen es. Ohne Bildung wird es kein Entrinnen aus diesem Teufelskreis geben. Die jungen Mädchen werden schwanger und fristen ein Leben als unwissende Mütter. Viele von ihnen werden bald sitzen gelassen. Ernste Absichten haben hier die wenigsten Männer.«

Andere Politiker, die ich aufsuchte, bestätigten die Misere. Den *Regional Medical Officer* von Mtwara kannte ich noch von früher. Er hatte Medizin in Moskau studiert und war eine Zeit lang bei mir in Nyangao als Assistenzarzt tätig gewesen. Wir schätzten uns gegenseitig. Er zeigte mir die neuesten Statistiken zur Müttersterblichkeit im Land und ich war alarmiert, denn es war noch schlimmer als früher. Wie konnte das nur sein? Müttersterblichkeit war immer *mein* Thema gewesen und gleichzeitig ein Indikator für den Zustand einer Region. Der Faktor wird weltweit stets auf 100 000 Geburten bezogen. Der leitende Arzt hatte eine Basisstudie im Distrikt Tandahimba anfertigen lassen, die nicht nur die Sterbefälle der Krankenhäuser berücksichtigte, sondern auch die vielen Hausgeburten. Weit mehr als 1000 Schwangere, Gebärende und junge Mütter starben demnach, der Landesdurchschnitt lag bei 500. In Deutschland liegt dieser Wert bei etwa 5. Mit der Kindersterblichkeit sah es ähnlich fatal aus. In entlegenen Distrikten des Südens waren die Zahlen fast doppelt so hoch wie im Landesdurchschnitt, der ohnehin schon erschreckend war.

»Was sind Ihrer Meinung nach die Gründe?«, fragte ich den Mediziner. »Sie erinnern sich sicher, was wir damals alles versucht haben, um mit dem PHC-Programm die Gesundheit der Bevölkerung zu verbessern.«

»Ich erinnere mich sehr gut«, sagte er und schüttelte resigniert den Kopf.

Während ich zurück nach Ndanda fuhr, kreisten meine Gedanken. *Medizin allein reicht nicht aus. Bildung! Bildung ist der Schlüssel. Die Bildung der Frauen!* In früheren Zeiten waren unsere Schwestern viel stärker im Bildungsbereich engagiert gewesen, die katholischen Schulen waren die besten des Landes. Fast alle bedeutenden tansanischen Politiker waren auf diese Schulen gegangen. Doch dann wurden die Bildungseinrichtungen allesamt verstaatlicht. So sah es das Konzept des langjährigen Präsidenten des Einparteienstaates Tansania vor. Auch die hervorragende Abbey School in Ndanda war davon betroffen. Als ich das Land 1994 verließ, gab es keine einzige Privatschule mehr. In Dar-es-Salam stand die einzige Universität des Landes. Im selben Jahr hörte man bereits davon, dass verstaatlichte Schulen den früheren Trägern zur Zurücknahme angeboten wurden, doch die Kirchen reagierten zurückhaltend, denn ihnen fehlte das Vertrauen zum Staat. Außerdem waren die Schulen durchweg heruntergekommen. Man hätte große Mittel hineinstecken müssen.

Inzwischen gab es zwar mehrere Parteien und eine größere Offenheit gegenüber privaten Bildungseinrichtungen, aber noch hatte sich in unserer Gegend kaum etwas entwickelt.

Ins deutsche Fernsehen

Als ich wieder einmal einen Termin beim Bischof in Lindi wahrnehmen musste, der 100 Kilometer entfernten Hafenstadt, druckte ich in aller Frühe meine E-Mails aus, um sie während der Fahrt zu lesen. Meine Besuche bei Bischof Bruno kündigte ich mit einem Telefonat an, mehr war nicht notwendig. Er war stets ansprechbar für mich. Auf dieser weiten Strecke fuhr ich ungern selbst. Die Straßen und der Zustand der meisten Fahrzeuge waren schlecht, Unfälle an der Tagesordnung. Unserem Fahrer Genori vertraute ich blind. Wenn er am Steuer saß, konnte ich lesen, vor mich hin träumen oder sogar schlafen. Ich setzte mich nach hinten und nahm mir die Papiere vor.

»Was? Das kann ja wohl nicht wahr sein!«, rief ich schon nach den ersten Zeilen laut auf Deutsch aus und Genori schaute mich verdutzt an.

»*Any Problem, Mother Raphaela?*«, wollte er besorgt wissen.

»Ich soll zur Live-Gala ins Fernsehen nach Deutschland kommen, genau vor Weihnachten. Die Show hat einige Millionen Zuschauer, steht hier geschrieben. Das hängt alles mit dem Antrag für den Kindergarten zusammen. Von einer Reise nach Deutschland war nie die Rede gewesen. Wie stellen die vom Fernsehen sich das vor? Ich kann hier doch nicht einfach weg.«

Mir kamen tausend Gedanken und Einwände. Das geht doch nicht! Ich war Priorin, die Gala von *Ein Herz für Kinder* fand kurz vor Weihnachten statt. Wie konnte ich meine Schwestern allein lassen? Sie nannten mich *Mutter* und es war unser erstes Weihnachtsfest, und das sollten wir selbstverständlich zusammen feiern. Aber das viele Geld? Es war bereits angewiesen worden. Sr. Letisia war glücklich. Der Baubeginn stand unmittelbar bevor. Die Großmütter warteten auf die dringend notwendige Entlastung und die Kinder brauchten eine gute Erziehung, Hilfe und Sicherheit. Alle verließen sich auf mich und die Spenden. Aber von einem Liveauftritt war nie die Rede gewesen. Was sollte ich nur machen? Ich warf einen Blick in meinen Kalender. Die Gala fand am Samstag vor Weihnachten statt. Theoretisch war es machbar, rechtzeitig vor Weihnachten wieder zurück zu sein. Meinen Flug würden sie selbstverständlich übernehmen, stand in der Mail. Thomas Gottschalk sei der Moderator, Sharon Stone der Ehrengast des Abends. Unbekannte Namen für mich. Und plötzlich kamen mir der Apostel Paulus und seine berühmte Rede auf dem Areopag in den Sinn. Dort, in einer Stadt voller Götzenbilder, hatte er eine Rede gehalten und die Menge hatte ihm gelauscht, ausgerechnet ihm, dem Christen, der auf dem Areopag über den *wahren Gott* sprach. Die Schaulustigen und manch einflussreiche Persönlichkeit hörten ihm damals aufmerksam zu, weil er seine Worte mit Bedacht gewählt hatte. Paulus hatte viel erreicht. Heutzutage sind die Medien unser Areopag, ging es mir durch den Kopf, allen voran das Fernsehen. *Klar, du fährst nach Berlin!*, sagte ich mir. *Du bist doch Missionarin, das lässt sich doch wunderbar mit einer Mission im Fernsehen verbinden.*

Ich sagte zu, ohne auch nur annähernd zu wissen, was das konkret bedeutete. Geistesgegenwärtig fragte ich noch am selben Tag bei *Ein Herz für Kinder* an, ob Sr. Letisia mich begleiten könne. *Selbstverständlich gern*, lautete die Antwort. Sr. Letisia war begeistert und ganz aufgeregt, nach Deutschland reisen zu dürfen. Sie war noch nie im Ausland gewesen, besaß daher allerdings auch noch keinen Pass.

Kurze Zeit später meldete sich ein Filmteam aus Deutschland an, um einen Beitrag für die Gala 2005 zu drehen. Die Zuschauer in Deutschland sollten schließlich mit eigenen Augen sehen, wohin ihre Spenden flossen. Für das Team und alle Beteiligten waren es anstrengende Drehtage in der Hitze Tansanias und ich staunte, wie oft einzelne Einstellungen abgedreht wurden. Es nahm kein Ende. Von dem Material konnte man sicher einen abendfüllenden Film machen, dabei sollten nur wenige Minuten gezeigt werden. Auch wenn es interessant war und das Team ausgesprochen aufgeschlossen und unkompliziert, so war ich dennoch froh, als alles vorbei war. Es blieben noch einige Wochen bis zur Gala. Sr. Letisia und ich versuchten alles, um zügig einen Pass für sie zu bekommen, aber die behördlichen Mühlen mahlten extrem langsam. Die Aufregung wuchs mit jedem Tag, aber irgendwann mussten wir einsehen, dass es zwecklos war. Ich flog leider allein nach Deutschland.

*

Kalte Wintertage war ich zum Glück gewohnt, aber die Unterbringung in einem luxuriösen deutschen Hotel eher nicht. Ich sollte bereits einen Tag vor der Show vor Ort sein, damit alles abgesprochen und geprobt werden konnte. Ich hatte keine Ahnung, was mich erwartete. Immerhin wusste ich inzwischen, wer der Moderator war, und dass es in Deutschland offenbar nur wenige Menschen gab, die ihn nicht kannten. Als ich mit dem Probeauftritt an der Reihe war, hörte ich, wie Thomas Gottschalk jemanden fragte, wer als Nächstes käme. »Schwester Raphaela aus Tansania«, lautete die Antwort einer Assistentin.

»Spricht sie Deutsch?«, wollte er noch wissen. Auf der Bühne begrüßten wir uns.

»Ich habe eine Tante mit Ihrem Namen«, sagte er nach einer ausgesprochen herzlichen Begrüßung. Wir plauderten nur kurz miteinander, wobei er mir direkt in die Augen schaute und gleichermaßen konzentriert und freundlich wirkte. Er war mir sympathisch.

»Wissen Sie was, Schwester Raphaela, alles andere machen wir heute Abend live. Das ist doch viel lebendiger. Da müssen wir doch nichts proben oder absprechen.«

Damit war meine Bühnenprobe erledigt. Nun wurden mir noch von diversen Assistenten Fragen gestellt: Was ein Brot in Tansania kostete, wie hoch der Durchschnittslohn sei, wie lange ich schon in Afrika lebte und vieles andere mehr. Im Laufe des Tages wurde mir immer deutlicher, welche Dimensionen diese Gala hatte. Was mir bis dato – *dort unten im Busch* – noch unbekannt war, nahm nun Formen an. Hier tauchte die große Prominenz auf, hier gab es Geldgeber aus allen Schichten der Gesellschaft: *Da musste doch mehr herauszuholen sein als die 40 000 für den Kindergarten*, sagte ich mir im Stillen.

»Haben Sie auch geschlossene Schuhe dabei?«, fragte mich eine Assistentin und schaute auf meine Sandalen.

»Ja, aber ich trage sie ungern. Ich bin es nicht gewohnt, Winterschuhe zu tragen.«

»Es macht sich auf der Bühne vielleicht besser, geschlossene Schuhe zu tragen.«

Und dann wurde mit meinem weißen und meinem grauen Habit experimentiert. Man wollte gern, dass ich meinen weißen, afrikanischen Habit trug. Leider leuchtete er unter den Scheinwerfern zu stark, sodass die Technik ihn schließlich verwarf und ich am Abend in schlichtem Grau auftrat.

Doch zuvor stieg die Aufregung hinter der Bühne unaufhörlich. Als Sharon Stone auftauchte, kamen mir einige der Mitarbeiterinnen und *Sternchen* so vor, als seien sie alberne Teenager. Die ohnehin schon herrschende Hektik steigerte sich noch. Man trug mir Make-up auf, puderte mir die Nase und bot mir einen dezenten Lippenstift an. Ich sagte nicht Nein.

Als man mich auf die Bühne rief, wurde zunächst der kurze Film aus Ndanda gezeigt. Nun sah ich das Resultat der dreitägigen Dreharbeiten und war beeindruckt. Den Zuschauern wurde anschaulich vermittelt, wie sinnvoll der Kindergartenneubau und die Arbeit von Sr. Letisia und anderen Schwestern waren, und sie applaudierten. Die Leute schienen gerührt zu sein von den großen schwarzen Kulleraugen der Kindergartenkinder und dem Erziehungskonzept. Das war *die* Gelegenheit für mich.

»Diese kleinen Kinder werden schnell groß. Und dann ist es nicht mehr getan mit einem Kindergarten. Dann müssen sie in eine richtige Schule. Die gibt es dort aber nicht und Mittel dafür haben wir auch keine«, sagte ich spontan und Thomas Gottschalk schaute mich verwundert an, denn dieser Wunsch war nicht abgesprochen.

»Das ist meine nächste Vision, eine weiterführende Schule für Mädchen, denn sie brauchen Bildung am dringendsten von allen. Nur durch Bildung kann es einen Ausweg aus dem Teufelskreis von

Armut, Unwissenheit, Krankheit, Schicksalsergebenheit und Elend geben«, fügte ich hinzu. Wieder wurde applaudiert und ich bedankte mich für die Hilfe zum Bau des Kindergartens.

Nach der Gala wurden Fotos gemacht und ich nutzte die Gelegenheit, um zu Friede Springer zu gehen, der Witwe von Axel Springer, der vor 30 Jahren die Organisation *Ein Herz für Kinder* gegründet hatte. Ich bedankte mich persönlich bei ihr für die Gala und für die Spenden, die wir bekommen hatten. Frau Springer griff die Idee von einer Schule sofort auf.

»Stellen Sie doch bei *Ein Herz für Kinder* einen Antrag für eine Schule. Wir werden sehen, was sich machen lässt.«

»Das werde ich gern tun.«

Mir war nicht gesagt worden, dass es nach der Liveshow zu einer großen Galaparty ging, wo viele der großzügigen Spendengeber vor Ort waren. Prominente aus Film, Industrie und Medien standen beieinander. *Hier musst du Kontakte knüpfen*, sagte ich mir.

»Was kostet solch eine Schule?«, wollte jemand von mir wissen.

»Das ist bislang noch ein Traum. Da gibt es noch kein Preisschild«, sagte ich und überschlug im Geist mögliche Zahlen. Aber meine Idee war viel zu vage, eher ein ferner Traum. Bei der Party war es furchtbar laut. Die Musik dröhnte, aber ich hielt lange durch, wurde von zahlreichen Menschen angesprochen und steckte diverse Visitenkarten in meine Tasche. *Das wäre doch gelacht, wenn sich mein Traum von Bildung für die Jugend nicht realisieren ließe.*

*

Rechtzeitig vor Weihnachten war ich wieder in Ndanda. Auch wenn die Umstellung aus dem fröstelnden Grau des winterlichen Deutschlands ins heiße und üppig grüne Tansania meinen Körper herausforderte, konnte ich es kaum erwarten, wieder in unserem Konvent zu sein. Wie ich es angeregt hatte, fand zum ersten Mal ein gemeinsames Weihnachtsfest aller Angestellten und Schwestern mit einem großen Essen statt. Nie zuvor waren die 30 Mitarbeiterinnen und Mitarbeiter zum Fest mit uns an einem Tisch zusammengekommen und hatten beisammengesessen und gefeiert. Der Raum war geschmückt, aus dem Garten waren Christsterne und Bougainvilleen zu hübschen Gestecken arrangiert, auch eine Krippe war aufgebaut. Es war ein schönes Bild, wie Christen und Moslems gemeinsam mit uns Schwestern am Tisch saßen. Sr. Letisia gab eine Katechese zu Weihnachten und wir sangen gemeinsam Adventslieder. Die größte Überraschung des Tages war jedoch, als *wir Schwestern* plötzlich mit Geschenken bedacht wurden. *Sie bringen etwas für uns!* Über Jahrzehnte war es doch immer umgekehrt gewesen. Mir kamen vor Glück die Tränen. Jeder hatte etwas für uns mitgebracht, sei es eine Ananas, ein Stück Seife, einige Eier oder ein Bund Zwiebeln. Wir Benediktinerinnen füllten diese Gaben in Wäschekörbe und brachten sie in die Kapelle, wo wir sie vor dem Altar auslegten, um Gottes Segen zu empfangen. Dieses gemeinsame Fest veränderte unser Verhältnis und näherte uns einander an. Seitdem ist es an Weihnachten ein Ritual, gemeinsam zu feiern und die Gaben an die Benediktinerinnen in Wäschekörbe zu füllen.

*

Kaum hatte das neue Jahr begonnen, da kam der Pfarrer zu mir und fragte, ob wir nicht eine größere Geldspende hätten, um Mais für die Ärmsten zu kaufen. Der Regen hatte in diesem Jahr lange auf sich warten lassen und begann erst jetzt, spärlich zu tröpfeln. So würde die Ernte auf jeden Fall verzögert werden und sicher nicht gut ausfallen. Doch bis dahin würde es Hunger geben, weil die Vorräte aufgebraucht waren.

Die meisten Spenden, die in Tutzing für meine Projekte eingingen, waren zweckgebunden. Die Spender vermerkten zumeist, was sie sich wünschten: Bildungsarbeit, Kindergarten, Krankenhaus oder andere gezielte Projekte. Es gab aber auch Überweisungen ohne irgendeine feste Intention, sondern einzig mit dem Vermerk *Sr. Raphaela.* Durch mein großes Netzwerk an bekannten und unbekannten Spendern war ich in der Lage, dem Pfarrer fünf Millionen tansanische Shilling zu geben, damit er davon Mais und Bohnen kaufen konnte. Das waren umgerechnet über 2000 Euro. Es wurde zur Tradition, diese Summe alljährlich an Weihnachten Caritas zu geben, damit sie den Ärmsten der Armen Nahrungsmittel zukommen ließ.

UZIMA – Gemeinsam gegen HIV/Aids

Piet Hein Meckmann und ich überlegten fieberhaft, wie wir ein sinnvolles HIV/Aids-Projekt auf die Beine stellen konnten. Wir besprachen uns mit Pater Severin und Pater Silvanus, nahmen an einem Meeting der Gemeindevorstände teil und tauschten uns mit dem Krankenhaus aus, bis wir uns gemeinsam darauf einigten, ein Projekt auf Ebene der Großpfarrei aufzubauen. Das Einzugsgebiet umfasste 25 000 Menschen und wir bauten in Anlehnung an Catholic Aids Action in Namibia die verschiedenen Säulen auf: *Home-Based Care*, Jugendprävention und Waisenkinder. Unterstützt von Piet Hein – der sich von Anfang an für das Programm engagierte, ohne dass es von ihm als Administrator der Klinik verlangt wurde – begannen wir mit einer Phase der Sensibilisierung, die mehrere Monate in Anspruch nahm. Zunächst suchten wir nach Helfern für die häusliche Pflege von Aids-Patienten und hofften darauf, aus jeweils zehn Haushalten zwei Freiwillige zur Ausbildung zu rekrutieren. Dieses Konzept wurde zwar angenommen, aber bald meldete man zurück, es sei besser, die politischen Leiter der Gemeinden – und nicht nur die christlichen Vertreter der Basisgemeinden – einzuschalten: Eine glänzende Idee! So bekamen wir bald die Namen der ersten Auszubildenden: 50 Männer und 50 Frauen, noch dazu in etwa zur Hälfte Christen und Moslems. Besser konnte es nicht sein. In Namibia waren bei Weitem nicht so viele Männer involviert. Wir konnten mit der Ausbildung beginnen.

Leider ging es in der Landwirtschaft gleichzeitig auf die Phase der größten Arbeit zu, denn kurz vor der erwarteten Regenzeit müssen die Felder bestellt werden. Ausgerechnet da begannen wir mit dem Training, wohlgemerkt ohne Bezahlung, aber immerhin mit freier Verpflegung. Abends und morgens wurde zudem für den Transport der Freiwilligen gesorgt. Piet Hein und ich staunten und konnten kaum glauben, dass die Motivation so hoch war und wirklich fast alle immer kamen! Einige Tage nach Trainingsbeginn kam eine Abordnung zu uns: »Wir wollen weiterhin kommen, aber nun müssen wir andere Leute anstellen, damit sie für uns die Feldarbeit machen, und sie natürlich auch bezahlen. Wie sollen wir das schaffen? Wir haben doch kein Geld.« Wir einigten uns, dass sie nachmittags keinen Tee mehr bekamen und dafür das Geld in bar ausgezahlt wurde. Die Rahmenbedingungen des Trainings stammten von Catholic Aids Action und wurden nur geringfügig auf tansanische Verhältnisse verändert. Die Anfänge des Programms konnte ich von Spendengeldern bezahlen. Aber ich machte allen Beteiligten deutlich, dass ich selbst kaum Zeit ins Programm investieren konnte und eine Koordinatorin gebraucht wurde. *Voluntary Service Overseas* schickte uns Diane aus England, die diese Aufgaben wunderbar meisterte. Sie war mit ihren 60 Jahren nie zuvor in Afrika gewesen. Durch einen Crashkurs in Swahili konnte sie sich einigermaßen verständigen, aber für die vielen organisatorischen Dinge, die sie für uns erledigte, ging es vorerst auch auf Englisch. Diane ordnete den leidigen Papierkram, unterstützte Piet Hein bei seinen Aufgaben und formulierte Anträge und sie kümmerte sich um die Ausstattung der Helfer mit allem, was diese für ihre Arbeit benötigten. Es gab in Ndanda leider wirklich niemanden, der diese Aufgaben bewältigen konnte. VSO und Diane waren ausgesprochen hilfreich, zumal uns nur geringe finanzielle Belastungen entstanden. Die Pfarrei stellte uns kostenlos zwei Räume zur Verfügung. Später unterstützte uns *Interteam* aus der Schweiz durch kompetente Koordinatorinnen. Ich nahm immer auch eine jüngere Schwester zu den Schulungen der Helfer mit, damit sie die Arbeit kennenlernte und sie bald eigenständig durchführen konnte.

Unser Projekt brauchte selbstverständlich einen passenden Namen. Die Suche danach war eine Aufgabe, die ich gern übernahm, und so stellte ich rasch eine Liste mit Vorschlägen zusammen, die ich an Pater Silvanus weiterreichte. Er wählte *UZIMA Ndanda* aus, was sich mit *Fülle des Lebens in Ndanda* übersetzen lässt und auch mir persönlich am besten gefiel. Im katholischen Missionswerk missio und im Kindermissionswerk »Die Sternsinger« fanden wir zuverlässige und langfristige Partner, um ein fundiertes Programm auf die Beine zu stellen. Missio sagte uns für mehrere Jahre konstante finanzielle Hilfe zu, mit der wir die Aufwendungen für Transport, häusliche Pflege von Kranken, Präventionsarbeit, Mitarbeitergehälter, Weiterbildungsmaßnahmen und Kosten für Büromaterialien bezahlen konnten. Es waren bald 60 Ehrenamtliche ausgebildet und in die Lage versetzt, über 600 Patienten mit HIV/Aids oder anderen chronischen Krankheiten zu Hause zu betreuen.

Zum 1. Dezember, dem WeltAidsTag, veranstalteten wir einen festlichen Gottesdienst, in dessen Verlauf der Bischof jeden einzelnen Helfer vorstellte. Die Freiwilligen waren in weiße T-Shirts mit der roten Aids-Schleife gekleidet, Christen und Moslems gemeinsam. Und auch die Bürgermeister und Vorsteher aus den sechs UZIMA-Dörfern machten mit. Der tansanische Benediktiner Pfarrer Silvanus war ein ausgezeichneter Redner und verstand es auch an diesem Tag, die Leute zu begeistern. Und was das Schönste war, ich blieb ganz im Hintergrund, sodass die Leute sagen konnten: *Wir haben alles selber getan.* An diesem Tag boten wir auch kostenlose Teste an und es ließen sich tatsächlich 49 Menschen testen, von denen leider fünf ein positives Ergebnis mitgeteilt bekamen. Kurz nach dem Start von UZIMA wurden bereits mehr als 150 Menschen mit antiretroviralen Medikamenten im St. Benedict's behandelt: ein großer Fortschritt, wenn man die Lage im Vorjahr bedachte. Die Kooperation zwischen UZIMA und dem Krankenhaus – nur dort gab es die notwendigen Medikamente – lief sehr gut. Gegenseitig überwies man sich Patienten.

UZIMA entwickelte sich weiter, und neben Beratungen in den Räumen des Pfarrhauses gab es bald spezielle Clubs an Schulen, eine Radiosendung, in der Infizierte zu Wort kamen, und ein Aufklärungsprogramm, das später von über 350 Jugendlichen getragen wurde. Das Projekt für Waisen und Kinder in schwierigen Situationen, *Most Vulnerable Children* (MVC), liegt uns dabei bis heute besonders am Herzen. Dort kümmert man sich um die *Verletzlichsten* in der Kette der von Aids Betroffenen, die *Kinder.* Für dieses Projekt bekommen wir den Großteil der finanziellen Unterstützung vom Kindermissionswerk aus Deutschland. Zudem fließen zusätzlich Gelder von privaten Spendern in klar definierte Projekte. MVC ist über die Jahre stetig gewachsen und betreut derzeit

350 Kinder und ihre Bezugspersonen, darunter 75 Großmütter. Getragen wird die Arbeit heute von einer hauptamtlichen Sozialhelferin und 29 ausgebildeten Ehrenamtlichen, die eine kleine Aufwandsentschädigung für ihre Arbeit bekommen. Bei UZIMA bin ich *nur* als Vorsitzende und Supervisorin aktiv. In dieser Funktion studiere ich die Berichte der Mitarbeiterinnen und Mitarbeiter und begleite sie gelegentlich bei ihren Besuchen in den Hütten.

So lernte ich auch Jerome kennen, der einige Monate zuvor nach Ndanda gekommen war. Seine Frau war in der Hauptstadt an Aids gestorben. Jerome war querschnittsgelähmt und HIV-positiv, aber seine Blutwerte waren bei unserer ersten Begegnung noch in einem Bereich, der nach den hier üblichen Richtlinien keine Einnahme von Aids-Medikamenten erforderte. Nach dem Tod seiner Frau suchte er nun Zuflucht bei seiner Familie auf dem Land und war zurück nach Ndanda gekommen. Er brachte Anastasia mit, sein einziges Kind. Als ich in die Hütte trat, schaute das kleine Mädchen mich mit strahlenden Augen an. Ich sah ihre dünnen Ärmchen und den aufgeblähten Bauch, der von dem Hunger zeugte, den sie gelitten haben musste. Ein winziges und bemitleidenswertes Mädchen, das ich auf fünf Jahre schätzte, aber dann hörte ich, dass sie schon neun war. Anastasia und ich plauderten eine Weile miteinander, und schließlich verriet sie mir ihren größten Wunsch: »Ich möchte zur Schule gehen.«

»Aber natürlich, Anastasia. Wenn du gesund bist, wirst du zur Schule gehen.«

Die UZIMA-Mitarbeiterin nickte, Anastasia würde sich sicher erholen, wenn sie regelmäßig Medikamente bekam. Sie und ihr Vater waren vor Kurzem ins Programm aufgenommen worden.

»Darauf freue ich mich«, sagte sie.

Ich schaute mich in der einfachen Behausung um und war tief beeindruckt, wie gut und selbstverständlich die Familie diese beiden zusätzlichen Esser aufnahm und für sie sorgte. Jerome lag auf einem sauberen Betttuch und war offensichtlich gewaschen worden. Natürlich gab es in dieser grasgedeckten Hütte weder Wasser noch Strom. Es waren arme Menschen, aber reich in gelebter christlicher Liebe. Durch UZIMA bekam die Familie nun regelmäßig Maismehl und Milchpulver, um der Familie beim Aufpäppeln des kleinen Mädchens zu helfen. Unsere Mitarbeiterin behielt die Entwicklung stets im Auge.

Piet Hein Meckmann blieb drei Jahre in Ndanda, bis sein Vertrag auslief und er zurück in die Niederlande ging. In dieser Zeit hat er sich nicht nur hervorragend um die Buchhaltung im Krankenhaus und bei UZIMA gekümmert, sondern auch um alle Budgets, die sich aus den unterschiedlichen Anträgen ergaben. Jahre später bekam UZIMA sogar eine eigene Website: www.ndanda.net/uzima/

Mama Priori und die jungen Schwestern

Sr. Febronia machte ihre Aufgabe sehr gut. Immer wieder meldeten sich junge Mädchen bei uns, die sich den Konvent anschauen wollten. In Ndanda konnten wir zwar keine Ordensschwestern ausbilden, denn weder hatten wir eine Novizenmeisterin noch ausreichend Unterkünfte für Anwärterinnen, aber sie durften sich alles anschauen und an den sogenannten Look-and-Listen-Seminaren von Sr. Febronia in Nyangao teilnehmen. Sie konnten eine Weile bei uns bleiben, am Gebet und an unserem Leben teilhaben und mithelfen. Wir boten Vorträge an und wer weiteres Interesse zeigte, wurde zu einem persönlichen Gespräch gebeten. In einem nächsten Schritt begleitete Sr. Febronia die jungen Mädchen auf dem weiten Weg nach Peramiho, wo sie als Aspirantinnen aufgenommen wurden, denn nur dort war eine Ausbildung möglich. Nur zweimal während ihrer mehrjährigen Ausbildung kamen sie zu uns nach Ndanda, zunächst als Postulantin im zweiten Jahr ihrer Ausbildung und dann noch einmal als Novizin. Diese Aufenthalte nannten sich apostolic activity und waren zeitlich auf fünf bis sechs Monate innerhalb der viereinhalbjährigen Ausbildung befristet. In dieser Zeit übernahmen die jungen Frauen unterschiedlichste Aufgaben und wurden dabei auch evaluiert. Ich führte Einzelgespräche mit den Mitschwestern über die Postulantinnen und Novizinnen. Darin ging es häufig um praktische Fragestellungen: »Wie kann man mit ihr arbeiten? Nimmt sie Belehrungen an? Hat sie Widerworte? Ist sie eifrig mit dem Gebet? Ist sie gemeinschaftsfähig?«

Selbstverständlich sprach ich auch immer persönlich mit den jungen Frauen und es gab Extrameetings mit der Hausgemeinschaft, bei denen alle befragt wurden: »Was habt ihr Positives über ›Maria‹ zu berichten? Fügt sie sich in die Gemeinschaft ein? Was habt ihr Negatives zu berichten? In welchen Bereichen muss sie sich verbessern?«

Manchmal ging es dabei um banale Dinge. Auch wenn die Novizinnen zum Beispiel gelernt hatten, wie sie ausfegen sollten, blieb der Dreck bei einigen doch in der Ecke liegen. So etwas geht nicht. Jahre später habe ich sogar zwei Jungprofessen nach Hause geschickt. Das war eine schwere Entscheidung, denn eine von ihnen war zu jenem Zeitpunkt schon sechs Jahre bei uns. Fleiß ist ein wichtiges Kriterium. Wer den ganzen Tag in seinem Zimmer sitzt, kann keine Ordensfrau sein! Es bleibt immer auch zu prüfen, ob eine junge Frau aus freien Stücken zu uns kommt oder ob die Familie sie geschickt hat. Manche erhoffen sich durch den Orden eine akademische Ausbildung für ihre Töchter, die sie sich selbst nie leisten könnten.

Obgleich ein Großteil der Ausbildung in Peramiho stattfindet, kamen *unsere* Novizinnen zum Ablegen ihrer Gelübde nach Ndanda und blieben dann auch bei uns.

*

Im katholischen Kirchenjahr gibt es einen Sonntag im Zeichen der geistlichen Berufe mit entsprechender Gestaltung der Gottesdienste. Einmal dachte ich sofort an unsere beiden Postulantinnen, die gerade zu ihrem Praktikum bei uns weilten. Sie könnten doch im Gottesdienst in der Pfarrkirche von ihrer Berufsgeschichte erzählen. Für junge afrikanische Schwestern kann ein solches öffentliches Auftreten eine große Herausforderung sein, denn traditionell sind junge Frauen nicht gerade diejenigen, die ihre Stimmen vor einer versammelten Menge erheben. Trotzdem, oder gerade deswegen, animierte ich die beiden dazu. Vielleicht trauten sie sich nicht, ihrer

Priorin diese Bitte zu *verweigern,* aber um den Druck zu mildern, versprach ich ihnen, dem Gottesdienst fernzubleiben.

Ja, ich war wirklich dankbar für die Aufgaben einer Priorin, weil ich immer mehr Verantwortung für die spirituelle Leitung der Ordensgemeinschaft übernahm. Hatte ich die Regel Benedikts doch viele Jahre zu den Akten gelegt, so kam ich nun immer stärker darauf zurück und lernte Benedikts Weitsicht mehr denn je schätzen. In seiner Regel verweist er ausdrücklich darauf, die Jüngeren anzuhören, denn oft zeigt der Heilige Geist den Jüngeren, was besser ist, wie es im 3. Kapitel heißt. Das habe ich versucht zu beherzigen. Dazu gehörte auch, die jungen Schwestern mit herausfordernden Aufgaben zu betrauen. Am Abend des *Sonntags der geistlichen Berufe* fragte ich die beiden Postulantinnen nach ihren Erlebnissen. Wir saßen gemeinsam in der Rekreation, in unserem zwanglosen Gemeinschaftsraum mit dem Fernseher und der kleinen Bibliothek. Beinah schüchtern schauten sie zu Boden und ich musste sie erneut animieren.

»*Mama Priori,* es war aufregend. Ich habe noch nie vor anderen Menschen gesprochen ... ich meine ... nicht vor Fremden, vor fremden Frauen und Männern. Zuerst wusste ich nicht, was ich sagen sollte, aber dann wurde es immer besser«, sagte schließlich eine der beiden.

»Bei mir war es genauso. Am Ende sagten manche, ich solle wiederkommen. Was ich gesagt hätte, wäre spannender gewesen als eine normale Predigt«, meinte die andere und schmunzelte.

»Das freut mich für euch. Seht ihr, es ist gar nicht so schlimm, vor anderen zu sprechen. Ich bin froh, dass ihr diese Erfahrung gemacht habt.«

Problematisch war oft die Schulbildung der angehenden Aspirantinnen. Wir nehmen nach wie vor nur Schwestern auf, die einen Schulabschluss haben, der dem Realschulabschluss entspricht. Der Nachwuchs kam in den letzten Jahren in immer größerer Zahl, manche auch von der Aquinas Schule. Im September 2011 wurden sogar acht Aspirantinnen zu Postulantinnen. Und ich kann nicht genug danken, dass immer mehr junge Frauen bereit sind, dem Ruf Christi zu folgen. Nur so können wir hier in Tansania weitermachen. Im selben Jahr bereiteten sich acht Novizinnen auf die ersten Gelübde vor – aber leider hatte keine von ihnen eine Berufsausbildung. Der Mangel an gut ausgebildeten Schwestern, die beispielsweise selbst in die Lehrtätigkeit einsteigen können, war und ist ein großes Problem für uns. Den Werdegang einer unserer ersten Aspirantinnen konnte ich als Priorin von ihrem Eintritt bis zu ihrem katechetischen Diplom in Nairobi verfolgen, das zwei Jahre dauerte und in Englisch unterrichtet wurde. Sr. Agnes hat mich sehr beeindruckt, eine mutige Frau, die ohne Zögern ihren Führerschein machte und später auch bereit war, eine anspruchsvolle Aufgabe fernab unseres Konvents zu übernehmen.

Bildung für viele

Meine vielen Gedanken an ein Bildungsprogramm empfand ich zunehmend wie eine erneute Eingebung des Herrn. So wie ich in Namibia im Kampf gegen Aids engagiert war, sollte ich es im Süden Tansanias vielleicht im Bildungssektor sein. Hier können wir Missions-Benediktinerinnen die Entwicklung einer ganzen Region *maßgeblich* vorantreiben, dachte ich. Nur fehlten dazu eine Menge Voraussetzungen. Den Menschen des Südens eilt der Ruf voraus, nicht besonders arbeitsam zu sein. Einzig für die Kunst des Holzschnitzens sind die Südtansanier auch im Norden *berühmt*. Am gravierenden Bildungsmangel musste sich doch etwas ändern lassen! Der Hafen von Mtwara wurde immer lebendiger und es siedelten sich Menschen aus dem Hinterland an der Küste an. Doch kaum jemand von ihnen hatte irgendeine Art von Ausbildung, um in halbwegs modernen Betrieben zu arbeiten. Ich grübelte und plante und dachte an eine wirklich größere Sache: Ein Mädcheninternat! Aber wo anfangen? Und vor allem, wie? Einen Antrag für den Bau einer Schule zu stellen, war eine Sache, aber ein größeres Bildungskonzept mit einer weiterführenden Schule und Unterbringungsmöglichkeiten für Schülerinnen eine andere. Das Mädcheninternat schwirrte mir ständig durch den Kopf. Bei einem meiner nächsten Treffen mit dem Bischof erwähnte ich diese Gedanken.

»Bischof Gabriel, ich habe neuerdings eine Vision, wie ich es nenne. Möglicherweise ist es auch eine Eingebung des Herrn. Mir schwebt vor, etwas für die Bildung in der Region zu tun, etwas Umfangreiches.«

Im gesamten Südosten des Landes gab es keine konfessionsübergreifende Privatschule und die staatlichen Schulen waren schlecht ausgestattet. Die ehemalige Kolonialstadt Lindi war heruntergekommen, Mtwara war der einzige Ort, wo man von Entwicklung reden konnte und es Neuansiedlungen gab. Der Flughafen in Lindi existierte nicht mehr, sondern war nach Mtwara verlegt worden, wohin wir von Ndanda aus über eine 160 Kilometer lange und durchgehend asphaltierte Straße gelangten.

»Ja, das wäre schön, wenn Sie sich mehr um Bildungsprogramme kümmerten, *Mother Prioress*. Es ist ein Jammer, wie schlecht die Jugend ausgebildet wird. Ganz sicher ist es *Gottes Wille,* wenn das geschieht«, sagte der Bischof, jedoch ohne ein konkretes Angebot zu unterbreiten. Womit ich beginnen sollte und was zu tun sei, wusste ich noch nicht. Gelder gab es vonseiten der Diözese ohnehin keine. Genau wie Bischof Bruno in Lindi verfügte auch Bischof Gabriel nur über ein bescheidenes Auskommen und bekam keinerlei staatliche Unterstützung. Er hatte ein kleines Auto, das er meist selbst fuhr. Einen Fahrer gönnte er sich nur selten, obwohl die Straßen schlecht und gefährlich waren. Ordensschwestern führten ihm den Haushalt. Da er sich vornehmlich für die Landwirtschaft interessierte, ließ er es sich nicht nehmen, mich noch während unseres Gesprächs auf seine unterschiedlichen Bananensorten im Garten hinzuweisen. Später merkte ich, dass er auch an der Hühnerzucht interessiert war. Ein Mann vom Lande, der sich in seinem Garten am wohlsten fühlte und nie ein Wort zu viel von sich gab.
»Ich habe keine Schwestern, um ein größeres Programm auf die Beine zu stellen. Ich habe kein Land, und ich habe kein Geld!«, erklärte ich energisch.
Außerdem mangelte es an ausgebildeten Lehrern, von höherer Bildung keine Spur. Bis vor einigen Jahren lebte man hier in einem beinah *vergessenen* Gebiet Tansanias. Und noch immer existiert

keine durchgehend asphaltierte Straße von der Hafenstadt Mtwara zur Hauptstadt Dar-es-Salam, 500 Kilometer entfernt im Norden. Die Region hinkt in allem hinterher. »Land kann ich zur Verfügung stellen. Es gibt da ein Stückchen am Stadtrand, das sich für eine Schule eignen würde«, sagte der Bischof, was mich zu jenem Zeitpunkt nicht wirklich weiterbrachte. Auf dem Nachhauseweg schaute ich mir das Grundstück an, reinstes Buschland, vollkommen unerschlossen, aber immerhin verkehrsgünstig gelegen. Wer wusste schon, was die Zukunft brachte?

*

Das Grundstück ging mir nicht mehr aus dem Kopf. *Ein Herz für Kinder* signalisierte Unterstützung bei der Realisierung des Traums von einer Schule, auch wenn noch kein Antrag gestellt werden konnte, denn außer Visionen gab es nichts Konkretes, keinen Plan, keinen Kostenvoranschlag, keine Verbündeten, kein Personal, nichts, bis auf eine Stadt mit 150 000 Einwohnern, in der es gehörig an Bildung mangelte. Während mir die Vision durch den Kopf spukte, hatte sich schon geraume Zeit vorher eine Gruppe katholischer Laien zusammengefunden, um eine weiterführende Schule zu eröffnen. Die Eltern waren mit Enthusiasmus dabei, um ausreichend Plätze für ihre eigenen Kinder zu schaffen, in einer Schule, die nach der siebenjährigen Grundschule einsetzte und offen für alle Konfessionen sowie für Jungen und Mädchen war. Eine Tagesschule ohne Internat. Die Eltern glaubten, die finanziellen Mittel für den Bau aus den vier Pfarreien der Region Mtwara aufzubringen. Als wir uns kennenlernten, existierten bereits zwei Parallelklassen mit je 45 Schülern und Schülerinnen der achten Klasse, die in den beengten Räumen einer Pfarrei untergebracht waren. Mit jedem Jahr sollte ein Jahrgang hinzukommen, um bis zum Jahr 2008 alle vier Sekundarstufenjahrgänge komplett zu haben. Ein großes Ziel, gemessen an den Mitteln der Eltern und der Pfarrei. Für die Schule gab es bereits einen Namen: Aquinas Secondary School, nach Thomas von Aquin.

Der Staat wünschte sich zwar weiterführende Schulen und motivierte die Kirchen auch zum Bau, Mittel stellte er jedoch keine zur Verfügung, weder für Baumaterial noch für laufende Kosten oder

Lehrergehälter. In Mtwara existierten neben den staatlichen Schulen bis dato zwei muslimische Sekundarschulen, zwei Colleges zur Lehrerausbildung und eine Privatschule von Adventisten. *Ruft uns Gott, damit wir uns noch stärker im Erziehungswesen einsetzen?* Diese Frage ließ mich nicht mehr los, obwohl ich einen Teil meiner Kräfte für UZIMA einsetzte und als Priorin alle Hände voll zu tun hatte. Doch der Ruf war so stark, dass sich aus meiner Vision ein Plan entwickelte. Es begann eher klein, indem wir einen überschaubaren Neubau für die Aquinas Schule der katholischen Eltern auf dem Grundstück der Diözese unterstützten. 2006 war der erste Spatenstich auf dem weiten Buschland getan, das noch sehr ungastlich wirkte, aber doch ein enormes Potenzial bot. *Ein Herz für Kinder* finanzierte unseren Traum.

Am Sterbebett

Meine Mutter wusste, dass die Konstitutionen meines Ordens es mir erlaubten, jederzeit an ihr Sterbebett zu reisen. Bei meinem letzten Besuch im Alten- und Pflegeheim in Nottuln, in dem sie seit einigen Jahren lebte, hatte sie sich mit einem Wunsch von mir verabschiedet. Damals war sie fast 90 Jahre alt, eine zarte Person, die keine Freude mehr am Leben zeigte.

»Ursula, ich möchte dich um etwas bitten. Das habe ich nicht häufig getan, aber jetzt muss es sein. Ich bin alt und werde nicht mehr lange leben. Bitte komme rechtzeitig zurück aus Tansania, bevor ich für immer gehen muss. Tue es für mich und für Annette. Lass deine Schwester nicht allein. Wenn du es nicht rechtzeitig an mein Sterbebett schaffst, dann komme wenigstens zu meiner Beerdigung«, sagte sie und ich wusste, was sie mir damit sagen wollte.

Seit vielen Jahren hatte meine jüngere Schwester sich fast allein und sehr liebevoll um alles gekümmert. Sie hatte unsere Mutter zu ihrer Familie nach Iserlohn geholt, nachdem sie aus Unachtsamkeit beinah ein Feuer in ihrem Haus entfacht hatte. Aber in der Fremde kam unsere Mutter nicht zurecht. Die vertraute Umgebung und die bekannten Gesichter aus dem Ort fehlten ihr. Annette versuchte alles, um ein Zimmer im Nottulner Pflegeheim zu bekommen, was nicht einfach war. Schließlich gelang es doch und unsere Mutter zog zurück in unseren Heimatort. Fortan besuchte Annette sie so oft, wie sie konnte, und fuhr die Strecke von knapp 100 Kilometern mehrmals in der Woche. Sie sorgte sich um alles, ganz so, wie sie es auch schon für unseren Vater getan hatte. Zur seiner Beerdigung war ich damals nicht gefahren, denn zu jener Zeit stand ich von morgens bis abends im Operationsraum des St. Walburg's Hospitals in Nyangao und konnte mir nicht vorstellen, meine Patienten sterben zu lassen, um zum Begräbnis meines Vaters ins ferne Deutschland zu reisen.

*

Es war ein Abend wie die meisten in Ndanda, heiß und schwül. Wir hatten die Komplet gebetet und alle begaben sich im strengen Silentium in ihre Zellen. Es dauerte eine Weile, bis mein Computer hochgefahren war und ich in meine E-Mails schauen konnte. Als ich Annette als Absender im Postfach sah, stiegen sofort Befürchtungen in mir auf. *Es geht zu Ende,* stand dort geschrieben. Unsere Mutter lag zum denkbar ungünstigsten Zeitpunkt im Sterben, falls es dafür überhaupt einen günstigen Zeitpunkt geben kann. Ich steckte in den Vorbereitungen zum Prioratskapitel, von den Aufgaben bei UZIMA und dem Bau der Aquinas Schule ganz abgesehen. Was sollte ich nur machen? Noch einmal las ich Annettes Zeilen: *Bitte komme, so schnell es geht, nach Nottuln. Das ist auch Mutters Wunsch.*

Sofort ging ich zu meiner Subpriorin und übersetzte ihr die E-Mail.

»Was soll ich nur machen?«, fragte ich sie.

»Sieh zu, dass du noch nach Hause kommst, bevor sie stirbt!«, sagte Sr. Gonzaga nur.

»Meinst du wirklich? Aber was wird aus dem Prioratskapitel und der vielen Arbeit? Die Pläne für die Baumaßnahmen müssen doch besprochen und abgestimmt werden. Ich muss doch dabei sein.«

Sr. Gonzaga schaute mich verständnislos an. Im selben Moment hatte ich einen Geistesblitz und ich gab mir einen Ruck, den ich mir zuvor kaum selber zugetraut hätte. Warum nicht einfach das Kapitel verschieben, um nach Deutschland reisen zu können?

»Es geht um deine Mutter! Um ganz ehrlich zu sein, möchte ich dir jetzt etwas sagen. Wir Tansanierinnen denken oft, ihr Deutschen habt überhaupt keine Gefühle! Auch wenn ihr glaubt, wir kommen alle irgendwann ins Himmelreich, so ist es kein *überflüssiges Theater,* wie du es manchmal bezeichnest, wenn man Hals über Kopf um die halbe Welt reist, um einen sterbenden Angehörigen auf dem letzten Weg zu begleiten. Das Prioratskapitel verschieben wir, bis du wiederkommst«, sagte sie mit einer Eindringlichkeit, die keine Widerrede duldete. Ich brach in Tränen aus und Sr. Gonzaga nahm mich in den Arm. Am nächsten Morgen fuhr ich in aller Herrgottsfrühe nach Mtwara, bekam dort einen Flug nach Dar-es-Salam und ergatterte tatsächlich noch am selben Tag einen Platz nach Düsseldorf.

*

Unsere Mutter war furchtbar unruhig, und während sie sich immer wieder hin- und herwälzte, versuchten die Krankenschwestern alles, um ihr zu helfen. Vergeblich. Sie erkannte mich, und irgendwann konnte sie auch durch passende Medikamente ein wenig zur Ruhe kommen. Unter Tränen begleiteten Annette und ich sie auf ihrem letzten Weg. Wir beteten und hielten ihre Hände. Spät am Abend fuhr meine Schwester nach Hause zu ihrer Familie und ich wachte allein weiter. Man stellte mir eine Liege an das Bett unserer Mutter und ich war unsagbar froh, rechtzeitig eingetroffen zu sein. An den ersten beiden Tagen nach meiner Ankunft war unsere Mutter noch in der Lage, die Krankenkommunion von mir zu empfangen. Als Katholikin glaubte sie daran, dass Jesus Christus in der Eucharistie gegenwärtig ist. Und so holte ich eine Hostie aus dem Tabernakel der Krankenhauskapelle und spendete ihr die Krankenkommunion. Es gab mir ein gutes Gefühl, so nah bei ihr zu sein und das Sakrament der Eucharistie mit ihr zu erleben und für sie zu beten. Am dritten Tag hatte ich das Gefühl, sie würde mich nicht mehr erkennen. Manchmal kamen mir die Tränen, oft hielt ich ihre Hand. Es war ein mildes Frühjahr, draußen blühten Tulpen, weshalb mir ein altes Frühlingslied in den Sinn kam, das ich ihr vorsang.

Der Winter ist vergangen, ich seh' des Maien Schein,
ich seh' die Blümlein prangen, des ist mein Herz erfreut.
So fern in jenem Tale, da ist gar lustig sein,
da singt Frau Nachtigalle und manch Waldvögelein …

Der Gesang schien ihr gutzutun, und so stimmte ich weitere Volkslieder und Kirchenlieder an, die ich noch aus Kindheitstagen kannte. Annette kam jeden Tag aus Iserlohn und fuhr abends wieder heim. In der sechsten Nacht merkte ich, dass der Atem unserer Mutter immer langsamer und unregelmäßiger wurde. Dann war es ganz still. Ich empfahl sie wieder in Gottes Hand und sie ging in Frieden heim. Bis zum Morgen war ich allein mit ihr.

Annette hatte bereits alles für die Beerdigung vorbereitet, und wir mussten nur noch das Requiem bestellen. Lisa kam aus Düsseldorf und leistete Beistand. Mutter hatte uns ein geistliches Testament hinterlassen, das wir bei ihrer Beerdigung vorlasen. Darin bat sie besonders ihre Kinder, Enkel und Urenkel, den Glauben an Jesus Christus nicht zu verlieren und für sie zu beten. Bevor ich einige Tage später zurück nach Afrika flog, saßen Annette und ich beisammen, wann immer es passte, und wir unterhielten uns, wie wir es lange nicht getan hatten. Der Tod unserer Mutter ließ uns enger zusammenrücken. Wir dachten an unsere Kindheit und erzählten uns alte Geschichten.

»Einmal bin ich unglücklich gestürzt, ich muss vier oder fünf Jahre alt gewesen sein«, sagte meine Schwester. »Mein Knie war blutig. Als Mutter mich schreien hörte, kam sie gelaufen und nahm mich in den Arm. Sie hielt mich fest und tröstete mich. So nah war sie mir selten gekommen. Es ist eine meiner schönsten Erinnerungen an unsere Mutter. In jenem Moment war sie so liebevoll und zärtlich.«

Selbst über ein halbes Jahrhundert nach dieser mütterlichen Trostspende für meine Schwester war ich beinah neidisch auf Annette. Einmal hatte ich versucht, mit meiner Mutter ein persönliches Gespräch über meine Kindheit zu führen. Das musste 1995 gewesen sein, als ich nach meinem Sabbatjahr und dem mehrmonatigen Aufenthalt im St. Anselm Institute zu einem Besuch nach

Nottuln gekommen war. Ein einziges Mal nur wollte ich über diese Jahre und über ihre reduzierten Emotionen sprechen. Zu jenem Zeitpunkt war sie bereits älter als ich heute. Doch ich sah schnell ein, dass es keinen Sinn machte, über diese Themen zu reden, und so ließ ich die Vergangenheit ruhen. Anni Händler, unsere Mutter, die uns als Kinder nicht küssen und streicheln konnte, starb im Alter von 90 Jahren.

Im März 2007 war ich wirklich froh, rechtzeitig aus Afrika an ihrem Sterbebett eingetroffen zu sein. Meine Mutter hinterließ ein Sparbuch mit etwas Geld für ein Projekt in Tansania. Davon gründete ich den *Anna-Fonds*, eine Möglichkeit für begabte Schülerinnen der Aquinas Schule, ein Stipendium zu erhalten. Das Kapital des Fonds in Euro wird dabei nicht angetastet. Die Zahl der Stipendien pro Jahr hängt ab vom Einkommen des Fonds und der Höhe der Schulgebühren in Shilling. Jedes Jahr im Januar entscheide ich mit zwei anderen Schwestern darüber, wie viele Mädchen unterstützt werden können. Nach der Gründung waren es zunächst vier Mädchen, aber es wurden immer mehr, weil Freunde unserer Familie und auch Unbekannte weiteres Geld in den Anna-Fonds einzahlten. Über 30 tansanischen Mädchen hat er inzwischen schon zu einer höheren Bildung und einem Aufenthalt im Internat verholfen. Manch eine von ihnen wird eine bessere Zukunft haben und vielleicht sogar einen akademischen Beruf anstreben, was ohne ein Stipendium im Süden Tansanias für die allermeisten Familien unvorstellbar wäre.

Das Prioratskapitel tagt

Es war alles vorbreitet, um gleich nach meiner Rückkehr das Prioratskapitel einzuberufen. Dies ist ein Gremium aus gewählten Schwestern, deren Anzahl je nach Priorat variiert. In Ndanda sind beinah die Hälfte aller Ewigen Professen darin vertreten. Jede Schwester kann Anträge stellen, entweder einzeln oder in Absprache mit anderen. Über die Anträge wird ausgiebig diskutiert und schließlich in geheimer Abstimmung beschlossen.

Mein Antrag betraf umfangreiche Baumaßnahmen im Bildungsbereich. Ich träumte weiterhin von einem Mädcheninternat, aber
auch von einer Oberschule bis zur Hochschulreife, einem englischsprachigen Kindergarten und einer ebenfalls englischsprachigen
Grundschule sowie einem Wohnheim für Studentinnen, in dem
jene jungen Frauen wohnen könnten, die am neu gegründeten
katholischen College studierten. Die katholische Universität in
Mwanza plante eine Zweigstelle in Mtwara, die sich sogar zu einer
Universität entwickeln sollte. Wir diskutierten intensiv und benötigten zwei verlängerte Wochenenden, um sämtliche Eingaben aller
Schwestern zu bearbeiten. Es kam zu einem gemeinsamen Beschluss
für sämtliche Baumaßnahmen. Bei einem Projekt dieser Größen-
ordnung wurde selbstverständlich auch das Generalat in Rom involviert. Alle gaben grünes Licht.

Nun waren wir also innerhalb der Kongregation und auch mit
Bischof Gabriel Mmole zu einer Entscheidung gekommen. *Ja, wir
packen es ganz groß an!* Ein gewaltiges Bauprojekt, das die Millio-
nen-Euro-Grenze überschritt. Diese Summe war notwendig für
acht Klassenzimmer der Aquinas Schule, naturwissenschaftliche
Räume, Administration und einen Toilettenblock. Pater Witmar
Metzger aus Ndanda hatte bereits im Vorjahr als Architekt und
Bauleiter mit der Planung und den ersten Schritten zur Umsetzung der Aquinas Schule begonnen. In Zukunft gab es wesentlich
mehr zu tun! Der Pater plante drei Bauphasen, der Grundstein
war gelegt und weit fortgeschritten. Für die zweite Baustufe waren
ein Schwesternkonvent und ein Internat für Mädchen geplant.
Pater Witmar hatte mich darauf aufmerksam gemacht, wie wichtig
ein Konvent auf dem Gelände sei, weil unsere Schwestern, die in
der Schule tätig waren, sonst jeden Tag die sechs Kilometer vom
St. Scholastica Convent pendeln müssten. Keine besaß einen
Führerschein, Benzin und Fahrer waren teuer. Meine regelmäßige
Aufforderung, doch bitte einen Führerschein zu machen, blieb
leider ungehört. Der Verkehr in Tansania ängstigte ebenso wie
Pythons und andere gefährliche Tiere. Kaum eine Schwester war
erpicht darauf, sich dieser Gefahr hinterm Steuer auszusetzen. Da
konnte ich so viel reden, wie ich wollte. Für die dritte Baustufe

waren eine Aula mit Bibliothek, Sportplätze und Lehrerhäuser geplant.

Das größte Bauprojekt meines Lebens! Ich war so froh, in Namibia bereits einige Erfahrungen auf Baustellen gesammelt zu haben. Stundenlang befasste ich mich mit den Plänen von Pater Witmar und äußerte Änderungswünsche. Es war enorm aufregend. Was würde solch ein Projekt in Deutschland kosten? Wie viele Millionen würde es verschlingen? Bei uns wurde einfach, aber stabil gebaut. Als einzige Maschine stand den Arbeitern ein Betonmischer zur Verfügung. Die Dachstühle, Türen und Fenster wurden vor Ort hergestellt. Anfangs gab es keinen Wasseranschluss und Tankwagen brachten Wasser zum Mischen des Betons herbei. Immerhin verlegte die Stadt irgendwann im Laufe der ersten Bauphase einige Rohre.

Ehe ich mich versah, verbrachte ich einen gehörigen Teil meiner Zeit auf der Baustelle, die sich leider 160 Kilometer entfernt von Ndanda befand. Bei einem Blick auf die Kosten wurde mir oft ein wenig schwindelig, denn anfangs waren nur 60 Prozent gedeckt und in meinen Rundbriefen und im folgenden Adventsbrief *bettelte* ich mehr denn je: *Bitte, bitte helft weiter, die Unwissenheit zu bekämpfen und besonders jungen Frauen eine Lebenschance zu geben. Dankbar wünscht eine gesegnete Weihnacht und ein gesundes neues Jahr, Sr. Raphaela Händler.*

Unser erster Schulleiter war ein pensionierter Tansanier mit viel Erfahrung. Doch mit jedem Jahrgang wurden zusätzliche Lehrkräfte benötigt. Die Unterrichtssprache in weiterführenden tansanischen Schulen war Englisch. Im Vergleich zu anderen Sekundarschulen in der südlichen Zone Tansanias schnitten wir bei den Prüfungsergebnissen im Januar 2008 bereits vielversprechend ab. Aber noch standen wir am Anfang und in allen Bereichen musste verbessert werden. Viele unserer Schülerinnen und Schüler kamen ohne irgendeine Mahlzeit in die Schule. Nach Schulschluss mussten sie im Haushalt und auf dem Feld helfen und bekamen erst am Abend die erste Mahlzeit. Erst dann machten sie ihre Hausaufgaben, obwohl viele kein elektrisches Licht und sicherlich kein eigenes Zimmer besaßen. Trotzdem zeigten die meisten eine hohe Lernmotivation.

Im Januar 2008 waren wir sehr stolz, als mit Beginn des neuen Schuljahres alle Klassen auf das neue Schulgelände der Aquinas Schule zogen. Alle acht Klassenzimmer waren fertiggestellt, ferner ein Gebäude für die Administration, der Wasserturm, zwei unterirdische Wassertanks, eine Klärgrube, naturwissenschaftliche Räume. Bald sollte es auch einen Computerraum geben, für den uns 50 gebrauchte Computer aus Irland zugesagt wurden. Am Patronatsfest des Heiligen Thomas von Aquin feierten wir einen Eröffnungsgottesdienst mit Bischof Gabriel Mmole, den Schülern, Eltern, Lehrern, dem Aufsichtsrat und einigen Regierungsvertretern. Mir hatte zwar eine reine Mädchenschule vorgeschwebt, aber für den nächsten Bauabschnitt war bereits ein Mädcheninternat geplant. Die Zahl der Jungen sollte sich später reduzieren, da die Abtei eine eigene Jungenschule in Ndanda baute.

Ich war immer unbeschreiblich glücklich, wenn ich die vielen Jungen und Mädchen mit ihren kurz geschorenen Haaren und in ihren Schuluniformen auf dem Gelände sah. Sie trugen gelbe Hosen zu weißen Hemden, oder gelbe Röcke zu weißen Blusen. Gelb ist die Farbe des Vatikans und sie war von den Eltern ausgewählt worden. Die Disziplinierung der Jugendlichen und das pädagogische Konzept der Lehrkräfte waren nicht immer nach meinem Geschmack, aber leider führten die meisten Direktoriumssitzungen zu diesem Thema zu keinem befriedigenden Ergebnis. Ich war in meinem ganzen Leben nie geschlagen worden und lehnte dieses *Erziehungsmittel* strikt ab.

Der Bau war großzügig bezuschusst worden, doch zum Unterhalt der Schule blieb als einzige verlässliche und dauerhafte Geldquelle nur das Schulgeld von etwa 230 Euro pro Kopf im Jahr für die Tagesschule. Später, als die Internatsschüler hinzukamen, zahlten diese 500 Euro im Jahr.

Wir brauchten dringend weitere Schwestern, die unterrichten konnten, nicht zuletzt angesichts der steigenden Lehrergehälter, die wir uns kaum leisten konnten. Aber unser tansanischer Nachwuchs war noch lange nicht so weit. Manche Schwester hatte nicht einmal eine höhere Schule abgeschlossen und stand selbst noch in der Ausbildung. Ich bat das Generalat in Rom um Unterstützung und schließlich kamen zwei gut ausgebildete Schwestern zu uns. Unsere philippinische Sr. Adele unterrichtete Mathematik, und aus Kenia kam Sr. Francisca, um Religion zu unterrichten, eine kräftige Person mit einem ebensolchen Durchsetzungswillen. Mit ihrem grünen Daumen konnte sie blühendes Leben in den unfruchtbaren Sand bringen. Sr. Francisca experimentierte mit dem Gemüseanbau auf dem Schulgelände, um das Nahrungsangebot für die Schülerinnen und Schüler zu verbessern. Schon bald boten wir einmal täglich einen nahrhaften Maisbrei an, der auf einem offenen Feuer in einem kleinen Verschlag gekocht wurde. Dafür kauften wir Maismehl und reicherten die Mahlzeit mit Zucker und Milchpulver an, denn ein leerer Magen lernt nicht gern.

Wer ist George Clooney?

Im Laufe des Jahres 2008 traf erneut eine Einladung von *Ein Herz für Kinder* für die TV-Gala ein. Schon bald kam ein Team nach Ndanda und Mtwara und filmte den fertigen Kindergarten und die bunte Kinderschar mit Sr. Letisia. Ausgiebig wurde auch in der Aquinas Schule und auf der Baustelle für das Mädcheninternat gedreht, denn dafür war bereits ein erster Antrag von 600 000 Euro genehmigt und angewiesen worden. Das Resultat der aufwendigen Bauarbeiten wurde in zahlreichen Einstellungen festgehalten.

*

Einen Tag vor der Live-Gala bezog ich mein Hotel in Berlin und genoss das ungewöhnliche Ambiente. Aus dem ersten Besuch lernend, hatte ich meinen Badeanzug dabei, denn hier gab es einen schönen Pool, in dem ich meine Bahnen ziehen konnte. Während ich mich am Nachmittag vor der Gala rechtzeitig zur Probe fertig machte, wurde ich immer ruhiger. Von Nervosität keine Spur. Ich wusste genau, warum ich hier war und für wen ich es tat. Selbst als ich in der Maske saß und plötzlich eine unvorstellbare Hektik ausbrach, blieb ich ruhig. Der Ehrengast, George Clooney, war angekommen, im Privatjet und mit großer Entourage, wie es hieß.

»Wer ist George Clooney?«, fragte ich eine junge Dame, die mir gerade Puder auftrug. Sie schaute mich mit einer Mischung aus Zweifel und Amüsiertheit an. Ich kannte diesen Blick. Wenn ich in Deutschland war, stieß ich manchmal auf diesen verunsicherten Blick, wenn ich etwas fragte, das offenbar jeder außer mir wusste. Sie zweifelte anscheinend an der Ernsthaftigkeit meiner Frage, oder vielleicht dachte sie auch, eine Ordensfrau wolle sie auf den Arm nehmen. Aber schließlich erfuhr ich, dass der Mann ein Hollywoodstar, Herzensbrecher und Friedensbotschafter der Vereinten Nationen war. Bei der Gala sollte er die Auszeichnung *Das Goldene Herz* erhalten. Durch die Rede von George Clooney wusste ich schließlich genauer, in welchen Projekten er sich engagierte und seine Prominenz sinnvoll einsetzte, insbesondere im Sudan. Der kurze Film über sein Wirken zeigte ihn in dem afrikanischen Land.

Hape Kerkeling hielt eine Laudatio auf mich und würdigte mein Engagement. Er hatte einen kurzen Aufenthalt in Mozambique hinter sich und schien äußerst beeindruckt von der Arbeit gegen HIV/ Aids in Afrika. Am Ende des Abends kamen über 15 Millionen Euro an Spendengelder für Projekte in aller Welt zusammen. Ich saß in der ersten Reihe und konnte hautnah verfolgen, was sich bei der Gala abspielte. Beim großen Abschlussapplaus versammelten sich alle Akteure auf der Bühne. Als ich neben George Clooney stand und wir miteinander sprachen, ging das Blitzlichtgewitter los. Offenbar war es ein interessantes Bild: Die Ordensfrau im Habit neben dem Hollywoodstar.

Eine verrückte Idee

Es passierte im September 2008. Ich stand auf dem Innenhof der Bischofskonferenz in Dar-es-Salam, im Gespräch mit dem Erzbischof von Mwanza und unserer Sr. Birgitta, als mir plötzlich eine Idee in den Kopf kam: *Mach eine Gründung im Norden Tansanias!*

Woher kam diese verrückte Idee, *my crazy idea*, wie ich es bald nannte? Wir hatten doch schon im Süden nicht genug Schwestern. Nichtsdestotrotz machte ich ein Brainstorming und tippte meine

Geistesblitze in den Computer. Auf einer einzigen Seite hielt ich alles fest: Ziele, Strategien und mögliche Gebiete für das Wirken von einigen wenigen Missions-Benediktinerinnen in einer kleinen Station. Ich träumte von einer Erkundungstour in den Norden Anfang des kommenden Jahres mit Sr. Febronia und Sr. Gonzaga. Dann speicherte ich meine Gedanken mit einem Mausklick ab und kümmerte mich um andere Aufgaben.

Doch es ließ mir keine Ruhe, und als wenig später die Vikarin Sr. Adelaida und Sr. Terese zur fälligen Visitation aus Rom kamen, erzählte ich auch ihnen von meiner *crazy idea*. Die beiden blieben mehrere Wochen im Priorat und wir konnten uns ausführlich darüber austauschen. Innerhalb der Gemeinschaft und mit den Schwestern aus Rom überlegten wir, ob aus meiner verrückten Idee etwas werden könnte, denn eine Neugründung verlangt einen formellen Ablauf nach den Richtlinien der Kirche. Sr. Terese reagierte besonders positiv auf meine Vision und wir schauten gern gemeinsam auf die Landkarte und studierten den Schematismus der tansanischen Kirche, in dem sämtliche Diözesen, Pfarreien, Gemeinschaften von Schwestern und alle Priester aufgeführt sind. Wo mangelte es an Verkündung und wer konnte uns behilflich sein? Sr. Terese stammte aus Uganda, wo wir Missions-Benediktinerinnen am Norduler des Viktoriasees eine Gemeinschaft hatten. Bald schrieb ich einen Brief an den Erzbischof von Arusha, denn bei einer Neugründung verlangen die Regularien die ausdrückliche Einladung des zuständigen Bischofs. Seine Diözese befand sich im Norden, in der Nähe des Kilimandscharo, weniger als 700 Kilometer von Dar-es-Salam entfernt. Auch er reagierte positiv, sodass die Pläne für eine Erkundungstour im kommenden Frühjahr Gestalt annahmen.

Als ich im Dezember 2008 anlässlich der Gala in Berlin war, durfte ich meine *crazy idea* an einem überraschenden Ort erneut hervorholen: Über den Wolken! Mein Rückflug ging von Berlin-Zürich über Nairobi und weiter nach Dar-es-Salam. Einige Reihen vor mir saß ein Bischof, der im Gegensatz zu mir weder das Entertainment-Programm nutzte, noch sich sonst auf irgendeine andere Art ablenkte. Er schien stundenlang zu meditieren. Immer wieder schaute ich durch die Sitzreihen zu ihm herüber. Als er nach dem

Zwischenstopp in Nairobi zu den wenigen Passagieren gehörte, die nach Tansania weiterflogen, sprach ich ihn an. Das war der entscheidende Schritt zu einer Neugründung unseres Ordens!

Bischof Ludovic Minde, ein großer und kräftiger Tansanier, war ausgesprochen freundlich und machte schon nach wenigen Sätzen einen gelehrten und religiös fundierten Eindruck auf mich. Es war eine Freude, mit ihm zu reden. Er hatte in Rom studiert und auch schon häufiger Deutschland besucht. Als ich ihm von meiner Idee erzählte, war er hocherfreut. Schwestern würden dort oben im Norden dringlicher gebraucht als alles andere, er suche händeringend nach ihnen. Noch bevor wir Dar-es-Salam erreichten, hatte er mich bereits zu einem Besuch nach Kahama eingeladen, wo sich sein Bischofssitz befand. Dort könne er mir Standorte für eine kleine Station zeigen. Meine Mitschwestern und ich seien sehr willkommen. Dort oben seien keine zehn Prozent der Bevölkerung katholisch, viele seien noch nicht mit dem Evangelium in Berührung gekommen und es gäbe nur wenige Moslems. Allerdings müsse ein Besuch sehr bald stattfinden, da er bereits Mitte Februar wieder nach Rom müsse.

»Sr. Raphaela, diese Begegnung in den Wolken ist kein Zufall«, sagte er zum Abschied.

»Das denke ich auch.«

Als Priorin hatte ich den Schwestern schon viel zugemutet, und der Vorschlag einer Neugründung im Norden war wohl der i-Punkt auf meinen zahlreichen Aktivitäten. Als ich dann noch zu einer raschen Erkundungstour in den Norden drängte, war ich froh, dass Sr. Gonzaga und Sr. Febronia ausgesprochen motiviert waren, mich zu begleiten.

Nach unserer Rückkehr berichteten wir von unseren Eindrücken und ich dokumentierte sämtliche Vor- und Nachteile dreier möglicher Standorte im Norden. Mein persönlicher Favorit war Kabuhima, gelegen in der Diözese von Bischof Ludovic Minde. Es folgte ein emotionaler Prozess, und meine *crazy idea* bereitete mir noch einige Kopfschmerzen, bis es im Prioratskapitel zu einer Abstimmung kam. Schließlich stimmte eine Zweidrittelmehrheit für eine Neugründung im Norden, in Kabuhima. Wenig später folgte grünes Licht aus Rom für eine zweijährige Probephase.

Ein Jahr nach der ersten Begegnung mit Bischof Minde schrieb ich einen Brief für die Schwestern unserer Kongregation, dessen Inhalt ich über den Wolken im Dezember 2008 nie für möglich gehalten hätte. Es wurde ein Text, den ich mit *Grace Upon Grace*, Gnade über Gnade, überschrieb. Noch jetzt bin ich erstaunt über das Jahr 2009.

... Samstag, 19. Dezember 2009, endlich ist es so weit! Drei Schwestern der Missions-Benediktinerinnen aus Ndanda werden von Bischof Ludovic Minde in Kabuhima eingeführt und das kleine Herz-Jesu-Kloster wird eröffnet mit der deutschen Sr. Elisabeth Tilly, 72 Jahre, Sr. Gonzaga Rutakwa, 47 Jahre, Sr. Bonifasia Ngonyani und der Priorin Sr. Raphaela Händler OSB.

Zu dritt machten wir im Februar eine Tour von mehreren Tausend Kilometern, um zu suchen: Wo will Gott uns haben, wenn Er uns woanders haben will? Am weitesten entfernt war Kabuhima, 100 km zur Grenze nach Ruanda und Burundi, mehr als 1600 km von Ndanda entfernt. Aber das war dann der Platz!

Am 15. Dezember fand eine einfache Aussendungsfeier während der Abendmesse mit dem Abt von Ndanda statt. Der Apostel Paulus als großes Vorbild einer jeden Missionarin, die überzeugt ist, von Gott berufen zu sein, Christus als Mitte ihres Lebens ansieht, bereit, alles an Schwierigkeiten auf sich zu nehmen, was kommt; für alle da zu sein und sich anzupassen mit der Frohen Botschaft von Gottes Liebe, sodass die Menschen sie verstehen können. Und das ganze Leben muss glaubwürdig sein.

Morgens ging es um 6 Uhr los. Wird der alte Land Rover die weite Strecke schaffen? In Dar-es-Salam gut angekommen, gab es noch etliches einzukaufen, u. a. einen Wasserfilter und einen kleinen Herd mit Kerosin, denn Elektrizität werden wir nicht haben. Moskitonetze dürfen nicht fehlen. Um 4h30 am folgenden Morgen geht es weiter in den Norden über Dodoma, Singida, Ngeza nach Kahama. Wir kommen an den Schutthalden der Goldminen kurz vor Kahama vorbei, alles schon im Dunkeln. Beim Bischof angekommen, werden wir freudig begrüßt von ihm selber, dem Generalvikar, einigen Pfarrern und Ordensschwestern. Es bleibt gerade noch Zeit, sich schnell umzuziehen, denn das Festmahl zu unserem Empfang wartet.

Welch eine Überraschung, als wir in Kabuhima eintreffen! Glocken können nicht läuten, denn die gibt es nicht. Aber Hunderte von Menschen warten auf uns mit Gesang und Trommeln. Die Gesichter strahlen. Karibu, karibu – willkommen! Der Altar ist vor der Kirche aufgebaut. Das Schwesternhaus ist fertig, mit einigen angrenzenden Bauten und einem Hof.

Viel Wasser wird geweiht, damit alles gründlich gesegnet wird. Keine bösen Geister haben hier Zutritt. Dann zieht der Bischof ein zur feierlichen Messe. Der Gesang braust auf. Gegen Ende der Messe kommen so viele, viele, viele und bringen uns Schwestern ihre Gaben, was man halt braucht für einen neuen Haushalt: Gläser, Tassen, Teller, Löffel, Töpfe, Salz, Zucker, Mehl, Reis, Moskitonetze, Bettwäsche usw.

Am Ende wird das Allerheiligste in unsere Kapelle getragen, in den Konvent vom Herzen Jesu. Das ist unser Zentrum, das Herz Jesu, das für alle offen ist. Laudes und Vesper werden wir in der Kirche singen, die genau neben dem Konvent liegt. Wer immer sich uns anschließen will, ist willkommen.

Nach dem Mahl sind wir um 4 Uhr dann allein in unserem neuen Haus. Bald singen wir die Vesper vom 4. Adventssonntag und richten uns etwas ein. Wasser ist in Eimern da. Wir müssen es kaufen. Wir werden später etwas Licht mit Solarlampen einrichten. Gekocht wird im Hof auf einem kleinen Kocher. Ach ja, ein Sack Holzkohle wurde auch geschenkt. Und der Pfarrer ließ uns seinen Hund im Hof, damit wir gut bewacht werden.

Am Sonntagmorgen dauert der normale Gottesdienst 2 ½ Stunden. Wir vier Schwestern helfen dem Priester, die hl. Kommunion auszuteilen. Da sehe ich, wie viele Menschen vor der Kirche sind und auf Jesus warten. Padre Salvatore Guererra ist ein echter Sizilianer mit dem Herzen eines Paulus. Seit sieben Jahren ist er hier, 40 Jahre alt. Er lebt wie die Leute und für die Leute, vor allem für Jesus. Alles hat er hier aufgebaut. Er fing mit ein paar Christen an. Jetzt sind es mehr als 15 000, Pfarrei mit 30 Außenstationen. Alles ganz allein. Er ist so glücklich, dass die Schwestern ihm in der Seelsorge helfen werden.

Und am Sonntagnachmittag kommen schon die ersten Mädchen, die gerne Schwester werden wollen. Einige davon sind

Sekundarschülerinnen. »Ihr werdet bald Platz für Aspirantinnen brauchen«, sagt uns Padre Salvatore. Das ist der Beginn der Verwirklichung der verrückten Idee. Lange schon war ich nicht mehr so glücklich! So weit werden alle meine Träume übertroffen. Bei Gott ist kein Ding unmöglich. Sr. Raphaela Händler OSB

*

Im Jahr 2010 wurde ich 70 Jahre alt, meine erste Amtszeit als Priorin lief aus, und ich fand mich plötzlich in einer emotionalen Achterbahn wieder. Ob es sich um eine mögliche Wiederwahl oder um eine Neuwahl handelt, spielt beim Verfahren keine Rolle. Jede Schwester mit Ewiger Profess ist wahlberechtigt und macht drei geheime Vorschläge für eine Kandidatin, eine davon kann die amtierende Priorin sein, sofern sie erst eine Amtszeit hinter sich hat. Aus den eingereichten Vorschlägen stellt das Generalat eine Wahlliste zusammen, auf der sich in der Regel drei Kandidatinnen befinden. Die geheime Wahl wird unter dem Vorsitz der Generalpriorin oder einer von ihr delegierten Schwester abgehalten.

Die Zeit vor meiner möglichen Wiederwahl war für mich persönlich spannungsreicher als erwartet. Phasenweise zweifelte ich sogar daran, mich überhaupt zur Wiederwahl zu stellen. Doch was sollte dann aus den vielen Planungen werden? Wie lange würde ich noch das Sagen haben? Als ich schließlich mein inneres Ja dazu gab, bereitete mir die nächste Frage Kopfzerbrechen: Werden sie mich wiederwählen? Und wenn nicht, wie gehen die von mir angeschobenen Projekte weiter? Ich war heilfroh, als es endlich vorüber war und ich für eine zweite Amtszeit über drei Jahre wiedergewählt wurde.

Auf Regen warten

Die Bauarbeiten gingen unermüdlich weiter, und im Juli 2011 kam Kardinal Pengo aus Dar-es-Salam zur feierlichen Eröffnung des Oberschultrakts, der neuen Bibliothek und der Mariengrotte. Ich war wirklich stolz, dass wir den einzigen Kardinal von Tansania einladen konnten. Er ist zugleich Präsident von SECAM, der Vereinigung aller Bischofskonferenzen von Afrika und Madagaskar. Kardinal Pengo ist auf dem ganzen Kontinent und auch global bestens vernetzt und aktiv. Er hat uns ermutigt, mit einer katholischen Schule weiterzumachen, die offen ist für alle Bekenntnisse. Auch aus anderen Bereichen kamen erfreuliche Impulse. Die Katholische Universität in Mwanza, weit entfernt am Viktoriasee im Norden, feierte ihr zehnjähriges Bestehen und baute ihre Zweigstellen weiter aus. Das ließ auch Gutes für das Bildungsniveau in Mtwara hoffen.

Ach, wenn ich nur daran denke, was nicht alles in den letzten Jahren geschaffen wurde, dann steigt sofort der Dank in mir auf für unendlich viel finanzielle Hilfe. Aus dem einstigen Buschland, das der Bischof mir vor sechs Jahren angeboten hatte, ist beinah ein Dorf geworden und in der direkten Nachbarschaft gibt es nun sogar Neubauten von Privatleuten. Der Stadtrand von Mtwara blüht förmlich auf.

Mit der Hilfe von *Ein Herz für Kinder* entstand nun ein weiteres Bauprojekt: Das *St. Michael's Education Center* wurde ein Montessori-Kindergarten mit Vorschule, in dem Englisch das Unterrichtsmedium ist. Dafür bildeten wir Sr. Joyce in Nairobi und Sr. Stella in Mwanza aus. Und auch die ersten Spatenstiche für das Studentinnenwohnheim in der direkten Nachbarschaft zum St. Scholastica Convent waren getan. Dort entstanden vier Häuser mit je 25 Zweibettzimmern. Dieses Bauprojekt wurde von meinen treuen Helfern missio Aachen, einer holländische NGO und durch Privatspenden finanziert. Jedes Haus kostete 200 000 Euro und der Kampf um die Mittel hat mich manch schlaflose Nacht gekostet. Am Ende kamen allein 400 000 Euro für zwei Häuser durch private Spender zusammen. Diese enorme Summe, die sich auch aus kleinen 20- und 50-Euro-Überweisungen ansammelte, machte mich stolz. So viele Menschen gaben Geld, auch wenn sie es sich selbst kaum leisten konnten! Sie glaubten an unsere Arbeit.

Missio Aachen lud mich nach Deutschland ein, wo ich bei öffentlichen Veranstaltungen stellvertretend für viele andere Ordensschwestern unsere Arbeit in den benachteiligten Ländern vorstellte.

Als ich den Antrag stellte, Sr. Letisia einen zweijährigen Kurs für Katechetik zu finanzieren, hoffte ich auf Zustimmung bei missio, weil Mitarbeiter aus Aachen unsere Schwester als weltoffene und gläubige Frau kennengelernt hatten, die besonders gut geeignet war, den Jugendlichen wichtige Inhalte des Glaubens zu vermitteln. Die Ausbildung fand in Nairobi statt und Sr. Letisia benötigte Reisekosten und Kursgebühren. Es wurde genehmigt und niemand hat diesen Schritt je bereut.

*

Es wollte einfach nicht regnen. Die Zeit war längst überfällig und die Sorge einer Missernte wuchs von Tag zu Tag. Seit Wochen schon zogen Wolken auf, aber der ersehnte Regen blieb aus. Besorgte Blicke zum Himmel begleiteten die Menschen. Ohne eine pünktliche und ergiebige Regenzeit waren Hunger und Leiden vorprogrammiert.

Bruder Lukas, ein Benediktiner aus St. Ottilien, hatte mehr als sein halbes Leben in Ndanda verbracht und in dieser Zeit viel für das hiesige Bewässerungssystem getan. Ihm haben wir unsere Versorgung mit Frischwasser durch ein ausgeklügeltes Rohrsystem zu verdanken. Wasser war das Element von Bruder Lukas, seine große Leidenschaft und seine Mission. Darüber war er alt geworden und leider auch krank. Immer offenkundiger ließ ihn sein scharfer Geist im Stich und das Gedächtnis spielte nicht mehr mit. Schließlich musste Bruder Lukas seiner zweiten Heimat Ndanda Lebewohl sagen und er ging zurück in sein heimatliches Kloster St. Ottilien in Bayern.

Während wir in Ndanda gerade inständig um Regen beteten, traf die Nachricht vom Tod Bruder Lukas' bei uns ein.

»Wenn unser Bruder Lukas nun im Himmel ist, dann wollen wir doch seine Fürbitte anrufen, damit es endlich regnet. Wenn jemand eine Beziehung zum Wasser hat, dann doch wohl er«, sagte ich spontan zu den anderen Schwestern.

Am nächsten Tag regnete es in Strömen. Als hätte jemand Fluttore geöffnet, rauschte endlich das ersehnte Wasser vom Himmel.

Die Menschen lachten und freuten sich, und ich dankte unserem Herrgott. Am Nachmittag kam Sr. Regina aus dem Operationstrakt und setzte sich zu einem verspäteten Mittagessen an den Tisch. »Endlich Regen. Ob unser Bruder Lukas wohl nachgeholfen hat?«, meinte ich zu Sr. Regina und war dabei ein wenig übermütig und froh angesichts der kräftigen Schauer. »Mir ist heute Morgen im Hospital eine andere Version des Regenmachens zu Ohren gekommen. In der Nähe von Mwena ist gestern eine Frau umgebracht worden, weil man in ihr eine Hexe erkannt haben will. Man hat sie dafür verantwortlich gemacht, dass es noch immer nicht geregnet hat«, sagte Sr. Regina und sie musste ihre Stimme heben, um gegen den Lärm der prasselnden Regentropfen anzukommen. Ich atmete tief ein. Dies war keineswegs der einzige Ritualmord in der jüngsten Vergangenheit. Im Stillen verfluchte ich den Regen für einen kurzen Moment. Weitere Morde aus anderen Gründen würden folgen, denn in den Augen vieler war mit dem Mord an der *Hexe* die erhoffte Wirkung erzielt worden.

Erst kürzlich habe ich gelesen, dass es über 300 Ritualmorde pro Jahr in Tansania geben soll. Betroffen davon sind überwiegend Frauen. Niemand verfolgt die Morde, von einem Gerichtsverfahren und einem Urteil gegen die Verantwortlichen habe ich noch nie etwas gehört. Informationen dieser Art erhalte ich seit vielen Jahren aus einer speziellen Quelle, den deutschsprachigen *Tansania-Informationen*. Regelmäßig lese ich die unkommentiert übersetzten Nachrichten aus unterschiedlichen tansanischen Zeitungen. Die evangelische Kirche bietet diesen hilfreichen Service an. *Mission EineWelt* stellt den monatlichen Pressespiegel zu aktuellen kulturellen, politischen, religiösen und wirtschaftlichen Entwicklungen zusammen. Per Post werden die Artikel aus Neuendettelsau bei Nürnberg nach Ndanda geschickt. Ich bin immer dankbar für diesen Dienst, über den ich auf die Schnelle alle möglichen Neuigkeiten aus dem gesamten Land bekomme. Besonders gut finde ich eine Rubrik aus Dar-es-Salam, in der Kinder nach ihrer Meinung zu aktuellen Themen gefragt werden.

Der Papst und »Ein Herz für mich«

Ich war überrascht, als ich 2011 zum dritten Mal in die Spendengala eingeladen wurde. Nun sollte ich selbst einen Ehrenpreis für mein jahrzehntelanges Engagement im Dienste der Kinder in Afrika bekommen. Persönlich war ich nicht erpicht auf diesen Preis. Aber er dient der guten Sache und hilft den Kindern, sagte ich mir. Den Namen meiner Laudatorin, Helen Mirren, eine Oscarpreisträgerin, kannte ich nicht. Vermutlich kannte ich nur zwei Oscargewinner mit Namen: Bernhard Grzimek und seinen Sohn Michael, die für ihren Film *Serengeti darf nicht sterben* vor Jahrzehnten mit diesem Preis ausgezeichnet worden waren. Als ich erfuhr, dass es sich bei meiner Laudatorin um eine Engländerin handelte, fragte ich eine englische Schwester, wer Frau Mirren sei. Sie fiel aus allen Wolken angesichts meiner Unwissenheit.

Vor der Gala wurde ein neuer Kurzfilm in Ndanda gedreht. Inzwischen war mir das Prozedere vertraut, und ich führte die Mitglieder des Teams über die diversen Baustellen, mit denen ich mich gerade befasste. Sie staunten über die primitiven Arbeitsbedingungen und darüber, dass auch viele Frauen auf den Baustellen tätig waren.

»Die Frauen sind froh über jeden Shilling, den sie verdienen können. Sie werden genauso bezahlt wie die Männer. Meistens wollen sie das Geld, um die Kinder zur Schule schicken zu können«, sagte ich, als ich dem Team die Baustelle für das Wohnheim zeigte. Dort gab es Probleme beim Bau der Zisterne, die den Technikern Kopfzerbrechen bereitete, denn es musste eine Grube von fünf Metern Durchmesser ausgehoben werden. Schon nach wenigen Spatenstichen waren die Arbeiter auf extrem harten Korallenstein gestoßen. In Deutschland wäre in vergleichbaren Fällen schweres Gerät aufgefahren worden, nicht jedoch in Tansania, wo es schlichtweg nicht vorhanden ist oder der Einsatz unbezahlbar. Die Zisterne sollte die Wasserversorgung für die Studentinnen garantieren und ich war froh über die Unterstützung durch junge Wasserbautechniker aus dem Münsterland, die für *Ingenieure ohne Grenzen* arbeiteten.

Bevor die Gala kurz vor Weihnachten in Berlin stattfand, flog ich Ende November nach Rom. Im Vatikan durfte ich Papst Benedikt im Rahmen einer Generalaudienz treffen. Der Präsident von missio Aachen, Prälat Klaus Krämer, und Jörg Nowak aus der Presseabteilung begleiteten mich. Viele meiner Mitschwestern beneideten mich um diese Audienz, und auch ich war ein wenig nervös. Ich sprach mit dem Papst über meine Arbeit in Afrika und wir zeigten ihm die aktuellen Werbeplakate von missio, auf denen ich abgebildet war. Aus Ndanda hatte ich einen Wandbehang als Geschenk mitgebracht, der von Kindern mit Szenen aus ihrem Leben bemalt war. Der Papst schüttelte meine Hände und bedankte sich für den Dienst der Missions-Benediktinerinnen. Er kam mir so zerbrechlich vor, wie er in seinem Alter die Verantwortung für die Kirche Jesu Christi in Demut trug. Und welches Geschenk, dass ich durch ihn – mit allen, denen ich im Leben ein Segen sein durfte – gesegnet wurde. Was konnte ich anderes tun, als danken und bitten, dass dieser Segen des Statthalters Christi an alle Kinder, Armen und Kranken weiterfließt, die mir je im Leben begegnet sind. Es war eine stille Freude in meinem Herzen.

*

Ich war bereits in Tutzing, als eine Mitarbeiterin der Spendengala mich anrief, um zu fragen, wen ich nach Berlin mitbringen wolle. Selbstverständlich werde für die Anreise und die Unterbringung meiner Gäste gesorgt. Annette! Ja, meine Schwester sollte mich begleiten. Und auch meine Schwester Christa rief ich an. Und dann fragte ich unsere Priorin in Tutzing, die mir riet, zwei Schwestern aus unserer kleinen Kommunität in Dresden einzuladen, weil es näher bei Berlin lag. Und so kamen Sr. Hedwig, ehemals Priorin in Tutzing, und die junge Sr. Marie-Therese hinzu.

Ich fühlte mich bereits als Routinier in Sachen Gala-Besuche, und Annette kam aus dem Staunen nicht mehr heraus, als ich meine Runden im Pool drehte.»Genieße es!«, sagte ich nur.

Die beiden Ordensschwestern aus Dresden und meine Schwestern gingen am Abend der Gala über den roten Teppich und nahmen ihre Plätze im Festsaal ein. Ich freute mich, meinen Schwestern auch mal etwas Besonderes bieten zu können. Christa war enorm stolz auf mich, und die familiäre Atmosphäre war angenehm entspannt, zumindest solange wir uns in dem schicken Hotel befanden. Die Gala machte Christa und Annette doch ein wenig nervös. Bei mir war davon nichts zu merken. Als mich ein Reporter befragte, sagte ich nur:»Ich bin nicht aufgeregt, ich kenne all die Stars doch gar nicht.«

Aber als mir der Ehrenpreis in Form eines Herzens überreicht wurde und Helen Mirren ihre Laudatio sprach, wurde mir doch ein wenig mulmig. Die Dame hatte eine angenehme Stimme und schaute mich immer wieder an, während sie sprach.»Es gibt Menschen, die sind schon zu Lebzeiten Engel. Weil sie dafür sorgen, dass die Welt ein Stück besser wird. Der Papst segnete Ihre Arbeit. Eine Ehre, die nur wenigen zuteil wird. Ihr Beispiel verdient mehr als einen Preis. Sr. Raphaela, Sie sind für uns alle ein Vorbild«, sagte die Schauspielerin.

Ich bedankte mich bei der netten Dame und nahm das Herz entgegen. Selbstverständlich hatte ich auch eine kleine Rede vorbereitet, die ich ganz bewusst nicht zu fromm formulierte. Und natürlich sprach ich als Missionarin von meinem Leben in der Nachfolge Jesu und bekannte freimütig, dass eine TV-Gala nicht gerade mein normales Ambiente sei.»Mich fordert die Arbeit mit meinen Schützlingen jeden Tag neu heraus, und auch ich muss mir bis heute immer wieder dieselbe Frage stellen: Was ist der Wille Gottes? Gott schickt mir ja keinen Brief und auch keine SMS. Ich muss es selber herausfinden. Im Lauschen auf mein Herz und auf die Menschen um mich versuche ich zu hören, was der Wille Gottes ist und was zu tun das Richtige ist.«

Die Menschen applaudierten mit einem Beifallssturm und standen sogar von ihren Sitzen auf. Sie wollten nicht aufhören zu klatschten, was mich wirklich verlegen machte. Am liebsten hätte ich laut gesagt: *Nun setzt euch doch wieder! So etwas Besonderes habe ich doch gar nicht getan. Und wenn es jemanden gibt, dem man zu danken hat, dann ist es doch wohl Gott selber!* Aber ihre Standing Ovations nahmen kein Ende. Ich wusste nicht, was ich tun sollte, und streckte schließlich meine Arme mit dem Herzen in den Händen in die Höhe. Als ich diese Siegerpose später auf einem Foto sah, war ich doch etwas erstaunt, denn es sah so aus, als hätte ich eine Goldmedaille gewonnen, nur mein *Trikot* war ein wenig ungewöhnlich. Später hieß es, ich sei der *heimliche Star* des Abends gewesen. Eine Formulierung, mit der ich nicht viel anfangen kann. Wenn mein Einsatz in den großen Medien sinnvoll ist, dann bin ich gern dabei. Mit dem herzförmigen Ehrenpreis ging ich schließlich zurück an meinen Platz und schaute mir das weitere Programm mit Tina Turner, Udo Lindenberg und Wladimir Klitschko an. Am Ende des Abends waren fast 14 Millionen Euro zusammengekommen, die national und international für Projekte mit bedürftigen Kindern eingesetzt wurden. Das Herz steht heute in unserem Konvent in Ndanda.

*

Nach meiner Rückkehr aus Deutschland führte mich mein erster Weg zur Baustelle des Studentinnenwohnheims. Ich war neugierig, was während meiner Abwesenheit geschehen war. Die Fertigstellung des Wohnheims war für 2012 geplant, aber inzwischen gab es bereits neue Baupläne, die auf ihre Umsetzung warteten. Auf der Baustelle traf ich den Bauleiter Mr. Sooi an.

»Sr. Raphaela, wie war die Reise?«, begrüßte er mich.

»Ich habe gefroren. Es war furchtbar kalt in Deutschland, aber ich war auch in Rom beim Papst.«

»Beim Papst? Haben Sie ihn gesehen?«

»Er hat mich persönlich empfangen und mir die Hand geschüttelt und mich gesegnet.«

»Die Hand geschüttelt? Und gesegnet? Wirklich?«, fragte er ungläubig und nahm meine Hand, als ich bejahend nickte. Er schüttelte sie so kräftig, dass ich mich doch sehr wunderte.

»Jetzt ist der Segen auf mich übergegangen«, meinte er allen Ernstes, und ich musste mir ein Schmunzeln verkneifen. Als ein Mitarbeiter aus dem Baubüro hinzukam, ein gläubiger Katholik, wie ich zufällig wusste, erzählte Mr. Sooi sofort von meiner Papstaudienz.

»Schüttle der Mutter Priorin die Hand, dann geht der Segen auch auf dich über«, forderte er seinen Mitarbeiter auf, was der auf der

Stelle tat. Ich war verdutzt, als er meine Hand eine halbe Ewigkeit festhielt.

»Das haben wir früher schon so gemacht. Wenn jemand beim Stammeshäuptling war, konnte er den Segen per Händedruck weitergeben.«

Frohe Weihnachten – Heri ya Noeli

Alle Jahre wieder freue ich mich auf das Weihnachtsfest. Hier, in Tansania, habe ich mittlerweile die meisten Heiligabende meines Lebens verbracht. Es ist ein einzigartiges Gefühl, wenn ich morgens um sechs Uhr mit der Gewissheit um Weihnachten erwache. In Ndanda ist es zu dieser Jahreszeit um sechs bereits hell und heiß. Licht durchflutet jeden Raum. Wenn es an Weihnachten regnet, ist das Gefühl noch schöner, aber nicht in jedem Jahr lässt der Herrgott das fruchtbringende Nass rechtzeitig vom Himmel fallen.

Wenig später setzt draußen geschäftiges Treiben ein. Die Christen im Ort bereiten ihre Heime vor und erledigen letzte Einkäufe, wenn sie denn das Geld dafür haben. Wer es sich leisten kann, wird ein Huhn schlachten und Reis kochen.

Am Heiligabend herrscht nach der Laudes große Betriebsamkeit im Kloster. Während ich in den Flur gehe und die Tafel beschrifte: *Ab 4 Uhr bitte alle Zellentüren auflassen, das Christkind kommt,* eilen andere Schwestern durch den Konvent. Einige schmücken die Räume, allen voran die Kapelle mit der Krippe, die bei uns gleich neben dem Tabernakel steht. In Ermangelung eines Weihnachtsbaumes wird die Hütte von Bethlehem unter einer Bananenstaude aufgebaut, jedes Jahr ein wenig anders und kreativer. Die Figuren aus massivem braunem Holz, jede über einen halben Meter hoch, hat ein lokaler Künstler geschnitzt. Aus dem Garten eilen Schwestern mit blühenden Christsternen und farbenprächtigen Bougainvilleen herbei, die zu Sträußen arrangiert werden. Aus der Sakristei wird das Beste vom Besten hervorgeholt, edle Messgewänder, Kelche, Bücher und Altardecken. Eine Gruppe von Schwestern baut eine weitere

Krippe im Freizeitzimmer auf und eine kleinere im Refektorium. Sr. Gonzaga überraschte uns dabei sogar schon einmal mit zwei Kaninchen aus dem Stall, die sie in ein kleines Gehege vor die Krippe setzte, wo sie sogleich großzügig mit Grünzeug gefüttert wurden. Nach dem Mittagsgebet setzen wir Schwestern uns gemeinsam an die Tafel. Dort warten zum Nachtisch jede Menge Mangos auf uns, denn Weihnachten ist Mango-Zeit. Nun gönnen wir uns eine Zeit der Rekreation, bevor Sr. Gonzaga und ich die kleinen Weihnachtsgaben in die einzelnen Zimmer bringen: einen Stern, einen Taschenkalender, ein Stück besondere Toilettenseife, ein Handtuch, manchmal auch einen hübschen Kugelschreiber, den wir selbst geschenkt bekamen, oder sogar eine Tafel Schokolade. Jede dieser Gaben legen wir auf einen Zweig von unserer Zypresse im Garten. Pünktlich um fünf Uhr beginnt in Ndanda die erste Vesper des Weihnachtsfestes. Sie ist feierlich, aber dennoch verhaltener als die abendliche Christmette.

Alle Schwestern schreiten nach der Vesper mit Trommeln und Zimbeln zum Rekreationsplatz, wo die Ankündigung des Messias gesungen wird. Wir antworten mit Stille und Anbetung. Als Priorin lese ich die Weihnachtsbotschaft unserer Generalpriorin aus Rom auf Englisch laut vor und lasse dann meine eigene Botschaft folgen. Immer wieder singen wir Weihnachtslieder auf Swahili und lassen alle Instrumente ertönen, die uns zur Verfügung stehen. Und wir beten für die vielen Anliegen dieser Welt, für alle Menschen im Krieg und auf der Flucht, für die Politiker, die schwere Entscheidungen treffen müssen, für die Kranken, die Aids-Patienten, die Waisen, für die Armen und für alle Menschen in Not und wünschen einander Frohe Weihnacht.

Im Refektorium wartet danach schon ein festliches Abendessen auf uns. Dort leuchten auf allen Tischen Kerzen, trotz der Hitze lassen wir uns diese Freude nicht nehmen, bewundern die weißen Tischdecken und bunten Weihnachtspapierservietten. Vor jedem Platz steht ein Teller mit Gebäck. Wenn um halb acht alle Glocken der Abteikirche läuten, bin ich glücklich. Jedes Jahr wieder genieße ich dieses schöne Geläut und denke gleichzeitig daran, wie wenige Christen in Afrika Glocken an Weihnachten hören können!

Aus allen Richtungen strömen die Menschen in die Christmette, sie kommen aus der stockfinsteren Nacht in die erleuchtete Kirche.

Bald ist sie bis auf den letzten Platz gefüllt, viele Kinder sitzen auf dem Boden, und dann endlich kann der feierliche Gottesdienst – unter Leitung des Abts – beginnen. Spannung und Unruhe liegen in der Luft, aber sobald das Weihnachtsspiel mit Abraham und der Vorausschau auf den Messias seinen Anfang nimmt, wird es still und alle lauschen den Worten der Darsteller. In Ndanda wird sehr viel Wert auf ein langes und eindrückliches Spiel gelegt. Allein die Herbergssuche der schwangeren Maria und die Ablehnung werden mit großem Eifer, Mitgefühl und in mehreren Szenen gespielt. Bis zur Verkündigung folgen weitere Begebenheiten aus Bethlehem. Endlich erscheinen die Hirten und dann auch das erwartete Kind. Die Kirche hallt wider vom Jubel der Christen, sodass die Fundamente erschauern. Das Leben und Heil ist da! Welche Freude! Und alle Glocken läuten zum Gloria. Beim Opfergang geht jeder Einzelne nach vorne, um dem Kindchen seine Gabe darzubringen. Es ist oft nur die kleinste tansanische Münze, weniger als einen Cent wert, aber man gibt sie von Herzen.

Manch eine ältere deutsche Schwester geht stattdessen lieber zur deutschen Messe in unsere Kapelle, wo der Choral und deutsche Weihnachtslieder gesungen werden. Den betagten Schwestern ist es oft zu beschwerlich, in die Pfarrkirche zu gehen und dort den langen Aufführungen zu folgen. Wir sind Pater Sebald Hofbeck dankbar, dass er alle Gottesdienste in Deutsch, Englisch oder Swahili halten kann, geradeso, wie wir es uns wünschen, mit stets gut vorbereiteter Predigt.

Am ersten Weihnachtstag versammeln wir Schwestern uns nach dem Erwachen in der Kapelle, um die Laudes zu singen. Sr. Regina sitzt an der Orgel, hinzu kommen im Hochamt, dem festlichen Gottesdienst am Weihnachtsmorgen, alle verfügbaren Instrumente. Weihrauch wird entzündet und das Fass geschwenkt, das schon vor Tagen auf Hochglanz poliert wurde und nun die Kapelle widerspiegelt. Sonnenstrahlen lassen den Rauch tanzen. Ja, die Sonne des Lebens ist aufgegangen in der Welt und in unseren Herzen.

Später wird die zweite Vesper des Weihnachtsfestes gefeiert, und wieder dürfen wir ein besonderes Essen genießen. Dabei lauschen wir Schwestern im Schweigen der Weihnachtsmusik. Erst bei der anschließenden Rekreation wird geplaudert und das eine oder andere Weihnachtslied gesungen, bis zum Abschluss des Tages in der Komplet die feierliche Melodie des marianischen Gesangs *Alma Redemptoris Mater,* der *Gütigen Mutter,* zum Erklingen kommt.

Wenn die letzten Silben verhallt sind, erfüllt eine große Stille das Haus und jede Schwester nimmt das Geheimnis der Menschwerdung Gottes hinein in ihr eigenes Schweigen mit Gott.

Wiedersehen mit Subira Alto

Im Frühjahr 2012 kam Lisa zu einem Besuch nach Tansania. Sie kannte sich durch mehrere Aufenthalte im Land bestens aus und plante eine interessante Reise, die in gewisser Weise einer Wallfahrt glich. Sie schaute sich Stätten missions-benediktinischer Geschichte an und wollte auch die Dörfer wiedersehen, in denen wir Ende der Achtzigerjahre den Film *Ein Hospital geht in die Dörfer* drehten und an dem sie maßgeblich beteiligt war.

»Lass uns doch gemeinsam nach Chiwerere fahren«, schlug Lisa vor. Zwanzig Jahre nachdem ich einen Tag und eine Nacht bei Subira Alto in Chiwerere verbracht hatte, kam ich nun zum ersten Mal wieder in den abgelegenen Ort. Wir begleiteten ein Team des St. Walburg's Hospitals, das als mobile Mutter-Kind-Klinik unterwegs war, und stiegen in den Jeep. Es ging zehn Kilometer über Buschpfade, über einen Fluss, über einen steilen Hang und tiefen Sand, um ans Ziel zu kommen. Wie eh und je säumten einfache Lehmhütten mit Strohdächern den Weg. In Chiwerere warteten vor dem windschiefen Gebäude der Dorfverwaltung bereits viele Schwangere und Mütter mit ihren Kindern. Es kamen aber auch eine Reihe Männer, ältere Frauen und Schulkinder. Es hatte sich herumgesprochen, dass Mama Raphaela heute kommen würde.

»Gott zeigt uns, dass er uns sieht, denn er hat die Mama zurückgebracht«, sagte der Dorfvorsteher zur Begrüßung. »Gott hat uns nicht vergessen, deswegen ist Mama Raphaela wieder bei uns«, rief ein anderer. Manche Gesichter erkannte ich auf Anhieb wieder. Drei ältere Frauen kamen auf mich zu, damals hatten wir sie zu Dorfhebammen ausgebildet. Eine von ihnen war Subira Alto und wir nahmen uns in den Arm.

»Ja, wir sind noch immer Hebammen, aber es gibt keine Seminare mehr für uns. Wir haben keine Instrumente mehr. Sie sind kaputtgegangen«, sagten die Frauen, nachdem wir uns herzlich begrüßt hatten.

Jedes Mal, wenn ich mir vorstellte, wie die Schwangeren in den dunklen Hütten ohne Wasser und Licht entbanden, wurde mir angst und bang. Aber wie sollten sie zum Krankenhaus nach Nyangao kommen, wenn die Wehen einsetzten? Wer konnte sich dann noch auf ein Fahrrad setzen? In dieser Stunde waren die Dorfhebammen eine große Hilfe.

»Wie geht es dir?«, wollte ich von Subira Alto wissen, als wir ein wenig abseits standen. »Bist du noch mit dem Mann von damals zusammen?«

»Ach was, wo denkst du hin. Er hat mich doch nur ausgenutzt. Ich habe ihn weggeschickt und bin schon lange wieder Christin geworden.«

»Das freut mich sehr.«

Ich schaute mir die Babys im Dorf an. Alle zeigten einen guten Ernährungszustand. Eine Helferin aus dem Team wog sie und nahm Eintragungen vor. Einige Kinder wurden geimpft. Es tat so gut, zu sehen, dass sie gesund heranwuchsen und es schon lange keine Masern und keine Kinderlähmung mehr gegeben hatte. Dieses *Outreach*-Programm des Hospitals kostete nicht viel, aber trotzdem wäre es ohne die Spenden aus Deutschland nicht möglich gewesen. Das Team bot auch kostenlose HIV-Teste an, und wir freuten uns über die hohe Zahl von 78 Testpersonen. Und noch erfreuter waren wir über 78 negative Teste auf den Virus.

Ich fühlte mich wieder sehr wohl in diesem kleinen Ort mit den einfachen Menschen und besuchte eine Buschdoktorin. Das Verhältnis des Hospitals zu den *waganga wa kienjeji*, den traditionellen Heilern, war seit damals gut geblieben, selbst wenn ihr medizinischer Ansatz einer vollkommen anderen Denkweise entsprang. In der kleinen Dorfschule, die beim nächsten Wolkenbruch vermutlich zusammenfallen würde, reichte man dem Team ein fürstliches

Essen: Reis, Bohnen und Huhn. Während wir aßen, wurde draußen getrommelt und getanzt. Lisa fotografierte, sodass es nun auch ein gemeinsames Foto von Subira und mir gibt.

Zum Abschied beteten wir gemeinsam und ich gab Subira Segenswünsche mit auf den Weg. Hoffentlich bleibt sie noch lange gesund und munter.

Ausgelassen ins neue Jahr tanzen

Das Studentinnenwohnheim wurde rechtzeitig fertig. Einer Eingebung folgend hatte ich meinen Mitschwestern den Namen *Stella Maris* vorgeschlagen, weil damit wohl jeder etwas anfangen konnte. Stella Maris, der *Stern des Meeres,* ist eine der Anrufungen Marias, der Mutter Jesu. *Maryam* gehört zu den am meisten verehrten Frauen im Islam und findet häufige Erwähnung im Koran. Zudem liegt das Wohnheim in unmittelbarer Nähe zum Meer. Maria kann nicht nur als Schutzpatronin den Seeleuten Orientierung geben, sondern auch allen anderen Menschen auf ihrem Lebensweg. Ich habe immer Freude daran gehabt, mir möglichst frühzeitig Namen für unsere Bauprojekte zu überlegen.

Sämtliches Mobiliar im Wohnheim stammt von der Bundeswehr. Die jungen Studentinnen schlafen in Bundeswehrbetten und hängen ihre Kleider in ausrangierte Spinde deutscher Soldaten. Als der Bau weit fortgeschritten war, brauchten wir dringend Unterstützung für die Ausstattung, denn 200 handgefertigte Holzbetten aus Tansania konnten wir uns, bei aller Liebe, nicht leisten. Da erinnerte ich mich wieder an die Bundeswehr, die uns schon beim Ausstatten des Mädcheninternates geholfen hatte.

Ja, ich habe in den letzten Jahrzehnten das professionelle Betteln gelernt und wohl auch so etwas wie eine *Baustellenleitung.* Als ich das Wohnheim kurz vor der Eröffnung noch einmal unter die Lupe nahm, konnte ich meinen Stolz darauf nicht leugnen. Zweihundert junge Frauen können in Mtwara studieren, sie sind ein wichtiger Teil der Zukunft dieses Landes. Niemand wird sie in ungeeigneten Unterkünften belästigen, hier leben sie in Sicherheit und unter hygienischen Bedingungen mit fließend Wasser, was keinesfalls eine Selbstverständlichkeit ist in Tansania. Als die erste Studentin anreiste, war die Zisterne kaum fertig und die Zimmer waren gerade erst bezugsfertig. Die junge Frau war überwältigt von ihrer neuen Bleibe.

Es beruhigte mich innerlich, die Frauen unter einem guten Dach zu wissen. Gleichzeitig war ich mit einem neuen Projekt für junge Frauen beschäftigt, für junge Ordensfrauen. Im letzten Jahr hatte es so viele Aspirantinnen gegeben, dass unsere Schwestern in Peramiho sich kaum noch in der Lage sahen, die Unterbringung und eine fundierte Ausbildung zu gewährleisten. Die Gruppen waren so groß geworden, dass die dortige Priorin, Sr. Rosann aus den USA, sich mit mir darüber austauschen wollte. Und wieder einmal überstürzten sich die Ereignisse und Bauvorhaben. In einem vertraulichen Gespräch fragte ich Sr. Regina, ob sie sich eine andere Aufgabe als die einer Chirurgin vorstellen könne. Ich wusste von ihrer extremen Arbeitsbelastung und der Unzufriedenheit mit den Bedingungen im St. Benedict's Hospital.

»Lass deinen Gedanken freien Lauf. Gehe nur nach deinem Gefühl, nach deinen Wünschen und persönlichen Vorlieben. Welche Aufgabe im Orden würdest du gern übernehmen, wenn du frei wärest? Denke dabei unabhängig von deinem Beruf als Chirurgin.«

Sr. Regina schaute mich verwundert an, aber es dauerte nicht lange, bis ihre Antwort kam.

»Geistliche Leitung wie die von Exerzitien!«

»Was hältst du davon, Novizenmeisterin zu werden?«, fragte ich.

Sr. Regina strahlte und schaute ungläubig, ob das wirklich mein Ernst sei. Sie war genau die Richtige für diese verantwortungsvolle Aufgabe. Es dauerte nicht lange, bis sie nach Italien fuhr, um in Rom und Assisi an einem internationalen Kurs zur Ausbildung von Novizenmeisterinnen und -meistern *(Monastic Formators)* teilzunehmen. Mit Sr. Rosann vereinbarten wir eine baldige Aufteilung der Gruppen, sobald wir in Ndanda ausreichend Räumlichkeiten und Kapazitäten parat hatten. Inzwischen war Sr. Bonifasia Ngonyani von ihrer Ausbildung in Nairobi als *Formator*, als Meisterin für Aspirantinnen und Postulantinnen, zurück. Sie arbeitete vorerst im Ausbildungsteam in Peramiho, um *unsere Formandees* anzuleiten, wie der Sammelbegriff für alle angehenden Ordensschwestern lautet. Sie lebte gemeinsam mit ihnen in einem Trakt des Konvents, unterrichtete und war jederzeit für die *Formandees* ansprechbar.

*

Ich hatte die große Freude, das neue Jahr bei unseren drei Schwestern in Kabuhima zu beginnen. Zusammen mit Padre Salvatore und meinen Mitschwestern begann die erste Stunde des Jahres 2012 mit einem Jubel, wie ich ihn noch nie erlebt hatte. Mehr als tausend Menschen, vor allem Jugendliche, aber auch Kinder und Alte, dankten Gott in einem großartigen Gottesdienst. Zwei Stunden zuvor war der kleine sizilianische Pfarrer mit seinen Messdienern durch die Menge zum Altar vor der Kirche gezogen. Die Freiluftmesse war notwendig, weil die Kirche schon lange nicht mehr ausreichte. Bald sang der mehrstimmige Chor, begleitet von Instrumenten, und die Gemeinde stimmte begeistert ein. Padre Salvatore konnte ergreifend singen und Gott um Erbarmen anflehen für unsere Sünden. Unser Kyrie im Choralgesang *Herr, erbarme dich* und das Gloria mit Jubel maximum schallten zum Himmel. Alle und alles stimmte ein und tanzte. Spontane Fürbitten in ergreifenden Worten wurden gesprochen, wer immer mochte, konnte nach vorne kommen und das Mikrofon ergreifen. Viel gab es zu danken und zu bitten. Mit vier Schwestern und drei Helfern teilten wir die heilige Kommunion aus. Zu mir kamen unzählige junge Männer in großer Andacht. Ich war überrascht, dass niemand alkoholisiert war und es zu keinen Störungen kam. Die Kollekte ging herum: *Wer gibt, der wird empfangen!*

In der Mitternachtsminute sprachen wir den Friedensgruß und dann erschallte der unbeschreibliche Jubel – das neue Jahr begann! Strahlende Augen, wohin man schaute, alle stimmten ein mit Tanz und Gesang, Padre Salvatore tat dies direkt am Altar. Jeder schüttelte Hände, von allen Seiten kamen die Menschen auf mich zu. Wie glücklich sie doch waren, Armut und Leid waren vergessen. *Jetzt leben wir, im Heute, in dieser Stunde! Das Leben geht weiter! Wir haben den Segen Gottes!* Es nahm kein Ende, und auch ich als schwere Westfälin wurde mitgerissen von der Leichtigkeit der Stunde und tanzte.

Um eins wurde der Generator ausgeschaltet. Der Pfarrer tanzte noch immer. Das ist lebendige Kirche, die wächst und sich freut. Danken wir Gott, dass Seine Gnade waltet und Kirche dieses schöne Gesicht zeigen kann.

*

Die Freude über die vielen guten Entwicklungen in unserem Priorat wurde getrübt, als es zum Jahresende und zu Beginn des Jahres 2013 zu Unruhen unter der Bevölkerung im Süden, insbesondere in Mtwara, kam, wie wir sie bisher nicht kannten. Die Menschen verloren allmählich die Geduld: wirtschaftliche Benachteiligung, Vernachlässigung unserer Region gegenüber dem Norden und das harte Eingreifen der Polizei gegen die Proteste machten allen große Angst. Eine Zeit lang wurden sogar sämtliche Schulen geschlossen.

Es blieben mir nur noch wenige Monate bis zum Ende meiner achtjährigen Amtszeit und der Wahltermin für meine Nachfolgerin wurde von der Generalpriorin bekanntgegeben. Im Dezember 2012 kamen alle Professschwestern zusammen, um auf die letzte Amtszeit zurückzuschauen und zu überlegen, welche Schwester die Leitung am besten übernehmen könnte. Jede Schwester schrieb dann ihre Vorschläge geheim auf. Ich wünschte mir Sr. Terese aus Uganda, die ich von zahlreichen Begegnungen kannte. Auch den meisten Schwestern war sie durch ihre Visitation vor fünf Jahren bekannt. In ihrer Funktion als Ratsmitglied im Generalat konnte sie damals fundierte Einblicke in unsere Arbeit gewinnen.

Als sie beim Wahlkapitel im Februar 2013 mit überwältigender Mehrheit von den Schwestern gewählt wurde, waren wir alle wirklich glücklich. Sie würde als neue Priorin für unsere inzwischen fünf Gemeinschaften verantwortlich sein. Unser Priorat war gewachsen, was die größte Freude von allen ist. Nun bereitete ich ihre Ankunft und meinen Abschied vor. Wie fast alle Priorinnen, wollte ich nach meiner Amtszeit eine Erholungspause einlegen. In Tutzing wollte ich mich ausruhen und im Krankenhaus sowie bei Fachärzten gründlich untersuchen lassen. Seit geraumer Zeit schmerzten meine Knie und ich sah mich bereits auf dem OP-Tisch liegen.

Eine neue Priorin

Im Hof unter einem Mangobaum tanzten die Kleinen in ihren blauen Uniformen und sangen Abschiedsgrüße: »*Asante, safari njema*. Danke, gute Reise, Mama Raphaela.« Sie klatschten in ihre kleinen Hände und schenkten mir Herzen, die sie aus bunt bemaltem Papier ausgeschnitten hatten. Ich drehte meine Abschiedsrunde von Projekt zu Projekt und war gerade auf dem Rückweg von UZIMA, als ich unterwegs zufällig auf Jerome traf.

»*Jambo, habari gani?* Guten Tag, wie geht es Ihnen?«, fragte mich Jerome, der sich mit seinem Rollstuhl mühsam auf dem unebenen Sandweg vorankämpfte.

»*Salama, lakini nitaondoka karibuni.* Guten Tag, mir geht es gut, aber die Zeit meines Abschieds naht.«

»*Utakwenda wapi? Kuna shida?* Wohin gehen Sie? Gibt es Probleme?«, wollte er wissen und schaute besorgt drein.

»Ich gehe nach Deutschland, aber so Gott will werde ich wiederkommen.«

»Das ist ein sehr weiter Weg. Hier nehmen Sie dieses Geschenk. Es ist für Sie, Mama, für die weite Reise. Bitte, nehmen Sie!«, sagte er und griff neben sich auf die Sitzfläche, wo etwas in Zeitungspapier eingewickelt lag. Eine Stange Seife. Für arme Menschen in Tansania hat Seife einen nicht unerheblichen Wert und ich wusste kaum, was ich sagen sollte.

»Sie haben viel für Anastasia und mich getan. *Asante*«, fügte er hinzu.

»Gott hat es getan. Wie geht es Ihrer Tochter?«

»Gut, sie wächst und wird immer schwerer. Das ist wunderbar. *Kwa heri ya kuonana*, Mama Raphaela. Sie geht zur Schule und lernt«, sagte er und reichte mir die Seife mit Nachdruck, sodass ich sie unmöglich ablehnen konnte.

»Vielen Dank! Ich wünsche Ihnen ein langes Leben«, gab ich ihm mit auf den Weg und hatte dabei nur wenig Hoffnung, dass dieser Wunsch sich erfüllen würde. Und auch seine Tochter würde nur eine Chance haben, wenn sie ihre Medikamente täglich und gewissenhaft einnähme.

Für die über 30 Angestellten vom St. Agnes Convent, die im Haus und Garten beschäftigt waren, bereitete ich zum Abschied Umschläge mit kleinen Geldgeschenken vor. Keiner von ihnen verdiente monatlich umgerechnet mehr als 50 Euro. Wir hatten eine kleine Feier mit Essen und Tee vorbereitet. Überrascht und dankbar nahmen sie die Shillings an und sagten sogleich, dass sie noch bei keinem Abschied derart bedacht worden waren.

»Mama Raphaela, viele Schwestern und Priorinnen sind gekommen und gegangen, aber keine hat den Abschied mit uns gefeiert. *Asante.*«

»Ich möchte mich damit für unsere gute Zusammenarbeit bedanken«, sagte ich zu ihnen. Und dann bekam auch ich kleine Geschenke und es wurden Tänze aufgeführt und Gedichte vorgetragen. Im Laufe der Feier wurde immer deutlicher, wie sehr sie sich darüber freuten, dass ich mich nicht still und heimlich davonmachte, sondern sie zum Abschiednehmen einlud.

Einer meiner letzten *Besuche* führte mich zum *Shamba la Mungu*, zum Gottesacker. Ich stand am Grab von Sr. Lia, die mit 95 in den verdienten Ruhestand ging und im Alter von beinah 100 Jahren starb. Und auch Sr. Irene, Sr. Otlind und Sr. Avina durfte ich als Priorin auf ihrer letzten Wegstrecke begleiten. Diese vier Schwestern sind uns vorangegangen, wie viele andere herausragende Frauen vor ihnen. Sie alle sind weiterhin bei uns, denn es ist so, wie die Bantu Ostafrikas es glauben: Die Toten leben weiter mit uns.

*

Sr. Terese war eine Woche vor ihrer Installation als neue Priorin ins Land gekommen und wurde gebührend vom Flughafen in Dar-es-Salam abgeholt. Die Schwestern bereiteten ihr einen schönen Empfang.

Ich habe diesen Tag herbeigesehnt, den 29. Juni 2013, das Fest der Apostel Petrus und Paulus. Seit dem Aufstehen um fünf Uhr und der Laudes bin ich aufgeregt wie seit Langem nicht mehr und fühle mein Herz klopfen. Jetzt, in der feierlichen Messe des Vormittags, werde ich immer unruhiger. Keine Spur mehr von der gefassten Westfälin, die nie den Kopf verliert. Mein Inneres bebt und ich möchte keine Geste übersehen und keine Sekunde verpassen. Vor Einbruch der Dunkelheit wird ein gewichtiges Kapitel meiner Lebensgeschichte abgeschlossen sein. Doch zuvor möchte ich meine Mitschwestern in ein neues Kapitel einführen. Erstmals in unserer über 100-jährigen Geschichte wird eine Afrikanerin die Leitung des Priorates übernehmen, und ich darf die Verantwortung auf ihre Schultern legen. Voller Zuversicht und Dank schaue ich mich in unserer Kapelle um, die bis auf den letzten Platz gefüllt ist. Die weißen Kleider und Schleier der Schwestern scheinen heute noch heller zu strahlen. Ihre freudigen Gesichter könnten kaum unterschiedlicher sein, so sehr unterscheiden sie sich in Herkunft und Alter.

Auf ein Zeichen hin gehen Sr. Terese und ich zum Altar. In meiner Hand halte ich ein Dokument unserer Generalpriorin Sr. Angela Strobel aus Rom mit dem Siegel unserer Kongregation. Sr. Terese hat sich vor den Altar gekniet, als ich die Worte laut vorlese:

»*Sr. Terese Zemale wird hiermit, am 29. Juni 2013, als Priorin des Priorates Ndanda eingesetzt, mit allen Verpflichtungen und Rechten gemäß unserer Konstitutionen, für eine Zeit von fünf Jahren. Sechs Monate vor Ablauf der Amtszeit muss dieses Dokument zurückgegeben werden an die Generalpriorin.*«

Kaum habe ich das letzte Wort gesagt, erschallt Jubel. Ich gebe unserer neuen Priorin das Zeichen des Friedens. Im nächsten Moment strömen die Schwestern zum Altar und geben Sr. Terese ebenfalls das PAX und eine Umarmung. Es sind ihre Zeichen der Loyalität und des Gehorsams. Ich schaue in die strahlenden Gesichter und mir scheint es so, als würde dieser besondere Moment sich in ihren Augen widerspiegeln. Die Atmosphäre vibriert vor Freude und Dank nach den langen Monaten des Wartens nach der Wahlperiode. Langsam gesellt sich ein Gefühl von Entspannung in die aufgewühlte Stimmung. Tanzend zur Trommel und mit vielstimmigem Gesang tragen die Postulantinnen, geschmückt mit bunten Kangas, unsere Gaben zum Altar: Eine große Staude Bananen sowie Körbe mit Orangen, Papayas und anderen Früchten aus unserem Garten landen auf dem Tisch des Herrn. Auch Sr. Terese und ich schreiten inmitten dieser Prozession und bringen die Schale mit

Hostien und den Kelch mit Wein, als Zeichen, dass wir uns selber Christus übergeben.

Ein besonderes Ereignis steht uns unmittelbar bevor: die Einweihung des neuen Noviziates. Kapelle und Klosterzellen sind der Heiligen Hildegard geweiht, der großen Benediktinerin von Eibingen, die im letzten Jahr vom Papst heiliggesprochen und zur Kirchenlehrerin ernannt worden war. Diese Ehre wurde bisher erst vier Frauen zuteil. Die Heilige hat wertvolle Schriften über die Kräfte der Natur verfasst und Kranke geheilt, und so erinnert auch die Gestaltung des Hauses daran. Wir haben es grün streichen lassen. Es ist nur ein kurzer Weg über das Klostergelände, auf dem sich unserer Prozession nun auch Gäste anschließen. Postulantinnen gehen mit dem Vortragekreuz voran. Wir folgen mit Trommeln und Gesang. Sr. Terese und ich tragen die Monstranz mit der geweihten Hostie bis zur neuen Kapelle. Das liturgische Schaugerät mit dem Fensterchen hat uns erst kürzlich aus Deutschland erreicht, wo es lange Zeit im Kloster Wessobrunn genutzt wurde. Jeder im Orden weiß doch, dass ich für alle Dinge Verwendung habe, und so haben unsere Schwestern einen Überseecontainer mit ausrangiertem Mobiliar, inklusive der Monstranz und diverser nützlicher Gegenstände, aus Bayern zu uns geschickt. Die Dinge sind allesamt längst in guter Verwendung.

Im Neubau segnet Pater Sebald Hofbeck alle Räume und spricht eigens formulierte Gebete auf Swahili. Wir folgen ihm mit unseren Segenswünschen für eine gute Zukunft im Ausbildungshaus der jungen Schwestern mit Sr. Regina als Novizenmeisterin. Als der Prozessionszug die neue Kapelle erreicht, sind Aufregung und Freude auf dem Höhepunkt. Die Tür zum Tabernakel, dem Aufbewahrungsort des Allerheiligsten, steht offen, um den Herrn und Heiland in der Monstranz zu empfangen. Jemand zündet das ewige Licht an und wir verharren einige Augenblicke in schweigender Anbetung. Nun ist die rechte Zeit gekommen, unsere Fürbitten für alle zum Himmel aufsteigen zu lassen, die diesen Bau ermöglicht haben: unser Architekt Herr Hauss aus Heidelberg, der kostenlos für uns geplant und organisiert hat, die Baufirma R&A aus Dar-es-Salam mit all ihren Arbeitern, die Menschen und Organisationen, die uns den Bau finanziell ermöglicht haben, allen voran missio, sowie *Kirche in Not* und unsere Schwestern aus Tutzing, die den Container auf die weite Reise geschickt haben. Noch einmal bedanke ich mich persönlich beim Bauleiter Helibert für seine gute Arbeit und schüttle ihm die Hand.

Im Gedenken an die Patronin dieses Hauses und als Symbol für die Erhaltung der Schöpfung, pflanzen wir Ashok-Bäume in den Garten. Während Sr. Terese, der Pater und ich mit Spaten hantieren, begleiten uns Trommeln und Gesänge. Wieder jubilieren wir, bevor es Zeit wird, ins geschmückte Refektorium des Klosters zu gehen, wo ein Mittagessen an gedeckten Tischen auf uns wartet. Auch hier hat sich die Sitzordnung verändert, denn ich überlasse Sr. Terese meinen Platz. Vor unseren Tellern liegen Blütenkränze, und über die Stühle haben die Schwestern Kangas drapiert. Bevor wir uns setzen, sprechen wir ein Tischgebet.

Ubariki Mungu wetu sisi na chakula chetu ili tukutumikie wema.

O Gott, segne uns und diese Speisen, damit wir dir gut dienen können.

*

Ich atme auf über die kleine Ruhepause, die uns nach dem Mittagessen gegönnt ist, bis das offizielle Festprogramm am Nachmittag weitergeht. Noch einmal nehme ich die große Treppe, deren Stufen ich sobald nicht wieder hinaufgehen werde. Auch wenn ich den Schwestern gesagt habe, sie sollen kein großes Tamtam um meine Verabschiedung machen, weil ich ohnehin bald wiederkomme, bin ich mir selbst doch nicht sicher, wohin mein weiterer Weg mich führt. Bevor ich mein Zimmer im alten Trakt des Klosters erreiche, höre ich Sr. Terese hinter mir die Treppe heraufkommen. Sie lächelt mich an und scheint ebenso glücklich zu sein wie ich. Messe und Prozession verliefen so, wie ich es mir für sie gewünscht hatte.

»Bald werden meine Schultern leicht sein«, sage ich zu ihr und sie nickt. »Ich bin so froh, die Verantwortung für die geistliche Leitung unserer Schwestern und die Verwaltung unseres Priorates an dich übergeben zu haben. Du bist genau die Richtige dafür.«

»Was unser Ordensvater Benedikt über die Person und die Aufgaben eines Abtes gesagt hat, ist so fordernd und ich beginne diese Aufgabe mit sehr viel Zittern«, entgegnet Sr. Terese.

»Mir ging es vor Jahren nicht anders. Ich wusste kaum, womit ich anfangen sollte. In meinem Eifer habe ich uns mehr als genug zugemutet. Das kann man sicher auch anders machen. Und du weißt ja selber: Jesus ist immer bei uns, Er wird dir alle Kraft geben, die du brauchst. Vertraue auf den Heiligen Geist mit seinem Licht und seinen Gaben, denn ganz allein auf sich gestellt, kann niemand dieser Verantwortung gerecht werden. Oft genug hatte ich meine Schwächen klar vor Augen und fand Stärke in dem Wort des Heiligen Paulus: *Wenn ich schwach bin, dann bin ich stark.* Er wird dich nicht verlassen.«

»Sr. Raphaela, du hast in diesen Jahren so viel Gutes und Bleibendes im Priorat bewirkt, da ist es schwer, die Nachfolge anzutreten.«

»Jetzt stehen andere Aufgaben an, vor allem eine gute und stabile Leitung für unseren Klosternachwuchs. Das kannst du doch viel besser als ich. Du bist ein geduldiger und rücksichtsvoller Mensch, während es mir meist nicht schnell genug gehen kann. Und außerdem steht in unserer Regel geschrieben, dass der Abt von der Klostergemeinde gewählt sein muss. So ist es geschehen. Die allermeisten Schwestern haben für dich gestimmt, weil sie, genau wie ich, Vertrauen in dich setzen. Du bist die Beste und wirst die Aufgaben bewältigen. *Du hasst das Böse und liebst die Schwestern,* ganz so, wie es in der Regel geschrieben steht.«

»Dort steht aber auch, *der Abt sei nicht aufgeregt und ängstlich, er sei nicht maßlos und hartnäckig, er sei nicht eifersüchtig und allzu argwöhnisch*«, sagt Sr. Terese.

»*Weil er sonst nicht zur Ruhe kommt,* geht die Regel wohl weiter. Ich muss dir ehrlich sagen, dass ich die Regeln nach meinem Noviziat vor bald 50 Jahren ad acta gelegt hatte. Erst als Priorin habe ich die Weisheit und die Tiefe in Benedikts Ausführungen lieben und schätzen gelernt. Auch dafür bin ich dankbar. Die Aufgaben einer Priorin sind vielfältig, bunt und auf eine besondere Art fordernd.«

»Ich würde mir wünschen, du könntest noch eine Weile bei uns bleiben.«

»Nein, so ist es besser. Mein Flug ist gebucht, in wenigen Tagen bin ich schon in unserem Mutterhaus.«

»Grüße die Schwestern in Tutzing von mir. Du wirst sicher auch Priorin Sr. Hildegard treffen.«

»Das mache ich gern. Und du, halte mich bitte auf dem Laufenden. Ich bin so froh, dass du das Internet genauso eifrig nutzt wie ich.«

»Es ist ein Segen. Ein Leben ohne Internet kann ich mir kaum noch vorstellen.«

»Und heute Nachmittag, nach einer kleinen Ruhepause feiern wir weiter«, sage ich zu meiner Nachfolgerin und schaue im nächsten Moment auf meinen geschmückten Türrahmen.

»Ja, bis gleich. Auch ich werde rasch ein wenig Erholung suchen, damit ich *zur Ruhe komme*.«

Wir nicken uns mit einem Lächeln zu.

Goodbye am Ozean

Am Abend nach unserer Ankunft im St. Scholastica Convent in Mtwara nehme ich meine Taschenlampe in die Hand und gehe hinüber zum Beachhouse. Beim Hausmeister brennt noch Licht, aber über dem Ozean herrscht tiefschwarze Nacht. Alle Fenster sind geöffnet und eine Meeresbrise vertreibt die Moskitos. Die sanfte Dünung des Ozeans klingt als eine der schönsten Melodien der Natur zu mir herüber.

Ich bin allein und habe keine Aufgabe zu erfüllen, ein ungewohntes Gefühl. Als ich meine Tasche neben dem Bett stehen sehe, öffne ich sie, nehme einige Geschenke heraus und lege sie auf den Tisch. Bisher habe ich kaum Zeit gefunden, sie in Ruhe zu betrachten. Bei manchen weiß ich nicht mehr genau, von wem ich sie bekommen habe, aber die Herzen mit den Abschiedswünschen lassen mich sofort an die Kinder denken.

Mit dem Rauschen des Meeres schlafe ich ein.

*

Nur noch zwei Tage bis zum Abflug. Sr. Stella hat mich während der Fahrt nach Mtwara um ein persönliches Gespräch gebeten und wird mich vor der Mittagshore besuchen kommen. Vermutlich gibt es Schwierigkeiten im Kindergarten, die sie mit mir besprechen möchte. Es wird nicht einfach für die junge Schwester sein, schon kurz nach der Ausbildung zur Montessori-Lehrerin die Verantwortung für eine Schar von Kindern zu tragen.

»Bin ich zu früh, Mama Raphaela?«, sagt sie, als sie vor mir steht. Ich trage eine Kanga und keinen Schleier.

»Was hast du auf dem Herzen, Sr. Stella?«, frage ich die junge Frau.

»Mama Raphaela, ich bin gekommen, um *Asante* zu sagen. Danke, dass Sie mich in den Orden aufgenommen haben, danke, dass Sie Vertrauen in mich gesetzt haben, und danke, dass Sie mich zur Ausbildung geschickt haben und sogar mit Sr. Andrea zu meiner Abschlussfeier ins ferne Mwanza gekommen sind. Danke, dass Sie mich zur Profess zugelassen haben«, sagt sie und ihre Augen füllen sich mit Tränen.

»Sr. Stella, es freut mich, was du da sagst. Und du weißt selbst am besten, dass du schon einen weiten Weg gegangen bist und noch weiter gehen musst, bis du die Ewige Profess ablegen kannst. Ich musste dich manches Mal ermahnen, aber du hast wirklich hart an dir gearbeitet. Darüber freue ich mich sehr. So, nun gib dein Bestes für Gott, für die Gemeinschaft und für die Kleinen im St. Michael's Kindergarten. Du kannst es, wenn du nur willst. Du hast viel gelernt und bist eine Lehrerin geworden. Ich bete für dich.«

Während der großen Feier im St. Agnes Convent wirkte Sr. Stella so gefasst und nun scheint sie beinah wehmütig. Sie ist wirklich schon weit gekommen. Ich sehe sie vor mir, wie sie sich vor wenigen Monaten unglaublich stolz in ihrem akademischen Talar präsentierte, als sie das Diplom zum *Teacher Grade A* überreicht bekam, fast 2000 Kilometer von hier entfernt, weil nur dort eine Ausbildung nach Montessori in Englisch möglich ist.

»Sr. Stella, lass uns rübergehen zum Konvent. Ich möchte mir vor der Mittagshore noch etwas im Wohnheim anschauen«, sage ich zu ihr und gehe rasch in mein Zimmer, um meine Schwesterntracht anzuziehen.

»Mama Raphaela, wenn es Ihnen nichts ausmacht und Sie genügend Zeit haben, dann möchte ich Ihnen gern noch etwas zeigen, beim Kindergarten. Eine Überraschung.«

Automatisch schaue ich auf die Uhr. St. Michael's liegt einige Hundert Meter die Straße hinunter. Was mag Sr. Stella mir dort zeigen wollen? Erst in der letzten Woche habe ich mich vom Team verabschiedet. Unsere Schwestern arbeiten dort mit einer Schweizer Mitarbeiterin einer NGO zusammen. Sie hat zwei kleine Kinder, die ebenfalls im St. Michael's Kindergarten sind. Es hat für einige Furore gesorgt, dass *weiße Kinder* in der Einrichtung betreut werden. Nach anfänglichen Problemen durch mangelnde Anmeldungen, insbesondere weil afrikanische Eltern das Erlernen von Schreib-, Lese-, und Rechenfähigkeiten für ihre Kinder wichtiger finden als *Spielen* nach Montessori, sind nun mehr Kinder angemeldet als erhofft. Vielleicht können Sr. Stella und ich rasch mit dem Minibus dorthin fahren. Ich bin gespannt auf ihre Überraschung.

Wir gehen durch den Garten und über eine Sandpiste zum Konvent, wo der Minibus auf dem staubigen Vorplatz steht. St. Stella holt rasch den Zündschlüssel. Derweil schaue ich über das Gelände und sehe unzählige Wartende vor der St. Mary's Dispensary. Die Arzneiausgabe trug bis vor wenigen Jahren keinen heiligen Namen, sondern wurde schlicht *Ndanda dogo*, kleines Ndanda, genannt, in Anlehnung an das große St. Benedict's Hospital in Ndanda. »Das ist doch eigentlich kein richtiger Name«, habe ich kurz vor den jüngsten Anbauarbeiten zu meinen Mitschwestern gesagt. »Zum Namen *Mary* besteht Vertrauen. Was haltet ihr davon? Wollen wir unserer Station nicht einen richtigen und schönen Namen geben, der den Christen und Moslems gefällt?«

Inzwischen ist die St. Mary's Dispensary um einige Stationen erweitert und wird täglich von vielen Patientinnen und Patienten aufgesucht, insbesondere von Schwangeren und jungen Müttern. Die Namensfrage stellte sich auch für das St. Michael's Education Center. Da habe ich wirklich lange überlegen müssen und bin schließlich auf den Erzengel Michael gekommen, der auch bei den Moslems unter dem Namen *Mika'il* bekannt ist. Er gilt als der Bezwinger Satans. Einige Schwestern schlugen den Namen *Raphael* vor, was ich strikt ablehnte: »Nein, bloß nicht, nachher heißt es noch, ich wolle mir ein Denkmal setzen. Das kommt überhaupt nicht infrage«, legte ich ein Votum ein, ohne Widerworte hören zu wollen. Dann doch lieber den Engel Michael. Nach der Namensfindung musste noch eine Holzschnitzerei gestaltet werden, die geeignet war, als Erkennungszeichen zu fungieren. Keine leichte Aufgabe, wie ich lebhaft in Erinnerung habe.

»Mama Raphaela, ich möchte Ihnen das Holzrelief für das Education Center zeigen. Die Schnitzerei mit dem Heiligen Michael ist seit wenigen Tagen fertig und gerade angebracht worden«, sagt Sr. Stella zu meiner Überraschung. Damit war so zügig nicht zu rechnen gewesen. Für die Gestaltung konnte man natürlich schlecht auf das Bild des Erzengels zurückgreifen, der den Drachen vom Himmel stößt. Eine derart brutale Szene, mit gezücktem Schwert gegen den Satan, erschien mir kaum geeignet für die Platzierung auf einem Kindergartengelände. Nun ja, nach einer nächtlichen Sitzung vor dem Bildschirm – dem Internet sei Dank – fand ich schließlich eine friedliche Abbildung Michaels als Schutzengel mit ausgebreiteten Flügeln. Unter seinen Fittichen stand eine Gruppe Arbeiter. Ich druckte das Bild aus, gab es einem tansanischen Schnitzer und bat ihn, aus den dargestellten Arbeitern doch bitte spielende Kinder zu machen.

Ich schaue auf die Uhr, die Zeit wird knapp und ich möchte die Mittagshore ungern ausfallen lassen, aber ich bin viel zu neugierig auf das Werk. Sr. Stella reicht mir den Autoschlüssel, und schon brausen wir los.

»Schauen Sie, *Mother,* ist es nicht schön?«, sagt sie, als wir direkt vor dem Bild parken.

»Ja, wirklich, das ist dem Schnitzer gut gelungen«, erwidere ich mit Blick auf das hellbraune Holzschnitzbild in den Ausmaßen ausgebreiteter menschlicher Arme. »In seiner künstlerischen Freiheit hat er doch glatt die spielenden Mädchen von den Jungen getrennt, die einen sind auf der linken, die anderen auf der rechten Seite des Bildes«, merke ich an und streiche über das glatte Holz.

In St. Michael's sind wir nicht nur für alle Religionen offen, sondern praktizieren auch Koedukation von Jungen und Mädchen. Natürlich sollen die Kleinen möglichst zusammen spielen, aber so genau kommt es bei dem Bild sicher nicht darauf an.

»Eine wirklich schöne Arbeit. Ich bin froh, sie vor meiner Abreise noch zu sehen.«

Sr. Stella strahlt, als sie meine Freude sieht. Als wir rechtzeitig zurück sind, beten bereits einige Schwestern still in der Kapelle im St. Scholastica Convent. Und auch wir nehmen unsere Plätze ein. Ich genieße die Ruhe vor dem gemeinsamen Gebet und finde sie wichtig, um sich wirklich vertiefen zu können.

*

Bevor ich gehe, formuliere ich einen Rundbrief mit dem Jahresrückblick, auch wenn dieses Jahr noch nicht abgelaufen ist. In Deutschland werden mir die Worte fehlen, um über Tansania zu schreiben, also setze ich mich noch einmal an meinen Laptop.

Meine lieben Freunde in aller Welt!

Sr. Letisia hatte mehr als 700 Kinder aus der Diözese Mtwara erstmals zu einem Kongress für die Kinder in den Pfarreien nach Mtwara gebracht, 78 aus unserer Pfarrei. Viele von den Kleinen hatten Mtwara am Indischen Ozean, das weite Meer, ihren Bischof noch nie gesehen. Sie waren so aufgeregt und begeistert. 4000 Shilling hatte jedes Kind beigetragen für die Busfahrt und die drei Tage, das sind 2 Euro. Wer das Geld wirklich nicht aufbringen konnte in Ndanda, für den trat Sr. Letisia ein mit dem Gewinn aus dem Children's Shop, den sie extra dafür gegründet hat, damit kein Kind bei solchen Aktivitäten zurückbleiben muss. Dort werden Fotokopien gemacht, Papier und kleine Handarbeiten verkauft, alles schön organisiert in einem Container.

Es war einfach wunderbar. So begeistert können nur Kinder sein. Und das Allerbeste: Beim Abschlussgottesdienst in der Kathedrale mit Bischof Gabriel durfte jedes der Kinder einzeln zu ihm kommen und ihm die Hand drücken. Wir können uns nicht vorstellen, was dieser persönliche Kontakt im afrikanischen Kontext bedeutet. Jedes hatte nun den ganz persönlichen Segen des Bischofs. – Ja, mit 2 Euro waren die Unkosten natürlich nicht zu decken. Und so sage ich Dank, dass wir durch unsere Freunde hier ganz konkret helfen konnten, ein wichtiges Ereignis für die

Erziehung und Anregung unserer Kinder neben der Arbeit in unseren vielen Kindergärten.

Eine kleine Begebenheit beim Kongress in Mtwara zeigt gut, wie wichtig die Hilfe ist. Zwei Jungen kämpften miteinander, Paul brach sich ein Bein. 10 Uhr abends, stockdunkel. Die Betreuer brachten den Jungen in das Regionalkrankenhaus in Mtwara als Notfall. »Nein, wir können nichts machen«, war die einzige Auskunft, die sie bekamen. Niedergeschmettert berieten sie, was zu tun sei. Paul stöhnte. So fuhren sie weiter 130 km durch die tropische Nacht bis in das Krankenhaus von Nyangao, dort, wo ich früher Chefärztin war, ein kirchliches Krankenhaus. Der Kleine wurde lieb aufgenommen, geröntgt und später eingegipst. Das Krankenhaus kann ohne Subvention von Deutschland nicht existieren, obwohl viel darüber beraten wird, wie man an Gelder kommt. Deswegen auch hier meinen Dank für alle, die uns geholfen haben, die vielen Kranken zu heilen, soweit das im afrikanischen Milieu möglich ist.

Das Jahr 2013 war geprägt von Unruhen unter der Bevölkerung, wie wir sie noch nicht erlebt hatten. Das Klischee des friedliebenden Tansaniers kam sehr ins Wanken. Anfang des Jahres kam es sowohl in Mtwara-Stadt wie in Masasi (unsere Distriktstadt, 40 km von Ndanda) zu Ausschreitungen; Häuser und Autos wurden angezündet. Ursache war einerseits, dass die Gelder für die Cashewnüsse nicht voll ausbezahlt wurden bei dem ohnehin sehr niedrigen Preis pro Kilo, andererseits in Mtwara, dass von den reichen Gas- und Ölfunden vor der Küste von Mtwara die Stadt nicht entwickelt werden soll mit Schaffung von Arbeitsplätzen, sondern eine Pipeline nach Daressalam gebaut wird. Es gab etliche Tote. Die Polizei, dann auch Militär gingen hart gegen die Bevölkerung vor, nicht nur mit Tränengas, auch mit Munition gegen die eigenen Leute. Wir hatten Angst, dass Ndanda von Masasi aus einbezogen wird und auch unsere Sekundarschule in Mtwara. Alle Schulen waren geschlossen. Später kam es noch einmal zu größeren Unruhen in Mtwara. Viele wurden erschossen und festgenommen. Die Regierung hat aber die Pläne nicht geändert, es gibt keinen Dialog. Die Menschen werden nicht mehr alles einfach hinnehmen! Immer noch ist Militär in Mtwara stationiert, man sagt, bis die Pipeline fertig ist. So haben wir berechtigte Befürchtungen, dass wieder einmal das Auffinden von großen Bodenschätzen den Menschen vor Ort nicht hilft, aus der großen Armut herauszukommen. Im Gegenteil!

Die anderen Unruhen im Festland und noch mehr in Zanzibar beruhen auf zunehmenden Spannungen zwischen den Moslems und Christen. Leider hat sich der Islam vielfach so radikalisiert mit dem erklärten Ziel, das Christentum auszurotten, wie wir das noch nie vorher erlebt hatten. Insgesamt lebten Christen und Moslems bislang friedlich zusammen. Jetzt kam es jedoch zu Morden, mehrfach wurden Kirchen angezündet und Drohungen an Bischöfe und Priester ausgesprochen, dass sie Todeskandidaten sind. Vorgestern schrieb mir ein Priester aus Zanzibar: »Sie können zwar unseren Leib töten, nicht unsere Seele. Wir machen weiter im Dienst an den Menschen.«

In diesem Umfeld danken wir Gott, dass wir Missions-Benediktinerinnen mit unseren Mitarbeitern vor Ort und unseren Freunden daheim so vielen Menschen in diesem Jahr auf vielfache Weise helfen konnten.

Gott wird Mensch – für uns, in uns. So unbegreiflich und doch so konkret. Ich erbitte uns allen das Geschenk, diese Liebe Gottes tiefer zu erfassen. Diese Liebe soll durch uns alle weiterfließen in unserer Welt hier und jetzt. Wie danke ich diesem Gott, dass wir das in Afrika mit Hilfe all unserer Freunde weiterhin tun dürfen.

Von ganzem Herzen dankbar grüßt

Sr. Raphaela Händler OSB

Nachwort

Am Ende dieses Buches möchte ich vor allem meinen Freunden von missio Aachen danken, insbesondere Jörg Nowak, ohne dessen Motivation ich dieses Buch niemals geschrieben hätte.

Bruni Prasske war mir zu aller Zeit eine sehr einfühlsame und unermüdliche Co-Autorin, meinen Blick weitend für Fragen der Leser außerhalb meines klösterlichen Lebenskreises. So viel Dank dafür, Bruni. Auch ohne das gute und professionelle Lektorat von Berrit Barlet und Gabriele Rieth-Winterherbst vom Herbig Verlag wäre das Buch nicht das, was es nun ist. Euch allen und darüber hinaus so vielen Menschen in meinem Leben möchte ich von Herzen danken. Unentbehrlich war die Unterstützung meiner guten Freundin Lisa Nicola, die alle meine Rundbriefe archiviert hatte und viele Fotos bereitstellte.

Dank der Kongregation der Missions-Benediktinerinnen, besonders der Priorin von Tutzing, Sr. Hildegard Jansing OSB, für die Zeit und den geschützten Raum, den ich zum Schreiben hatte.

So viele Menschen haben mein Leben beeinflusst und ich schulde ihnen Dank, angefangen bei meinen Eltern. Auch schmerzliche Beziehungen haben das aus mir gemacht, was ich nun heute bin. So sehe ich klar, dass alles in meinem Leben positiv war und in großer Liebe von Gott geführt. Ich kann mit allen und mit allem versöhnt sein. Das ist wichtig und ein großes Geschenk. Wenn ich auf das schüchterne Mädchen vom Land blicke, das ich einst war, und was durch sie in diesen 74 Jahren geschehen ist, dann kann ich nur staunen: das war gar nicht möglich von mir aus; das kann geschehen, wenn man auf Gottes Ruf hört und ihm folgt.

Ich wünsche so sehr, vielen Lesern durch dieses kleine Buch Mut zu machen, Gott zu vertrauen, die Lust und die Sehnsucht nach dem Glauben zu wecken. Ja, ein liebender Gott ist da. Und es gibt in Ihm ein Leben nach dem Tod.

Das Leben gestern, heute und morgen hat Sinn. Im Weggeben meiner Selbst für andere wird es fruchtbar und reich.

Der größte Teil des Buches ist in Deutschland geschrieben. Aber nun bin ich wieder in Afrika, nicht in einer Großstadt, sondern auf dem Land unter den Armen, wo viele meiner Nachbarn immer noch keinen Strom in der Hütte haben und keinen Wasserhahn. Oft wissen sie nicht, was heute gekocht werden kann, wie das Schulgeld für die Kinder aufgebracht wird oder wie es weitergehen soll, wenn der Vater oder die Mutter wegen Krankheit ausfallen. Es ist kein soziales staatliches Netz da.

Diese Menschen zählen nicht in der Wirtschaft, in der Politik, auf dem Weg zur Karriere. Ihre Kaufkraft ist äußerst gering.

Aber Gott kennt jede, jeden. Für jede Person lohnt es sich, das Leben zu geben. Und sie sind es, die unser Leben reich machen.

Sie sagen in allem Leid, das auch sie schmerzhaft spüren mit allen Dunkelheiten:

Hakuna shida – Keine Sorge,
denn
Mungu yupo – Gott ist da.

Wenn ich diesen Glauben an den Gott der Liebe weitergeben kann, dann hat es sich gelohnt, dieses Buch zu schreiben.

Sr. Raphaela Händler OSB

Ndanda, 10. Februar 2014
Am Fest der hl. Scholastika

Hilfreiche Informationen

Ausführliche Informationen über die Kongregation der Missions-Benediktinerinnen in Tutzing und im Priorat Ndanda, die Aquinas Schule und das UZIMA Aids-Programm finden sich auf folgenden Websites:

www.missions-benediktinerinnen.de
www.ndanda-priory.org
www.aquinasschool.sc.tz
www.ndanda.net/uzima

Auf der Website *www.osb-tutzing.it* wird in aller Ausführlichkeit der verstorbenen Missions-Benediktinerinnen gedacht. Unter der Rubrik Biographien finden sich dort die Lebensläufe der Märtyrerinnen vergangener Jahrhunderte sowie die Sterberichte von Missions-Benediktinerinnen aus allen Prioraten (seit 2003). Als Priorin in Ndanda hatte Sr. Raphaela alle Schwestern gebeten, einen verschlossenen Umschlag abzugeben mit Angaben vom Leben der Schwestern für den Sterbebericht. Dieser Umschlag wird dann erst nach dem Tod der Schwester geöffnet. Einige deutsche Schwestern wollten keinen Sterbebericht nach dem Tod. Doch dieser Wunsch wurde vom Generalat abgelehnt. So hat das Archiv im Generalat die Sterberichte aller Schwestern seit der Gründung.

Wer Sr. Raphaela Händler bei ihren Projekten in Tansania, insbesondere bei dem Projekt Bildung von jungen Frauen, unterstützen möchte, kann dies durch eine Spende an die Missions-Prokura Tutzing tun:

Missions-Prokura Tutzing / Für Sr. Raphaela
Kreissparkasse München Starnberg
Kto.-Nr. 430 570 986 / BLZ 702 501 50
IBAN: DE72 7025 0150 0430 5709 86
SWIFT/BIC: BYLADEM1KMS

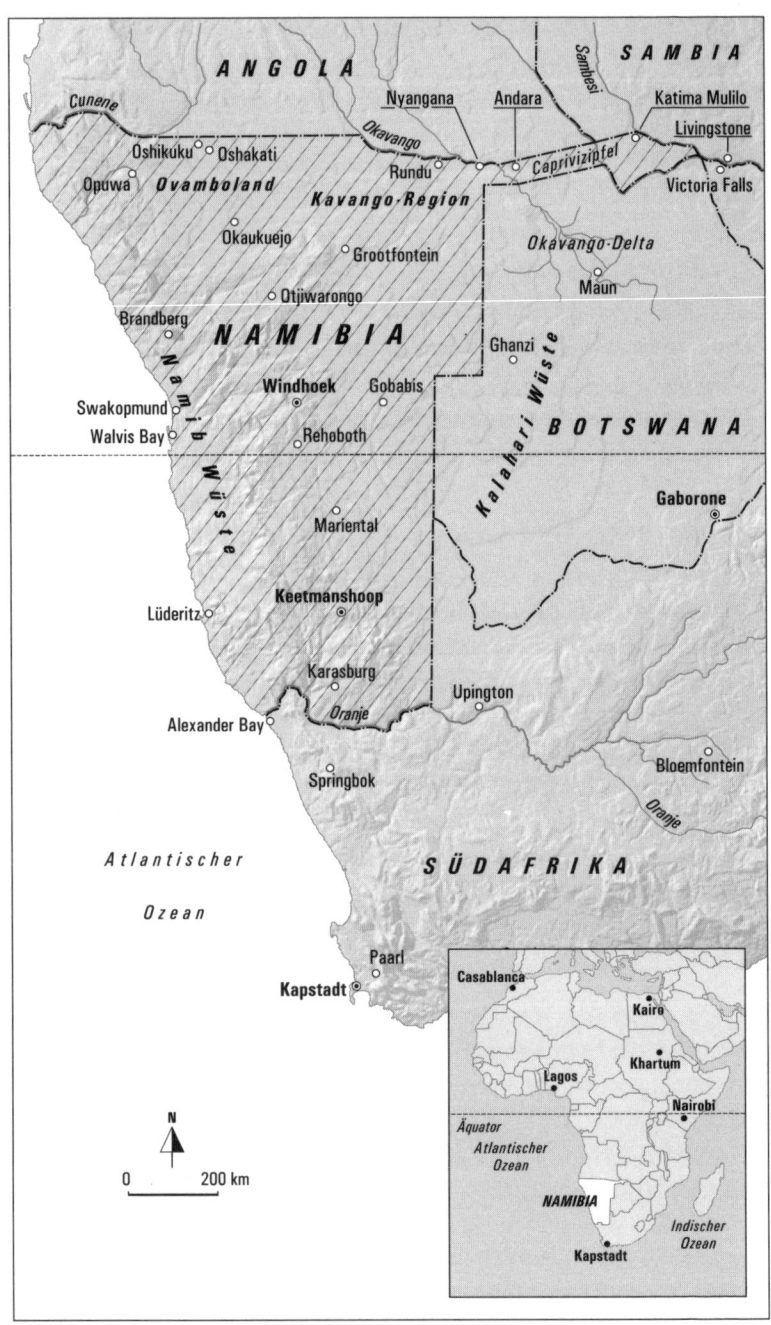

ANGOLA

SAMBIA

Cunene

Nyangana   Andara

Sambesi

Katima Mulilo

Okavango

Livingstone

Oshikuku   Oshakati

Rundu

Caprivizipfel

Victoria Falls

Opuwa   *Ovamboland*

Kavango-Region

Okaukuejo

Okavango-Delta

Grootfontein

Maun

Otjiwarongo

Brandberg

NAMIBIA

Ghanzi

N a m i b

Windhoek   Gobabis

BOTSWANA

Swakopmund

Walvis Bay

Rehoboth

W ü s t e

Kalahari Wüste

Mariental

Gaborone

Keetmanshoop

Lüderitz

Karasburg

Upington

Oranje

Alexander Bay

Bloemfontein

Springbok

Oranje

A t l a n t i s c h e r

O z e a n

SÜDAFRIKA

Paarl

Kapstadt

Casablanca

Kairo

Khartum

Lagos

Nairobi

Äquator

Atlantischer
Ozean

NAMIBIA

Indischer
Ozean

Kapstadt

N

0   200 km

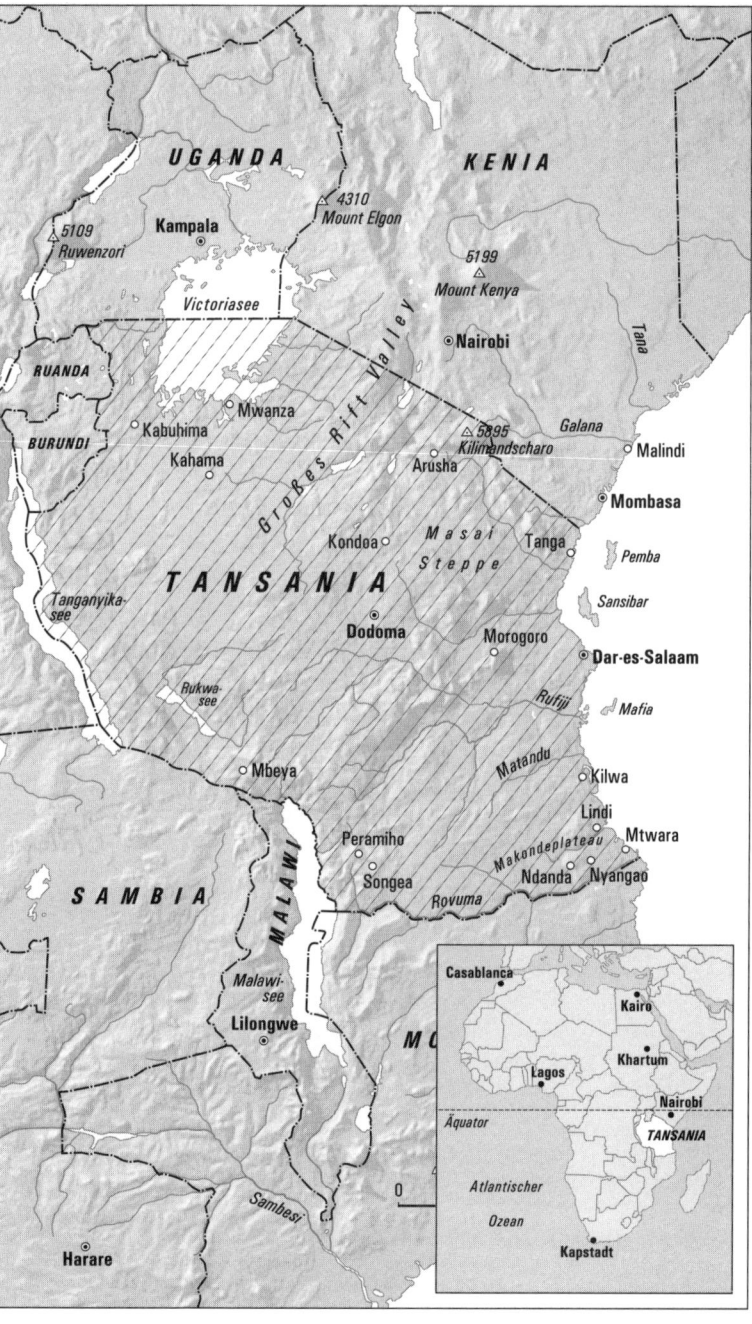

UGANDA

△ 4310
Mount Elgon

KENIA

△ 5109
Ruwenzori

Kampala
⊙

5199
△
Mount Kenya

Victoriasee

⊙ Nairobi

RUANDA

Mwanza
◉

Kabuhima

Tana

BURUNDI

Kahama
◉

△ 5895
Kilimandscharo

Galana

⊙ Malindi

Arusha
◉

⊙ Mombasa

Kondoa
◉

M a s a i
S t e p p e

Tanga
◉

🝖 Pemba

T A N S A N I A

Tanganyika-
see

Dodoma
◉

Morogoro
◉

Sansibar

⊙ Dar-es-Salaam

Rufiji

🝖 Mafia

Rukwa-
see

Mbeya
◉

Matandu

⊙ Kilwa

Lindi
◉

Mtwara
◉

Peramiho
◉

Makondeplateau

Songea
◉

Ndanda
◉

Nyangao
◉

Rovuma

SAMBIA

MALAWI

Malawi-
see

Lilongwe
⊙

MO

Casablanca
■

⊙ Kairo

Äquator

Lagos
■

⊙ Khartum

Nairobi
⊙

TANSANIA

Atlantischer
Ozean

Sambesi

0

Harare
■

Kapstadt
■

Großes Rift Valley